石山寺文化財綜合調査団編

石山寺資料叢書

史料篇第二

法藏館

石山寺創建千二百五十年
石山寺本堂檜皮葺屋根修復落慶　記念
弘法大師像修復完成

刊行にあたって

石山寺は、奈良時代の創建以来、千二百余年に亘り、歴代の厖大な量の古典籍・古文書を襲蔵している。それらの中には、既に影印・翻刻等によって内容の紹介されているものも若干は存するけれども、宝蔵に収められたものの大部分は、未だ公刊されることなく現在に至っている。

昭和四十六年以来、石山寺文化財綜合調査団の尽力によって、宝蔵の整理調査が進捗し、「石山寺の研究」四冊、「石山寺古経聚英」一冊が上梓されて、経蔵本の多くの部分について、目録や一部の影印が公刊されたのであるが、今般、それらの中から、特に学術研究資料として価値の高い文献を精選し、「石山寺資料叢書」と題して、全冊の精密な影印と、調査団団員の分担執筆に成る解題・翻刻を添えて出版する運びとなった。これは、古くから本寺経蔵の護持に力を注いで来られた歴代の座主への報恩の一端でもあり、特に先代座主鷲尾光遍僧正の御遺志の顕現でもあるが、私の年来の念願が実現することでもあって、これに過ぎる喜びは無い。この叢書が、広く学界の各分野の進運に寄与することを信じ、識者の活用されることを期待する次第である。

本叢書の刊行にあたっては、石山寺文化財綜合調査団団長 築島 裕博士を始めとする調査団団員各位の一方ならぬ尽力に対して、衷心よりの謝意を表すると共に、調査団が今日あるのは、前々代団長の故佐和隆研博士、前代団長の故田中稔教授のおかげであることも銘記しておきたいと思う。

平成十二年八月

石山寺第五十一世座主　鷲尾隆輝

偶々、昨年は本寺創建千二百五十年を迎え、又、今般は平安時代の建築に係る本堂檜皮葺屋根の修復が落成し、更に又、室町時代作の弘法大師像の修復が完成した。このような慶事の相重なる折にこれらの記念として本冊及び聖教篇第二が刊行されることは、誠に意義深いことであり、本寺歴代先住の厚き冥助を感ずる次第である。

平成十二年八月

石山寺第五十一世座主　鷲尾隆輝

石山寺資料叢書　史料篇第一　目次

図版

解説

凡例

一、本叢書は、石山寺経蔵の典籍文書の中から、学術資料として重要と考えられる文献を精選して全冊を影印し、解説（必要に応じて釈文も并せ掲げる）を附して公刊するものである。

一、文献の標題及び番号は、『石山寺の研究　一切経篇』『石山寺の研究　校倉聖教・古文書篇』『石山寺の研究　深密蔵聖教篇上』『石山寺の研究　深密蔵聖教篇下』に拠った。

一、影印においては、現状にそくして掲載し、継ぎ目箇所上部に「3」のように紙数を示した。また裏書のある場合は、裏書部分の影印を末尾にまとめて掲載し、上部に（3裏）のように記した。

一、釈文の記載方式は、出来る限り原本に忠実な形で行い、行取りなども原本通りとした。編者による句読点等を入れることを原則としたが、原本にすでに区切り点があるものは入れない場合がある。継ぎ目箇所は「…………」で示し、上部に紙数を(3)のように記した。

一、釈文の字体については、「康熙字典」所掲の正字体によることを原則とした。但し、一部は原本に使用された異体字を用いたものがある。その主なものは次の通りである。

円（圓）　渕（淵）　岳（嶽）　挍（校）　亘（亙）　効（效）　号（號）　国（國）　㝡（最）　讃（讚）
糸（絲）　脩（修）　偁（稱）　随（隨）　舩（船）　台（臺）　躰（體）　虫（蟲）　珎（珍）　嶋（島）
季（年）　弥（彌）　早（畢）　仏（佛）　並（竝）　弁（辨）　峯（峰）　万（萬）　无（無）　与（與）
余（餘）　欤（歟）　斮（料）　礼（禮）

一、加点本の訓点を読み下した場合には、原本の仮名は原則として片仮名、ヲコト点は平仮名で記した。

一、各史料の形状・性格等により釈文の記載方式が異なる場合がある。各々の凡例・解題も参照されたい。

石山寺資料叢書　史料篇第一

重要文化財

一　叡山大師伝　一巻

（重書第一一号）

┌1裏

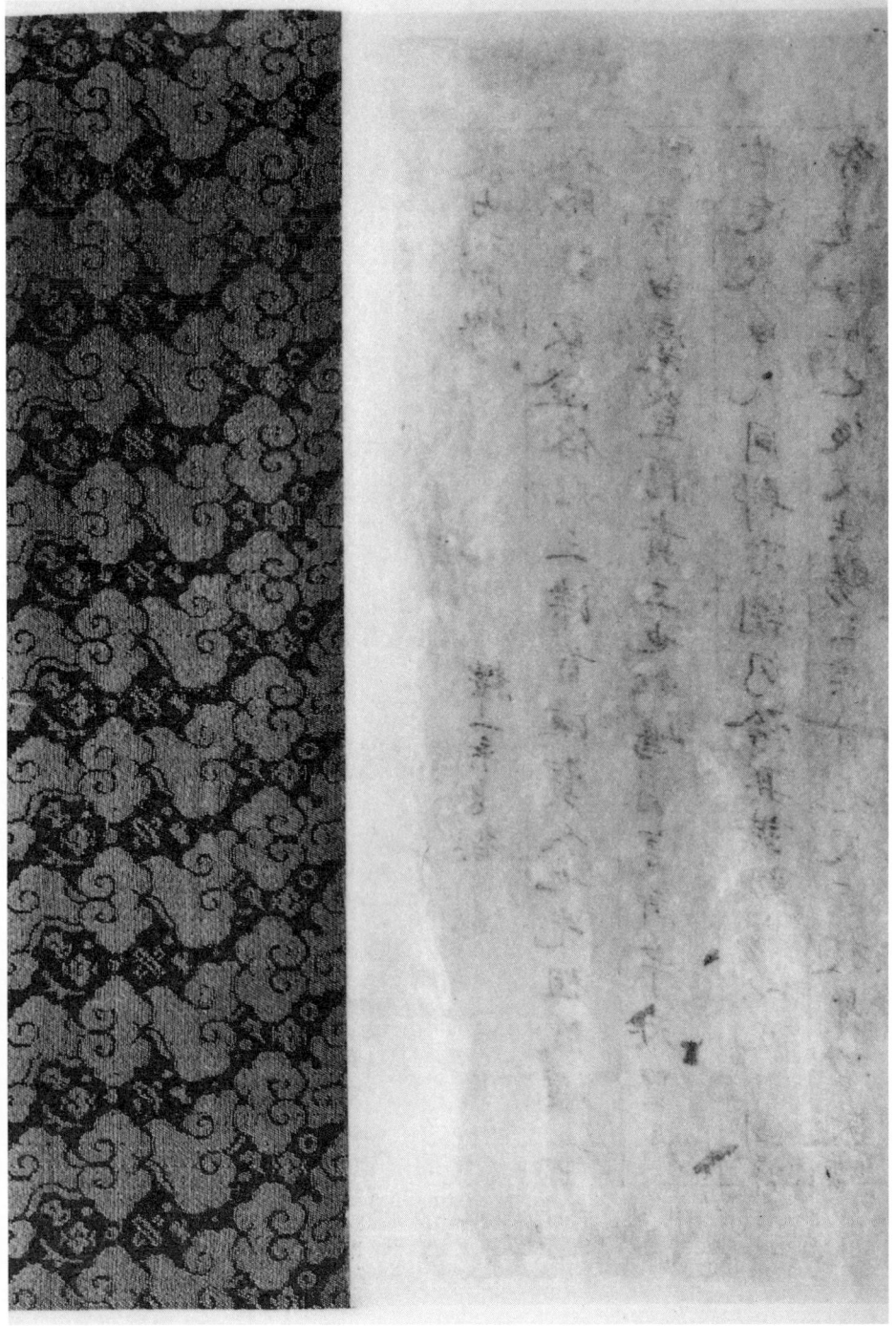

表紙

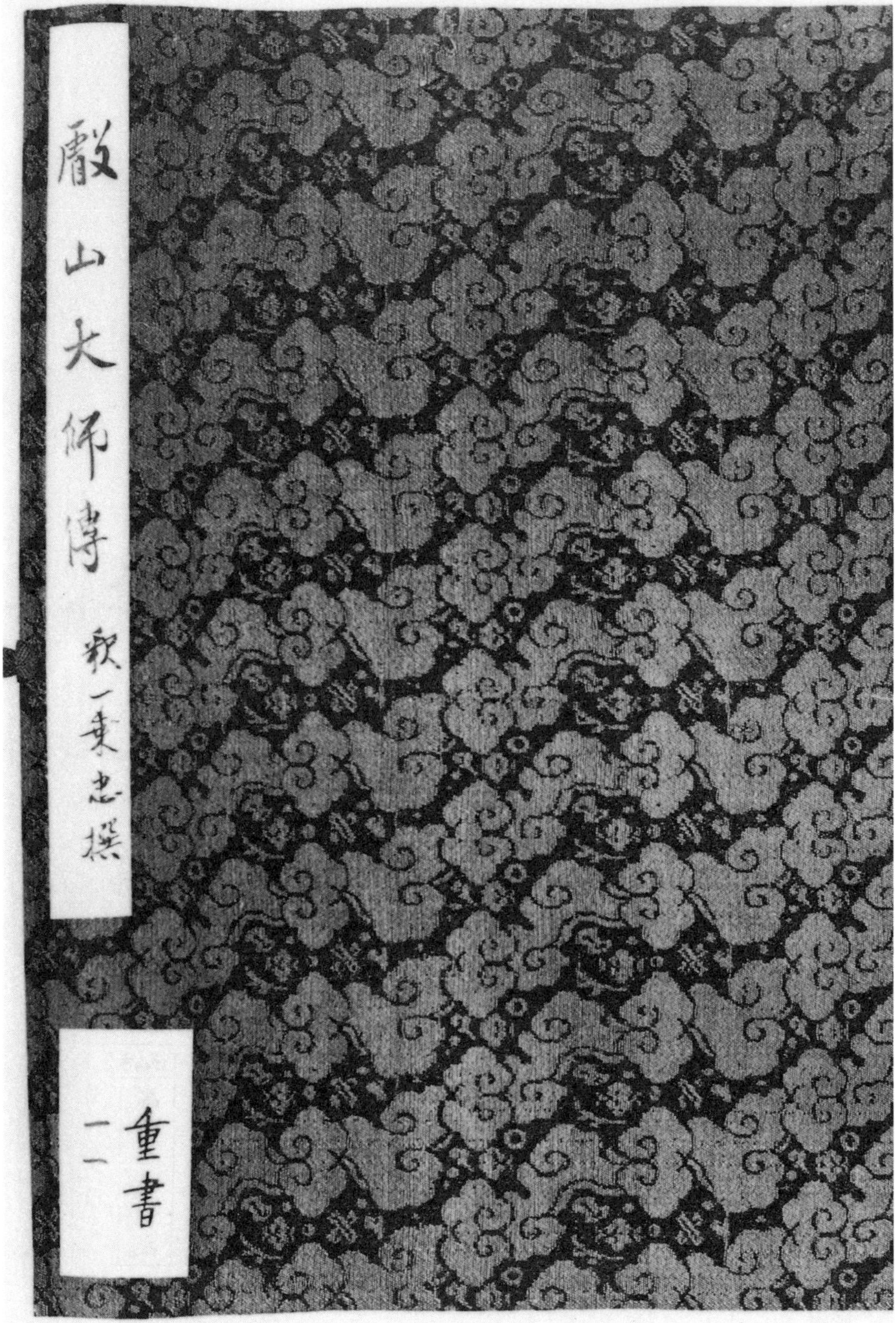
叡山大師傳
釋一乗忠撰
重書
二

11　叡山大師伝（表紙、第１紙裏）

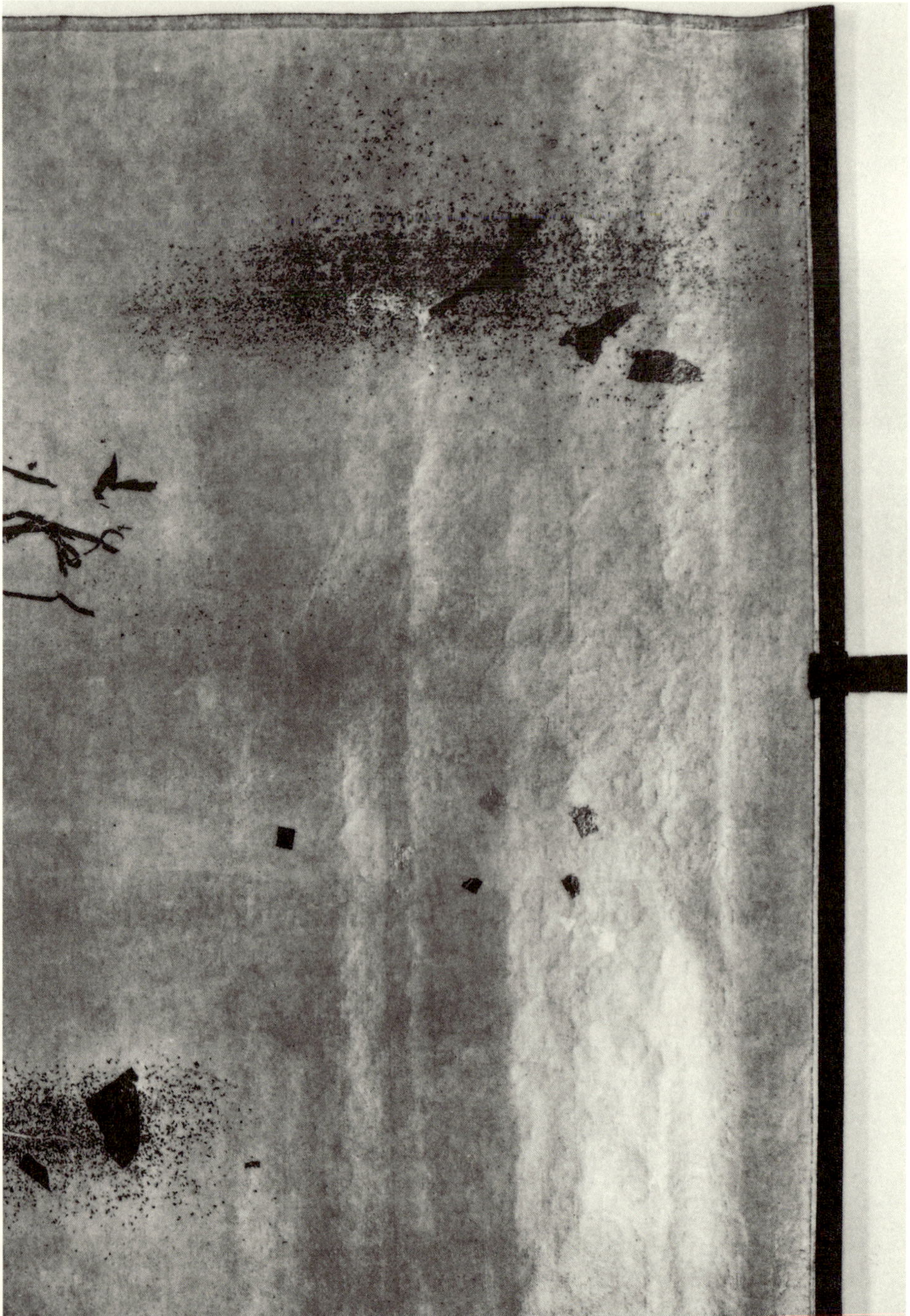

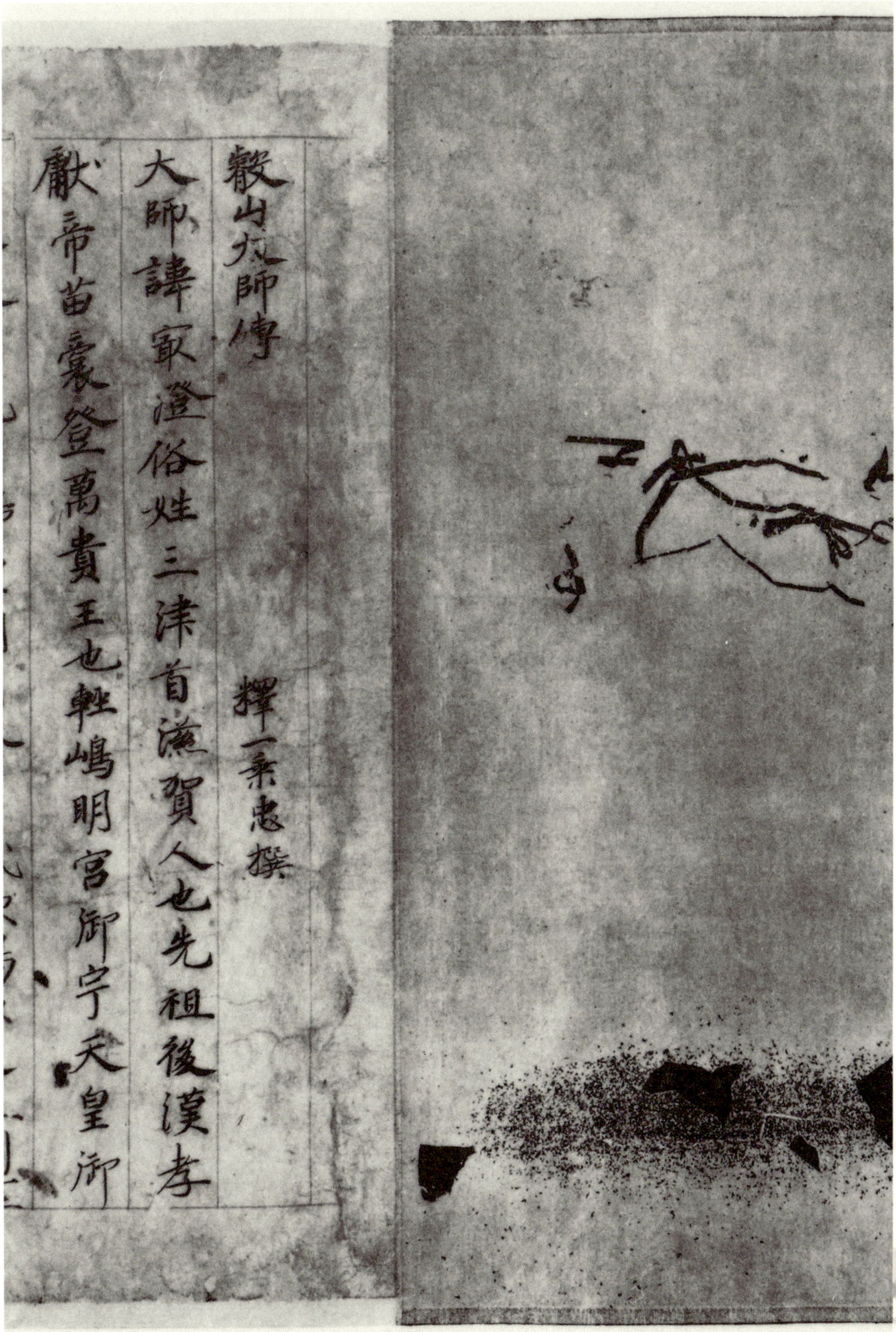
叡山大師傳　釋一乘忠撰
大師諱最澄俗姓三津首滋賀人也先祖後漢孝
獻帝苗裔登萬貴王也輕嶋明宮御宇天皇御

13　叡山大師伝（見返し、第1紙）

叡山大師傳

釋一乘忠撰

大師諱最澄俗姓三津首滋賀人也先祖後漢孝
獻帝苗裔登萬貴王也輕嶋明宮御宇天皇御
世遠慕皇化同歸聖朝仍矜其誠歎賜以近江國滋
賀地自此已後改姓賜三津首也父百枝身帶敬順
心懷具學閑礼佛誦經常以
為業私宅成寺精頗在懷為
左脚神宮右脇忽然名香馥薰流鑿向於是衆人共
得男子登山擇地已經數日矣至叡岳異求覓

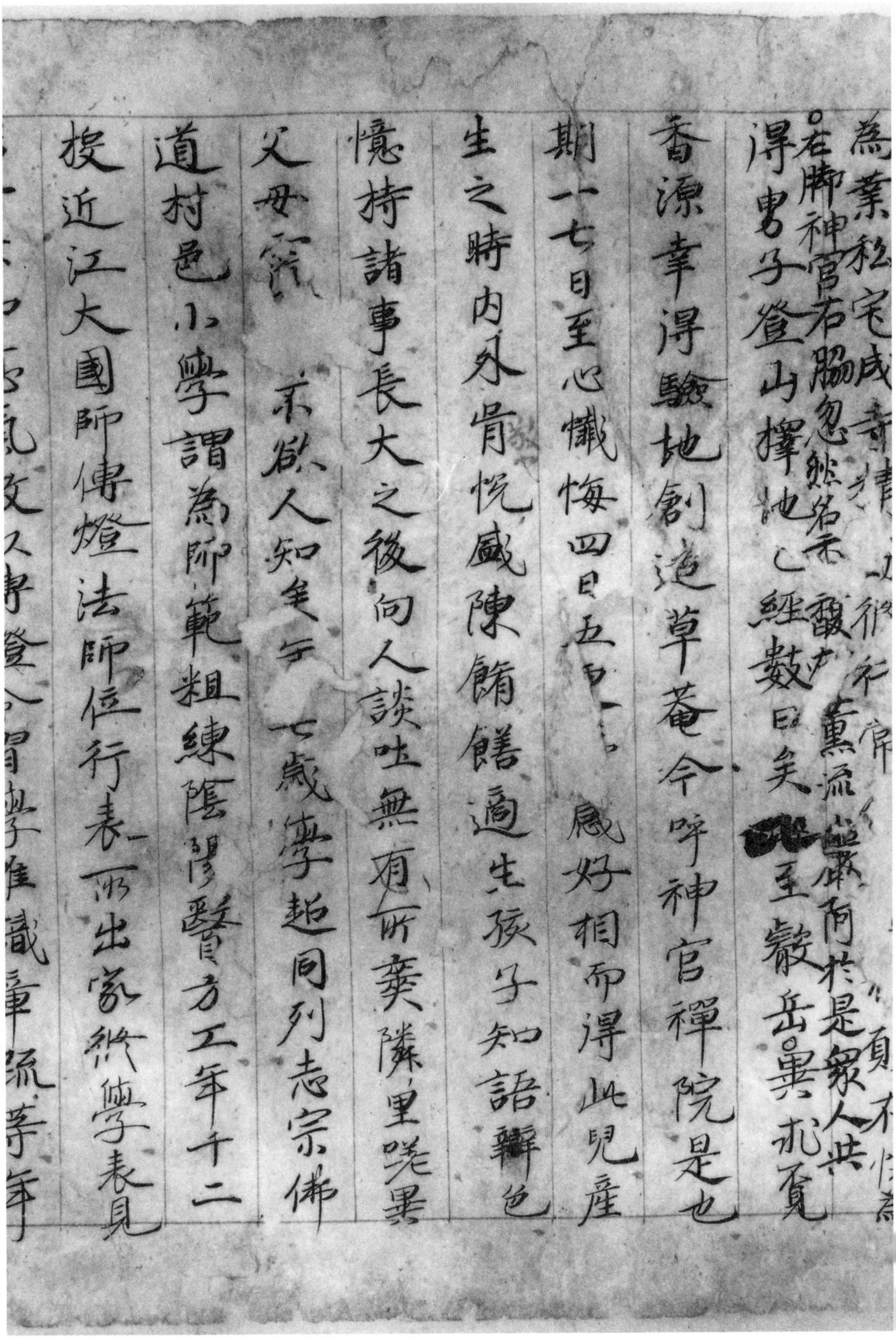
在脚神宮右脇忽然名香薫流尋而求之是衆人共
得男子登山擇地已經數日矣至叡岳巽而覓
香源幸得驗地創造草菴今呼神宮禪院是也
期一七日至心懺悔四日五更　感好相而得此兒產
生之時内外骨悦感陳餚饍適生孩子知語辭色
憶持諸事長大之後向人談吐無有所棄隣里嗟異
父母密　不欲人知矣　七歳學超同列志宗佛
道村邑小學謂爲師範粗練陰陽醫方工年十二
投近江大國師傳燈法師位行表所出家修學表見

15　叡山大師伝（第1紙）

投近江大國師傳燈法師位行表所出家修學表見
器骨亦知意氣教以傳燈令習學唯識章疏等年
十五補國分僧闕年廿進具也又百技語言我昔祈
願三寶夢得好相有遇賢子意樂既滿心悅亦足但
先悔過期　未滿汝退從行當傳先數即奉教誨
於叡岳左脚神宮禪院從行懺悔未歷數日忽自
於香爐中出顯佛舍利一粒大如麻子又經少時於
灰中金華器一合子大如菊花即盛舍利宛如舊
器頂戴礼拜供養恭敬多有神異後依他緣數數

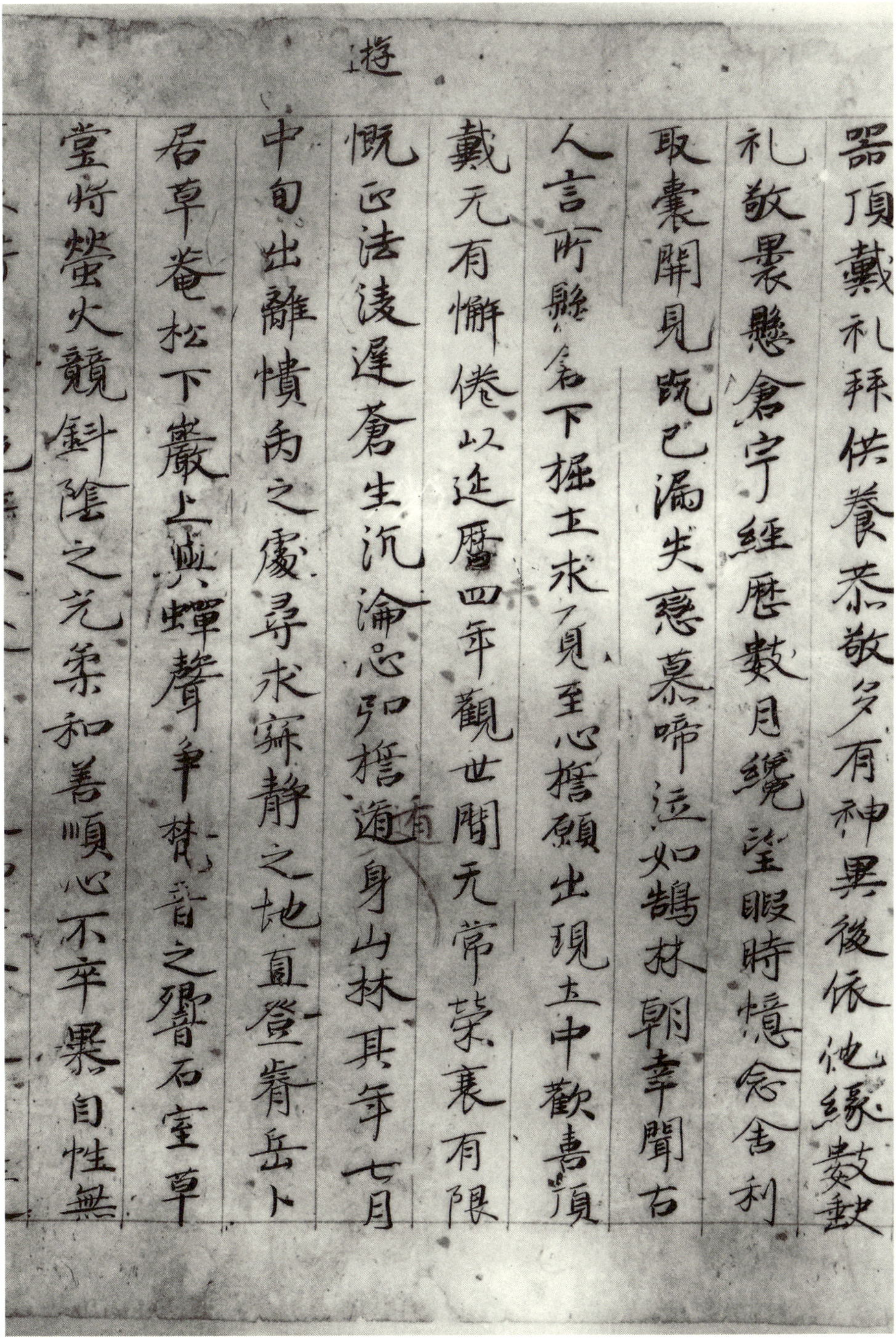
器頂戴礼拜供養恭敬多有神異後依他縁數歎
礼敬累懸倉宇経歴數月纔望暇時憶念舎利
取囊開見既已漏失戀慕啼泣如鶴林朝聞古
人言所懸名下掘土求覓至心懴願出現土中歓喜頂
戴无有懈倦以延暦四年観世間无常栄衰有限
慨正法淩遅蒼生沈淪心弘誓遁身山林其年七月
中旬出離憒閙之處尋求寂静之地直登叡岳卜
居草菴松下巌上與蟬聲争梵音之響石室草
堂将螢火競斜陰之光柔和善順心不卒暴自性無

17　叡山大師伝（第１、２紙）

螢燭螢火競銷隨之光等和善[illegible]心不牢累自性
有賑餝　廿亦絕滑味之貪披忍衣而覆法界則無人
不愛樂入法空而悲動植則無趣不陁像者擁方便
之力如慈石吸鐵蘭若不動之心如帝珠鑒物所以檀
林條柯衆鳥所集滄海飲德諸湊無背凡諸門徒
見行貴心志增貴不憚寒熱不憂飢饉共結山林
之深志皆慕利生之宏基奉為四恩每日讀誦法華
金光明般若等大乘經一日不闕無有懈怠得衣
賑時施与前人特無慳悋忽無嫉恚且坐禪之隙自
利之頃之其同云悠々三界火宅無安也懮々四生唯

3┐　　　　20

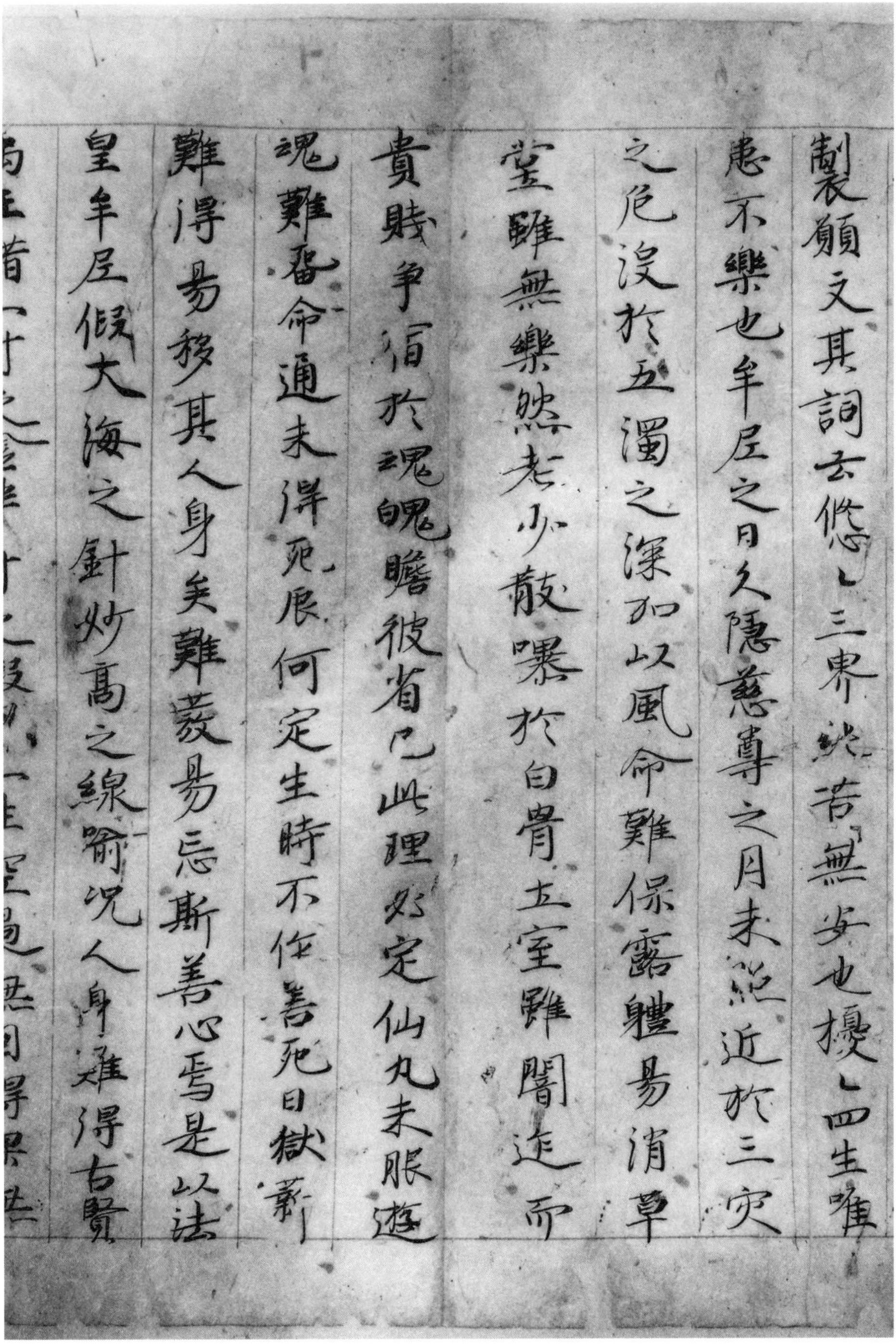
製願文其詞云悠々三界純苦無安也擾々四生唯
患不樂也牟尼之日久隠慈尊之月未照近於三災
之危沒於五濁之深加以風命難保露體易消草
堂雖無樂然老少散曝於白骨土室雖闇迮而
貴賤争宿於魂魄瞻彼省己此理必定仙丸未服遊
魂難留命通未得死辰何定生時不作善死日獄薪
難得易移其人身矣難發易忘斯善心焉是以法
皇牟尼假大海之針妙高之線喩況人身難得古賢
禹王惜寸之陰[illegible]暇歎一生空過無因得果無

19　叡山大師伝（第2、3紙）

皇牟尼假大海之針妙高之線喩況人身難得古賢
禹王惜一寸之陰半寸之暇歎一生空過無因得果無
有是處無善免苦無有是處伏尋思己行迹無戒
竊受四事之勞愚癡亦成四生之怨是故未曾有因緣
經云施者生天受者入獄提韋女人四事之供表末利夫
人福貪著利養五衆之果顯石女擔轝明哉善惡因
果誰有慚人不信此典然則知善因而不畏苦果釋
尊遮闡提得人身徒不作善業聖教嘖空手於是
愚中極愚狂中極狂塵禿有情底下最澄上違於
諸佛中背於皇法下闕於孝禮謹隨迷狂之心發三二

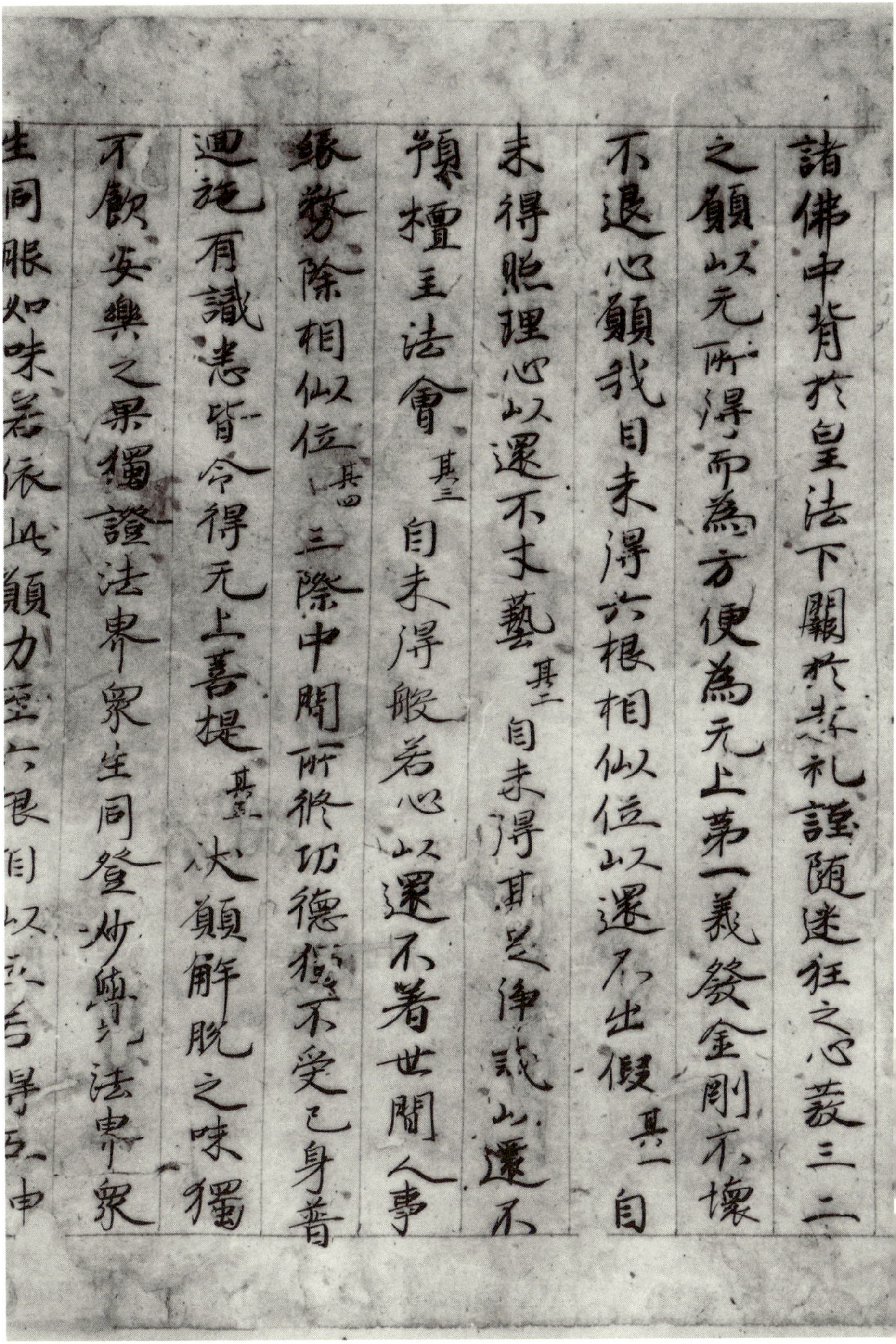
諸佛中背於皇法下闕於恭礼謹随迷狂之心發三二
之願以无所得而爲方便爲无上第一義發金剛不壊
不退心願我自未得六根相似位以還不出假 其一 自
未得照理心以還不才藝 其二 自未得具足浄戒以還不
預檀主法會 其三 自未得般若心以還不着世間人事
縁務除相似位 其四 三際中間所修功徳獨不受己身普
廻施有識悉皆令得无上菩提 其五 伏願解脱之味獨
不飲安樂之果獨證法界衆生同登妙覺法界衆
生同服如味若依此願力至六根相似以[illegible]

21　叡山大師伝（第3紙）

生同服如味若依此願力至六根相似位若得五神
通時必不取自度不證正位不著一切願必所引導
令生无作无緣四弘誓願周旋於法界遍入於六道淨佛
國土成就衆生盡未来際恒作佛事時有内供奉禪
師壽興者纔見此文同結金蘭六和無諍一山在限於是
大師随得披覽起信論疏并花嚴五教章猶尚天台以
為指南毎見此文不覺下淚慨然無由披閲天台教迹
是時邂逅値遇知天台法文所在人因茲得寫取圓
頓止觀法華玄義并法華文句疏四教義維摩疏等

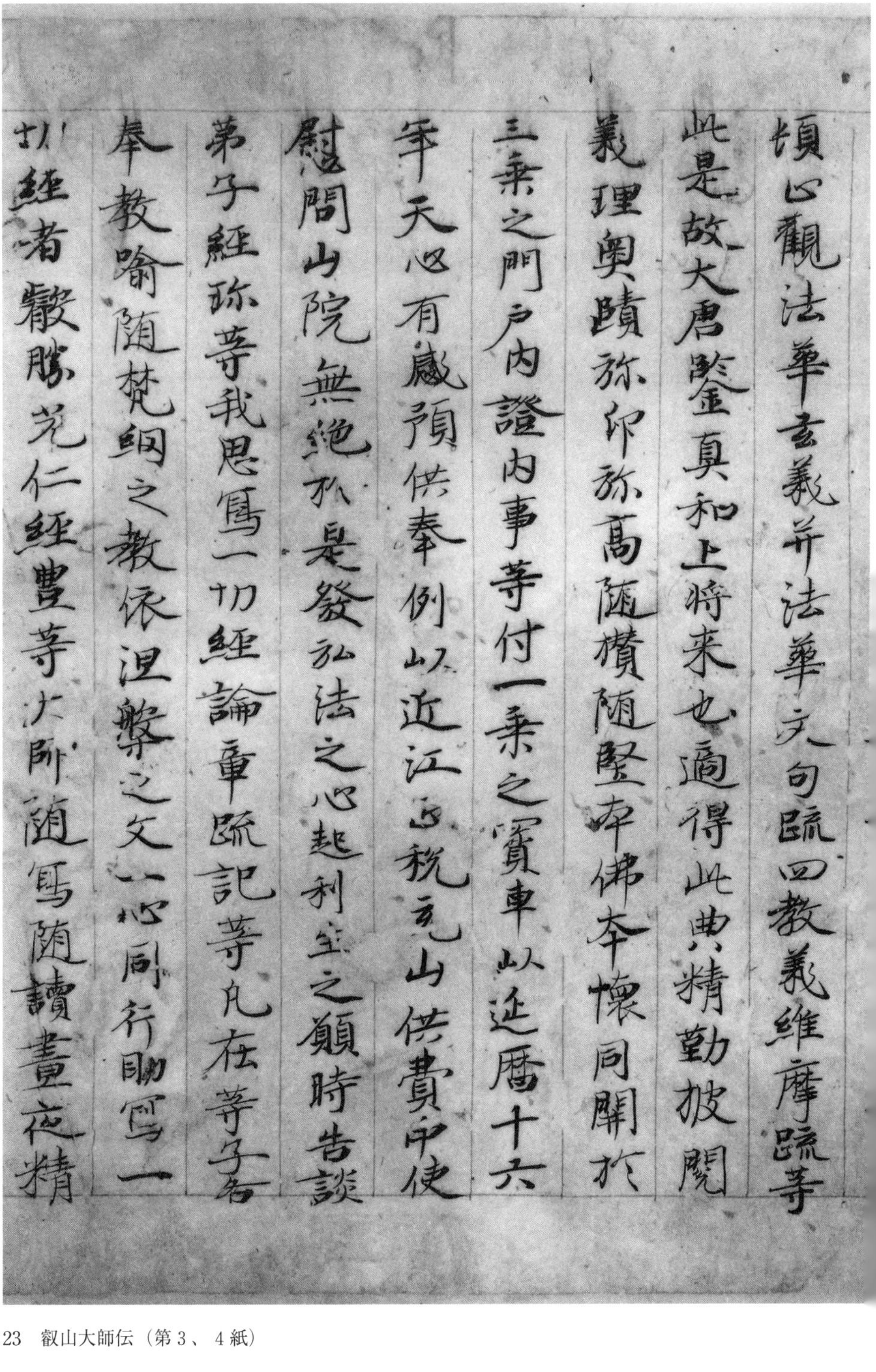
頓心觀法華玄義并法華文句疏四教義維摩疏等
此是故大唐鑒真和上将来也適得此典精勤披閲
義理奥賾弥仰弥高随鑚随堅存佛本懐同開於
三乗之門戸内證内事等付一乗之寳車以延暦十六
年天心有感預供奉例以近江正税充山供費令使
慰問山院無絶於是發弘法之心起利生之願時告談
弟子經弥等我思寫一切經論章疏記等凡在等子各
奉教喩随梵網之教依涅槃之文一心同行助寫一
切經者叡勝光仁經豊等大師随寫随讀晝夜精

23　叡山大師伝（第３、４紙）

奉教喩隨梵網之教依涅槃之文〻以同行同宮一
切經者轂勝花仁經豐等大師隨寫隨讀晝夜精
勤披覽新經粗悟義理是時山家本自無備不能
盡部卷矣唯願七〻大寺〻別僧衆鉢別受一匙之飯充
經生之供即差使經藏妙證等諭勸願文肩於諸寺
時有大安寺沙門聞寂者道心堅固住持爲懷見書知
意赴應至願即於其寺別院龍淵寺助爲此願尓時
衆僧傾鉢添供經生搭功成卷又有東國化主道忠
禪師者是此大唐鑒真和上持戒第一弟子也傳法

5　　5┐

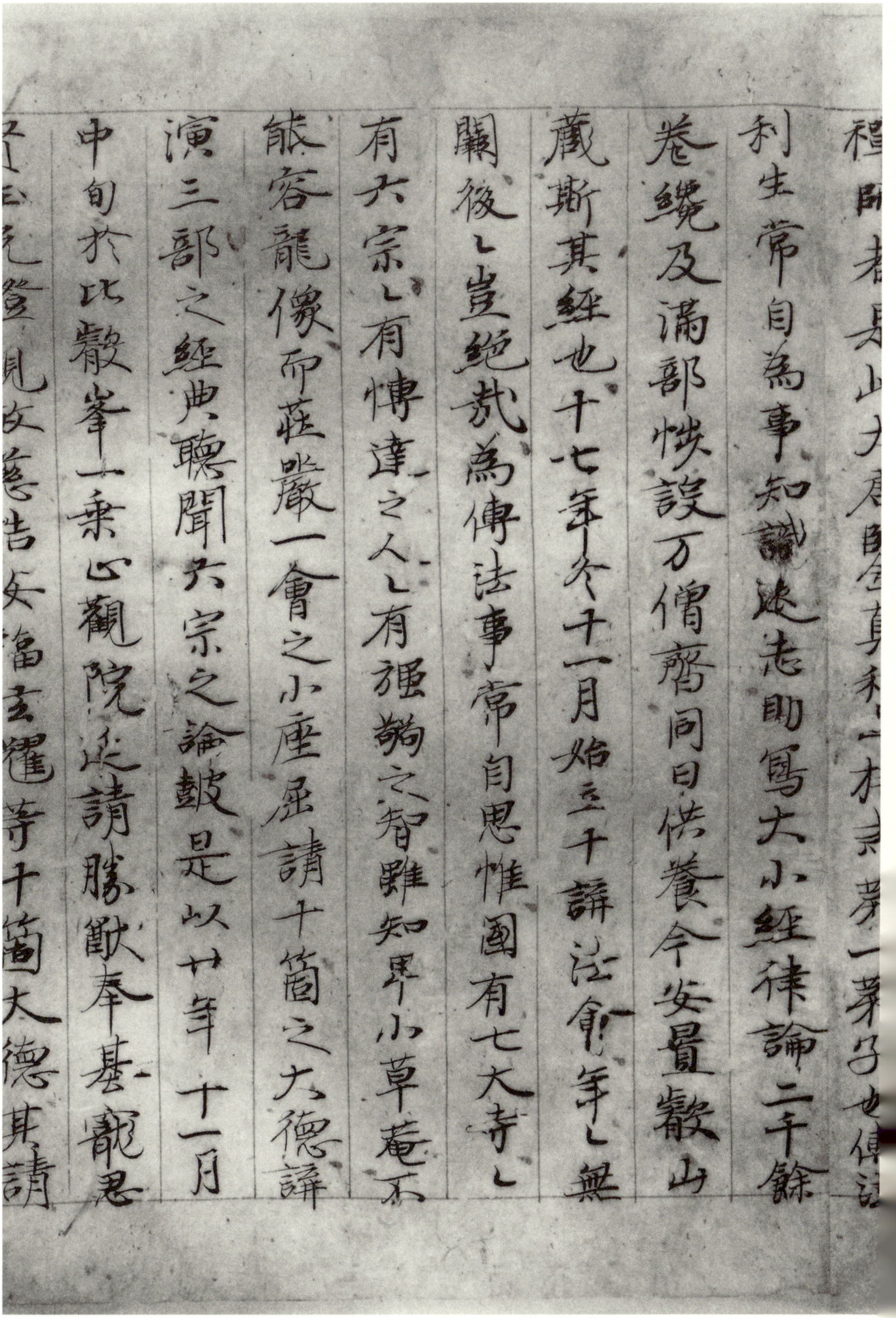
禪師者是此大唐鑒真和上持戒第一弟子也傳請
利生常自為事知識送志助寫大小經律論二千餘
卷纔及滿部慢設万僧齋同日供養今安置叡山
藏斯其經也十七年冬十一月始立十講法會年々無
闕後々豈絶哉為傳法事常自思惟國有七大寺々
有六宗々有博達之人々有強識之智雖知畀小草菴不
能容龍像而莊嚴一會之小座屈請十箇之大德講
演三部之經典聽聞六宗之論鼓是以廿年十一月
中旬於比叡峯一乘止觀院延請勝猷奉基寵忍
賢玉光證觀敏慈誥安福玄耀等十箇大德其請

25　叡山大師伝（第４、５紙）

中館於此睿峯一乘止觀院延請勝簡者尋請
賢玉光證觀敏慈詰安福玄耀等十箇大德其請
書詞云叡山最澄稽首和南十一大德師足下最澄
蒙越奉傳法華深心大願也誠願家　有緣學
領啟數天台教迹輝若許遍告荅此文署寶号惣
則爭行之願不空此闡菩賢之權有實沙界有緣
善友百年之後詣知足院一面之始悟无生忍不任
持佛法之至陳請以聞時請大德赴應此請合譯一
軸振法鼓於深壑賓主徘徊三乘之路飛義旗於
同峯受初摧破三有之結聞未悟歷劫之轍昆阜

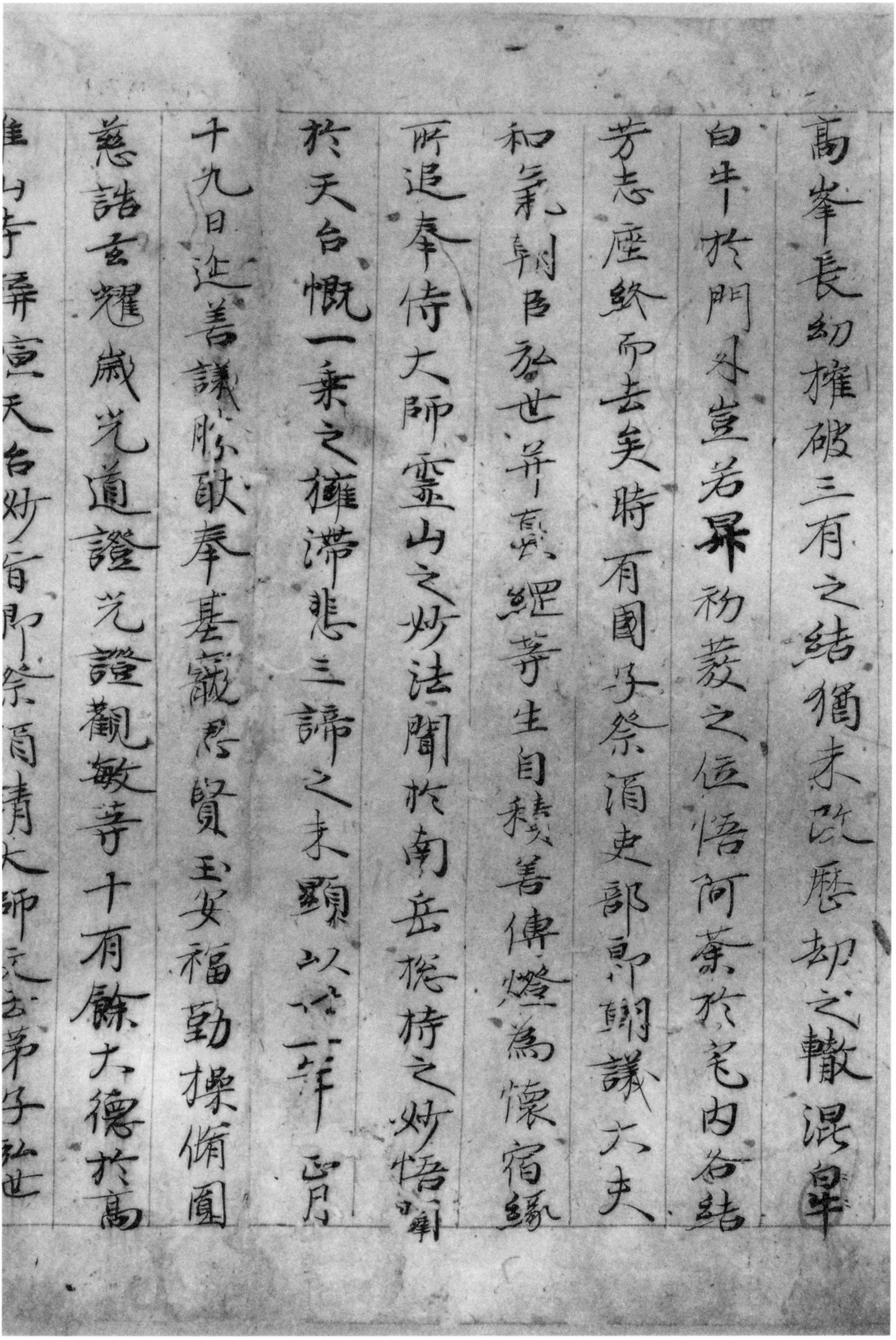
高峯長幼摧破三有之結猶未改歷劫之轍混皐
白牛於門外豈若昇初發之位悟阿荼於宅内合結
芳志座終而去矣時有國子祭酒吏部郎中朝議大夫
和氣朝臣弘世并真綱等生自積善傳燈為懐宿縁
所追奉侍大師靈山之妙法聞於南岳總持之妙悟闡
於天台慨一乘之擁滞悲三諦之未顯以廿一年正月
十九日延善議勝猷奉基寵忍賢玉安福勤操脩圓
慈誥玄耀歳光道證光證觀敏等十有餘大德於高
雄山寺講宣天台妙旨即祭酒請大師爲法弟子弘世

27　叡山大師伝（第５、６紙）

新記云光定崇道請之記勸每年十月創大德於高
雄山寺講演天台妙旨即祭酒請大師之云弟子弘世
稽首和南比叡大忍辱者禪儀此高雄法會厚蒙其
誨勸勵鈍根憑仰　聖德欲果此事然今度會者非唯
世間常修功德之事委曲之趣元來所賜故作望　仙
儀專爲此會之主伏乞大慈必垂哀憐夏始明日臨
高雄頻加指攜相待　聖容是深所憑憧々之事可奉
面量定更不一二又批去千載亦例今度可始自非奉亂
每事多疑乞必降垂興隆佛日即赴祭酒請若赴傳
燈之燃始聞佛乘之直道將至上聽師資之芳志宣

燈之々始開佛乘之直道時主上聽師資之芳志宣
揚之洪基　勅治部大輔正五位上和氣朝臣入鹿口宣
昔者給孤須達降能仁於祇陀之苑求法常啼聞般
若於尋香之城是以和氣朝臣述二六之龍像設一乘之
法莚演暢天台法華玄義等々所以慧日增暉禪河激流
一乘之玄猷始開滅内三學之軌範遂被於人天像季像
燈古今未聞随喜法莚稱歎功德時諸法師等蒙
勅使口宣製上謝表云沙門善議等言今月廿九日治部
大輔正五位上和氣朝臣入鹿奉　宣口勅聞法華新

29　叡山大師伝（第6紙）

大輔正五位上和氣朝臣入鹿奉　宣　勅聞法華新
玄疏諍說於山寺隨喜於一乘釋侶祗奉　慈誥喜懽
文懷凡在緇徒不勝忻戴善議昔聞如來西現隨
衆生之機而演教聖法東漸依緣感之時弥流化是以
始演花嚴之說頓度菩薩之衆次阿含之教漸濟聲
聞之徒復啓般若之理以示人法之空後加法華之妙乃
別權實之趣遂揔三乘之輩共載一圓之車若乃漢
明之年教被震旦磯嶋之代訓及夲朝也　聖德皇

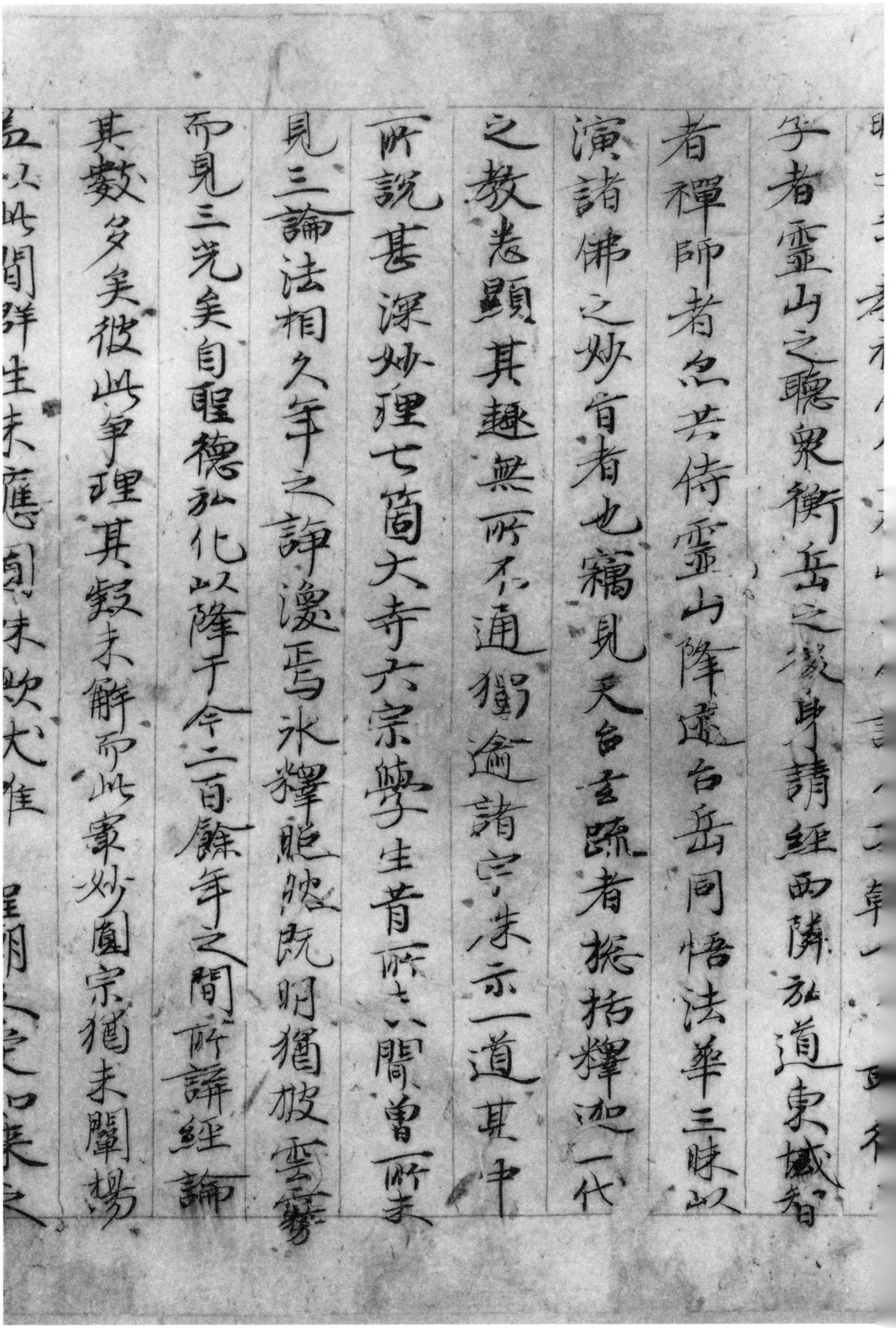
學者靈山之聽衆衡岳之後身請經西隣弘道東域智
者禪師者恩共侍靈山降迹台岳同悟法華三昧以
演諸佛之妙旨者也竊見天台玄疏者総括釋迦一代
之教悉顯其趣無所不通獨逾諸宗殊示一道其中
所説甚深妙理七箇大寺六宗學生昔所未聞曾所未
見三論法相久年之諍渙焉氷釋昭然既明猶披雲霧
而見三光矣自聖德弘化以降于今二百餘年之間所講經論
其數多矣彼此爭理其疑未解而此最妙圓宗猶未闡揚
蓋以此間群生未應圓味歟伏惟　聖朝久受如來之

31　叡山大師伝（第６、７紙）

蓋以此間群生未應圓味歟伏惟　聖朝久受如来之
付深結純圓之機一妙義理始乃興顯六宗學衆初悟至
極可謂此界含靈今而後悉載妙圓之船早得濟於
彼岸譬猶如来成道卌年之後乃說法華悉令三乘
之侶共駕一實之車也善議等幸逢休運乃閲奇詞
自非深期何託聖世哉不任慶躍之至敢奉表陳謝以
聞輕犯　威嚴伏増戰慄謹言又同年九月七日主上見
知天台教迹特超諸宗南岳後身聖德垂迹即便思欲
興隆靈山之高跡並立天台之妙旨[illegible]于[illegible]

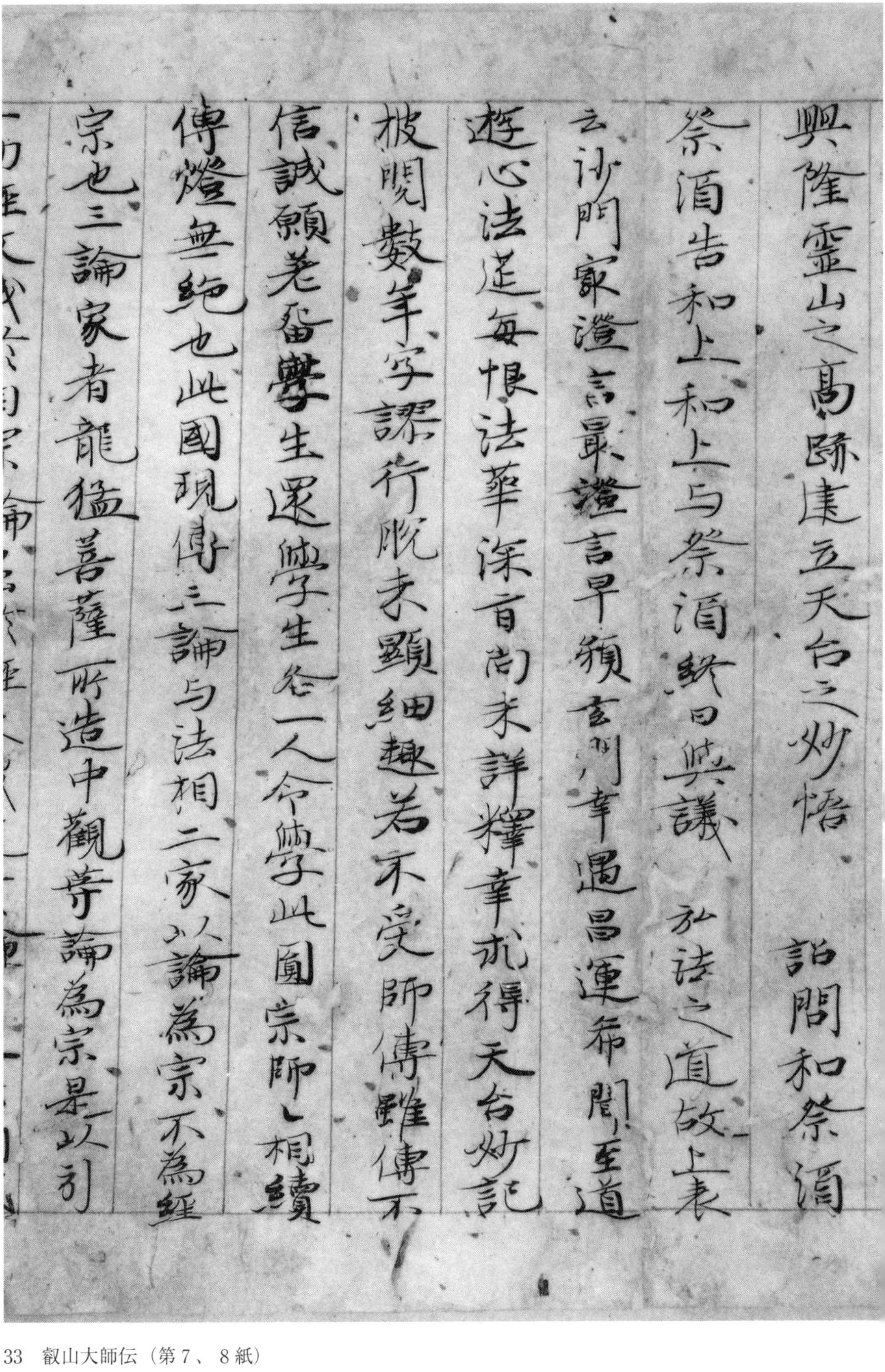
興隆靈山之高跡建立天台之妙悟　詔問和祭酒
祭酒告和上和上与祭酒談曰與議弘法之道故上表
云沙門最澄言最澄言早預玄門幸遇昌運希聞至道
遊心法筵每恨法華深旨尚未詳釋幸求得天台妙記
披閲數年字謬行脱未顯細趣若不受師傳雖傳不
信誠願差留學生還學生各一人令學此圓宗師師相續
傳燈無絶也此國現傳三論与法相二家以論為宗不為經
宗也三論家者龍猛菩薩所造中觀等論為宗是以引

33　叡山大師伝（第７、８紙）

一切經文成於自宗論屈於經之義隨論旨之法相家
者世親菩薩所造唯識等論爲宗是以引一切經成於自
宗義於經文隨於論之旨也天台獨斥論宗特立經宗
論者此經末經者此論本捨本隨末猶背上向下也捨經隨
論如捨根取葉伏願我　聖御代令學圓宗妙義於唐
朝令運法華寶車於此閣然則　聖上法施之基更厚
於往日輝民法財之用亦富於永代所望法華圓宗與
日月齊明天台妙記將乾坤等固庶百代之下歌詠無窮
千載之外瞻仰無絶不任悽々之至謹奉表以聞　即

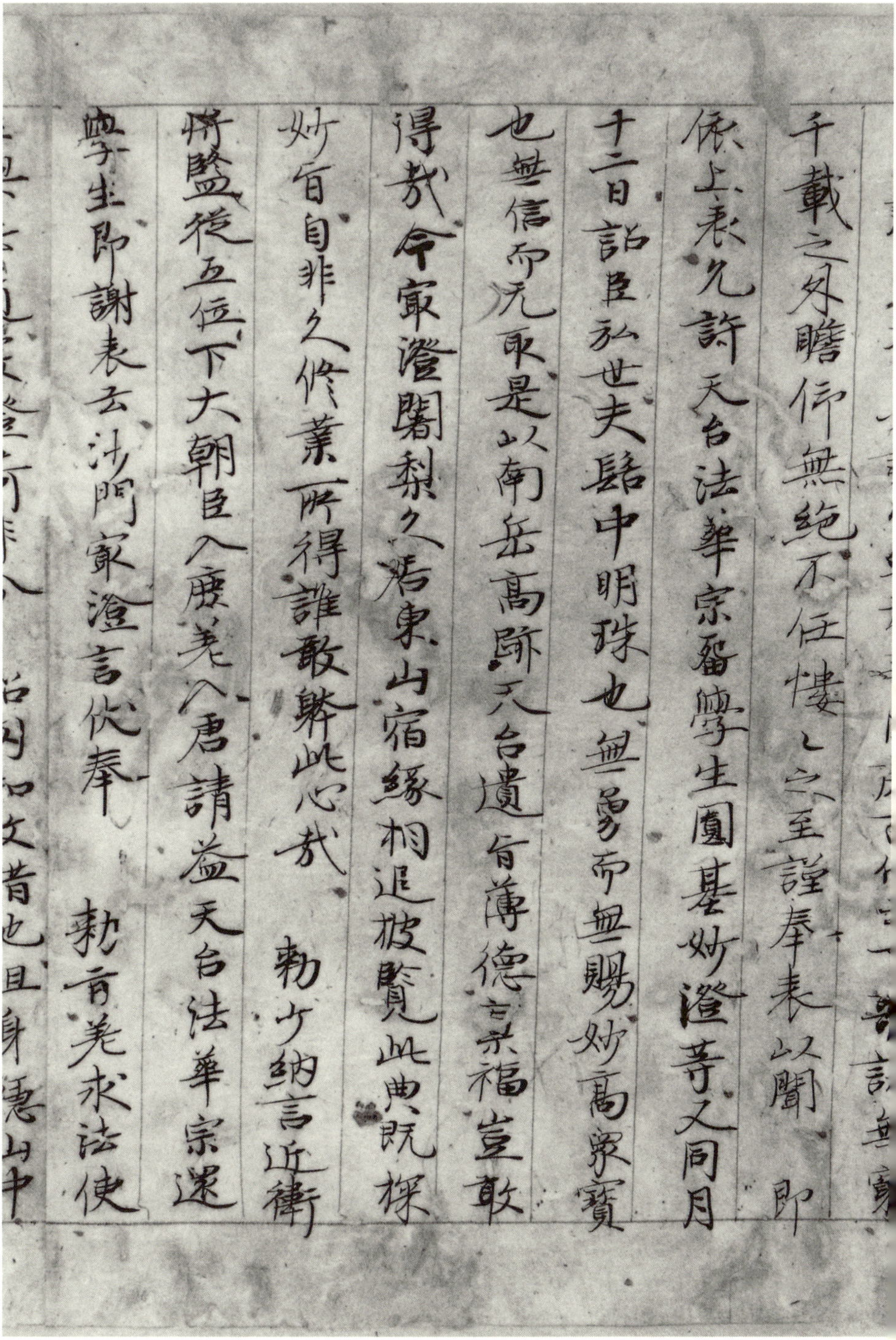

千載之外瞻仰無絶不任慺〻之至謹奉表以聞　即
依上表允許天台法華宗年分學生圓基妙澄等又同月
十二日詔曰弘世夫聡中明珠也無象而無賜妙高衆寶
也無信而無取是以南岳高跡天台遺旨薄德之衆福豈敢
得哉今最澄闍梨久居東山宿縁相追披覽此典既探
妙旨自非久修業所得誰敢瞻此心哉　勅少納言近衛
將監從五位下大朝臣入鹿差入唐請益天台法華宗還
學生即謝表云沙門最澄言伏奉　勅旨差求法使

35　叡山大師伝（第８、９紙）

學生圓□請益天台沙門寂澄言依奉 勅旨差求法使
任興法道寂澄荷非分 詔内知攸措也但身隱山中
不知進退才拙雖力未別菽麦雖然追尋香之誠仰雪嶺之
信勵窮劣之心蒼 天朝之命不任悚荷之至謹附沙
納言近衛将監従五位下大朝臣入唐奉表陳謝以聞又請
求法譯語表云沙門寂澄言寂澄聞秦國羅什度流沙而
求法唐朝玄奘蹐葱嶺以尋師並皆不限年數得業為
期是以習方言於西域傳法藏於東土伏計此度求法往
還須限所求法門巻逾數百仍須歴問諸州得遇其人
□澄又習漢音兼閑譯語足對異言雖乏音者□法請

最澄未習漢音之闇譯語忽對異俗難述音緒四船通
事随使經營相別訪道遂不可得竊慮公途間求乃
可有得所志之旨當年得度沙弥義真幼學漢音略
習唐語少壮聡悟頗渉經論所願殊蒙 天恩傔従之
外請件義真為求法譯語兼復令學義理然則天台
義宗諮問有便彼方賢人通情不難若猶有所殘者須
属留學生經年訪求矣不任區〻之至謹奉表以聞即
依上表 勅允許譯語已畢又有内記山邉全成公者
同結私法之志偶崇天台之教即傳燈之言及於 春宮

37　叡山大師伝（第 9 紙）

同結弘法之志倶崇天台之教即傳燈之言及於　春宮
即宿願所催法水易受矣九月六日差使内舎人正六位
上紀朝臣鈴鹿麿随喜高雄法會尊重天台教迹即日
善議法師等謝稱云沙門善議等啓中使光臨伏蒙　明
命恩問降於四教法莚随喜奉於一乗圓座凡在緇徒
不勝慶戴恭蒙　寵命對越惶悸竊以至教希夷
理出能詮之外玄章神邈道闡玄樞之間顯晦從時行藏
在運非屬淳和之代豈弘幽賾之訓者哉伏惟　皇太子

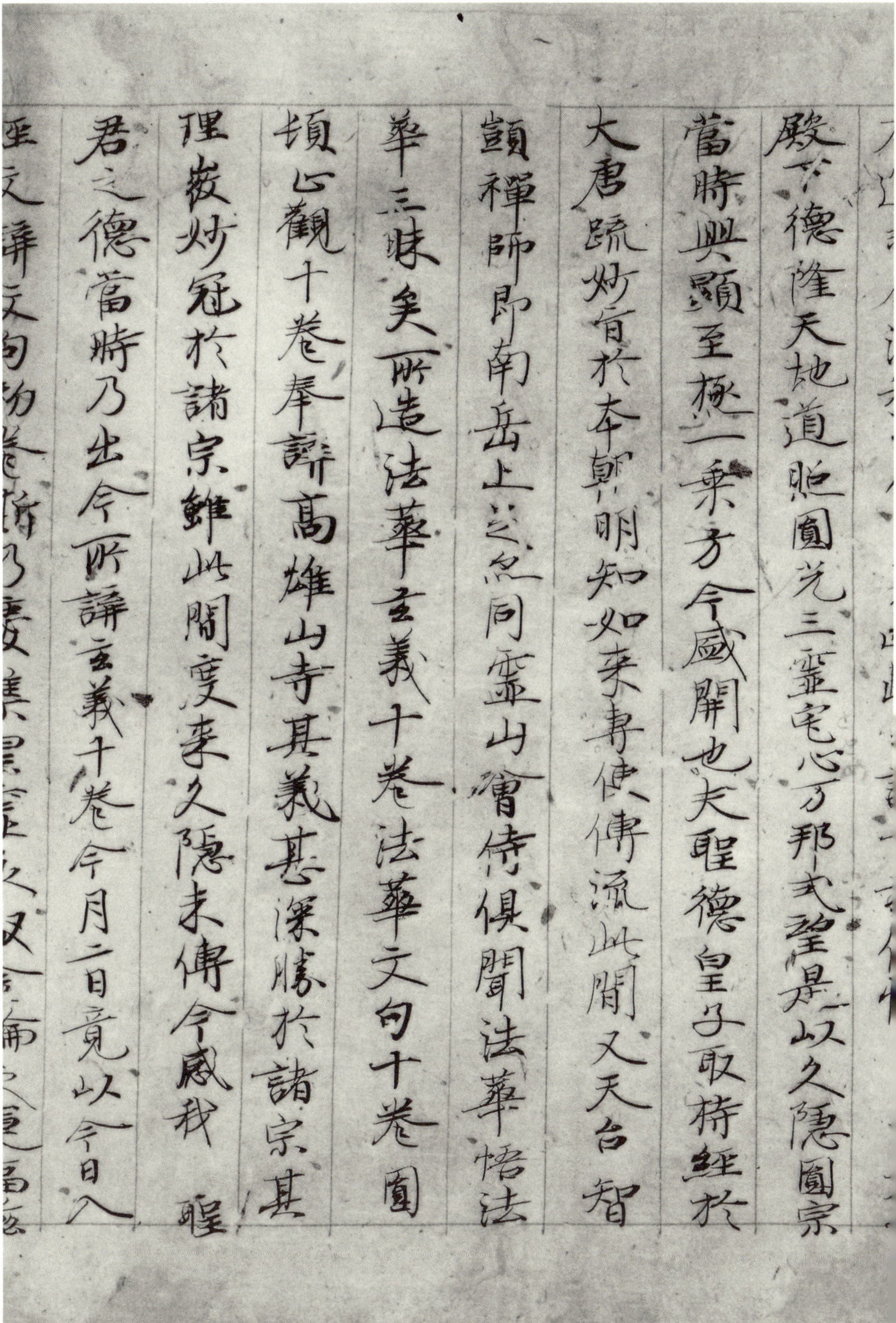
殿下徳隆天地道貽圓光三靈宅心万邦式望是以久隱圓宗
當時興顯至極一乘方今感開也夫聖德皇子戢持經於
大唐疏妙旨於本朝明知如來專使傳流此間又天台智
顗禪師即南岳上足之名同靈山會侍俱聞法華悟法
華三昧矣所造法華玄義十卷法華文句十卷圓
頓止觀十卷奉辭高雄山寺其義甚深勝於諸宗甚
理妙冠於諸宗雖此間度來久隱未傳今感我 聖
君之德當時乃出今所講玄義十卷今月二日竟以今日入
經文講文句初卷[illegible]

39　叡山大師伝（第 9 、10紙）

經文諍乏句初巻斯乃慶集皇靈永馭金輪之運福滋
聖善速紹玉毫之位善議等内省庸菲観道慶辰生歎
用淺空荷榮渥　不勝抃躍之至謹附内舎人正六位上紀
朝臣飾慶磨奉啓陳謝以聞是時　春宮殿下擇好手
上書寫法華无量義普賢観等大乗經三部二通即以
一通附送大唐和上堅持渡海入唐安置天台山修禪寺
一切經藏又一通安置比叡山寺一切經藏爲弘通本又
又春宮殿下施与金銀數百兩充入唐求法之助自非奉
知来之使於西域等普潤之澤於東瀛誰顧斯于雖

11┐　　　　20

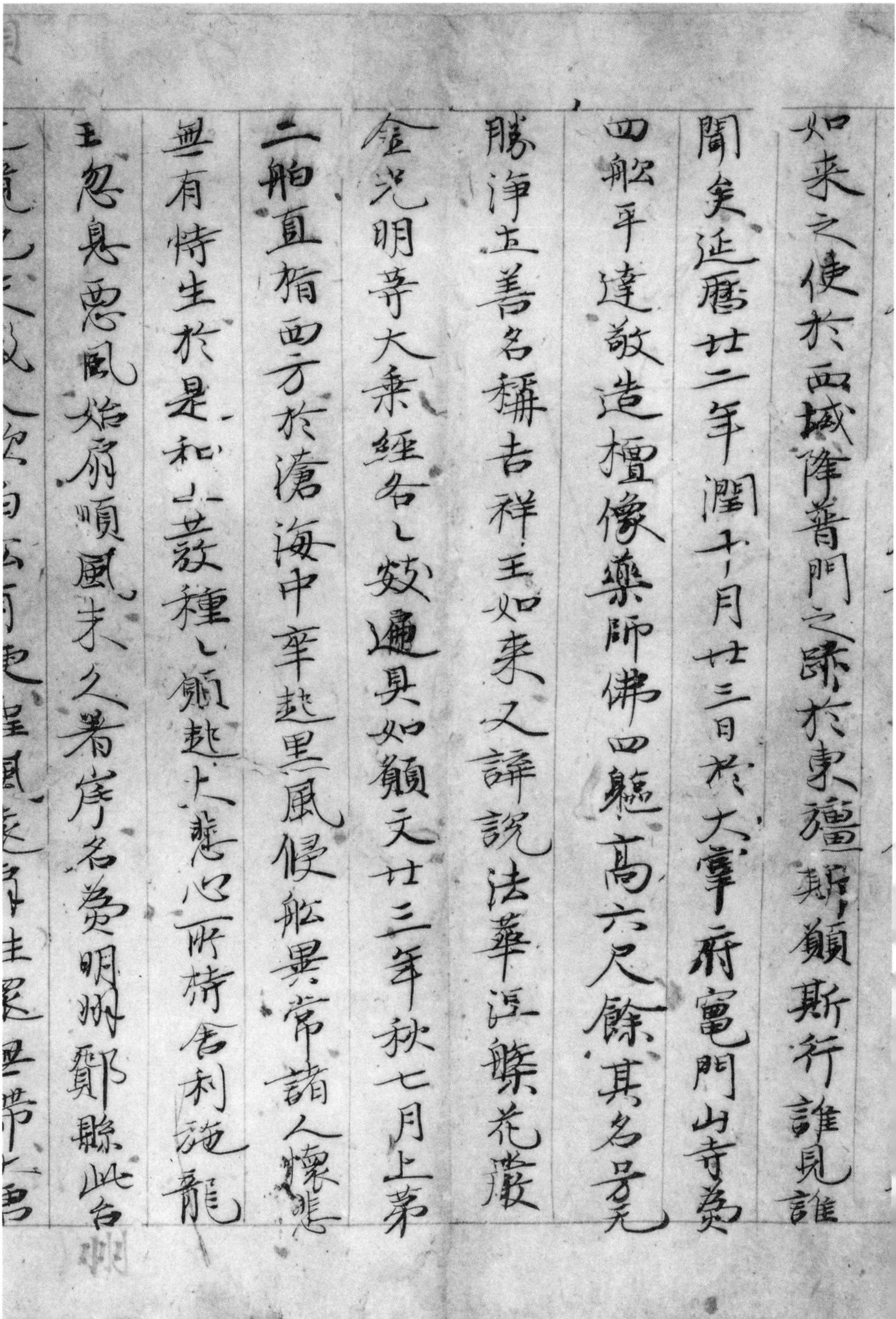
如来之使於西域降普門之跡於東疆斯願斯行誰見誰
聞矣延暦廿二年閏十月廿三日於大宰府竈門山寺爲
四船平達敬造檀像藥師佛四軀高六尺餘其名号無
勝浄土善名稱吉祥王如来又講說法華涅槃花嚴
金光明等大乘經各々數遍如願又廿三年秋七月上第
二船直指西方於滄海中卒起黒風侵船異常諸人懐悲
無有恃生於是和上發種々願起大悲心所持舍利施龍
王忽息悪風始得順風未久着岸名爲明州鄮縣此台

41　叡山大師伝（第10、11紙）

王忽見悪風火府順風才久菓亭名差明州賀艘山

近境也天感人欲泊舡有便聖風遠府往還無滯大唐

貞元廿九月上旬舡頭判官等上京但和尚別向天台山即

明州牒送台州其牒詞云句當軍將劉承規狀偁得日本

僧最澄狀欲往天台巡礼疾病漸可今月十五日發謹具如

前者使君判付司給公驗并下路次縣給舡及擔送過者准

判者謹牒即受牒上道同月下旬到台州天台山國清寺衆

僧邃來慰勞歸寺歎曰昔聞西域騰蘭馱梵夾於白馬

域

降那道於南郊今見東域闍梨渡妙法於滄波様蒼生

天臺含昌乚文顔藏遍書將台州刺史陸淳延天台山修

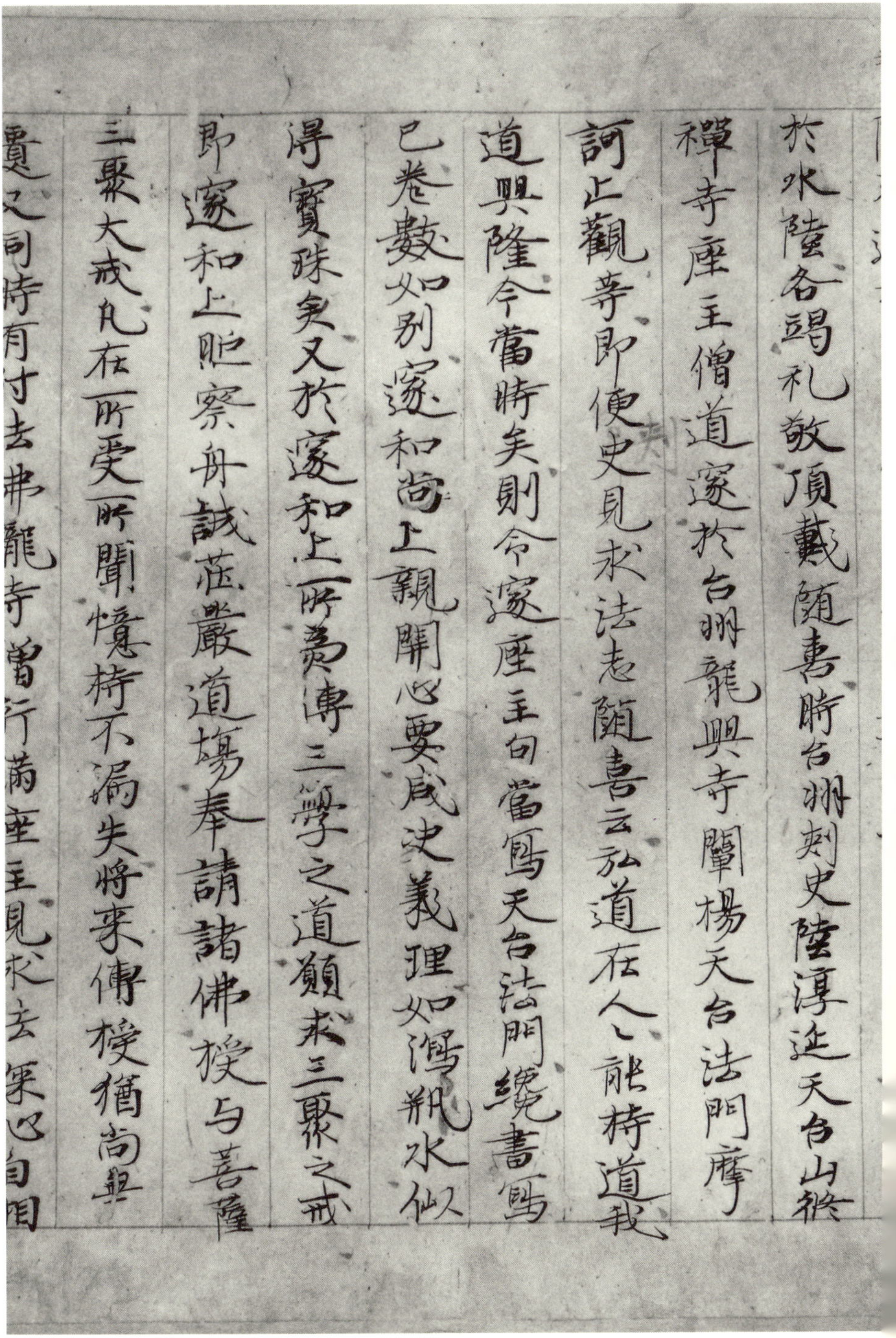
於水陸各竭礼敬頂戴随喜時台州刺史陸淳延天台山修
禪寺座主僧道邃於台州龍興寺闡揚天台法門摩
訶止観等即便史見求法志随喜云弘道在人〻能持道我
道興隆今當時矣則令邃座主句當寫天台法門繕書寫
已巻數如別邃和尚上親開心要咸決義理如瀉甁水似
得寶珠矣又於邃和上所受傳三學之道顧求三聚之戒
即邃和上照察丹誠莊嚴道場奉請諸佛授与菩薩
三聚大戒凡在所受所聞憶持不漏失将来傳授猶尚無
遺又同時有付去佛龍寺曾行滿座主見求法深心自相

43　叡山大師伝（第11紙）

遇

遺之同時有付法佛隴寺僧行滿座主見求法深心自相
語言昔聞智者大師告諸弟子等吾滅後二百歳始於東國
興隆我法聖語不朽今遇此人矣我所披閲法門捨与日本
闍梨將去海東當紹傳燈丸法華疏涅槃疏釋籤止觀
并記等八十二巻自手書云比丘僧行滿稽首　天台大師
行滿幸蒙　曩運得遺風早年出家舊學佛法遂
於毗陵大暦年中得值荊溪　先師傳燈訓物不揆暗
拙添陪末席荏苒之間已經數載再於妙樂聽聞涅
槃疏是終窮甚為宿種　先師言歸佛隴乞送餘

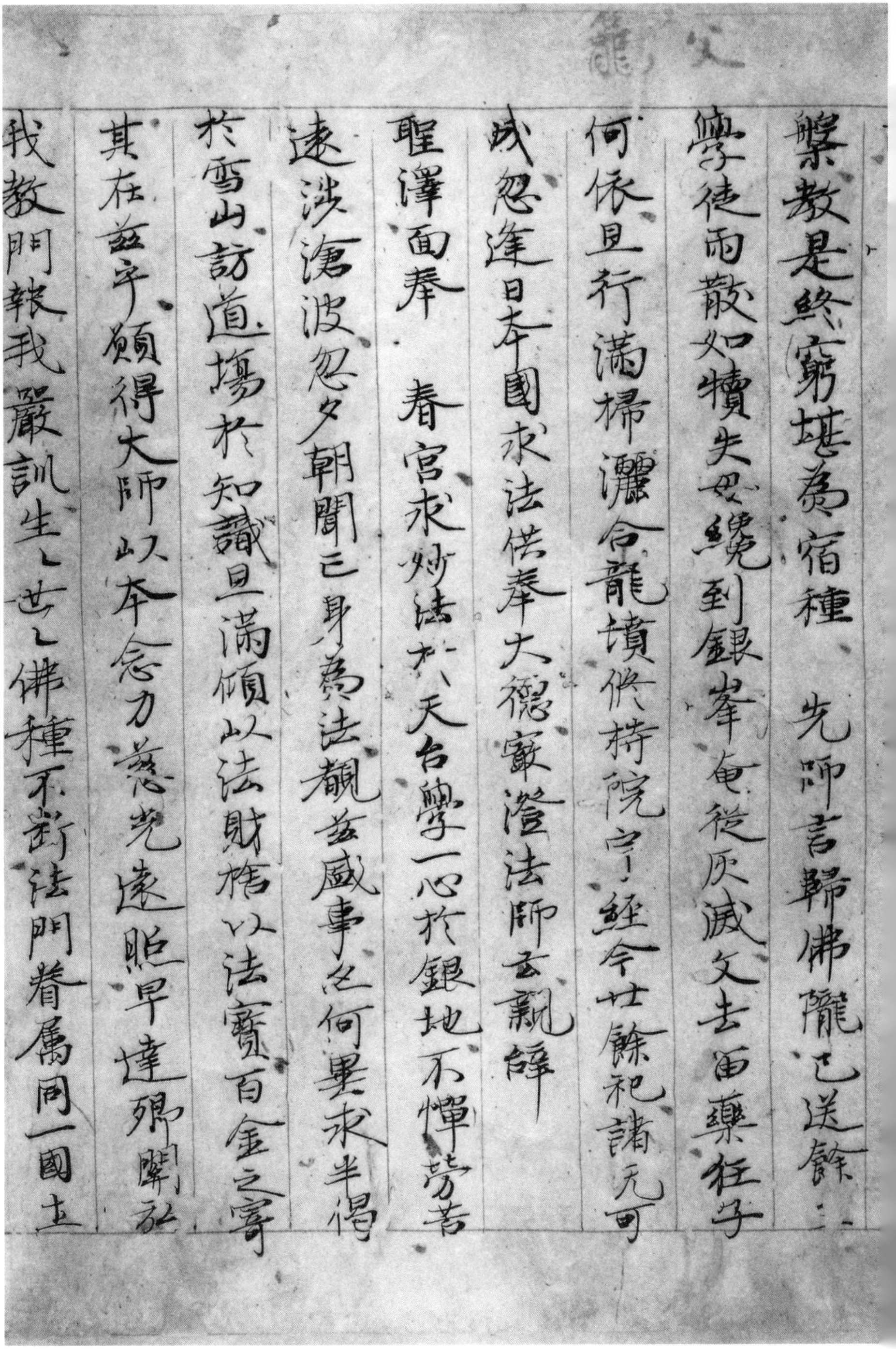

槃教是終窮堪為宿種　先師言歸佛隴已送餘
學徒雨散如犢失母繞到銀峯每從灰滅文書面藥狂子
何依且行滿掃灑合龍潰供持院宇經今廿餘祀諸无可
賊忽逢日本國求法供奉大德最澄法師去飄辭
聖澤面奉　春宮求妙法於天台學一心於銀地不憚勞苦
遠涉滄波忽夕朝闇已身為法觀茲盛事亦何異求半偈
於雪山訪道場於知識且滿傾以法財捨以法寶百金之寄
其在茲乎願得大師以本念力慈光遠照早達殞闡弘
我教門報我嚴訓生生世世佛種不斷法門眷屬同一國土

45　叡山大師伝（第11、12紙）

其在茲乎頌得大師此本念[illegible]

我教門報我嚴訓生〻世〻佛種不斷法門眷屬同一國土

成就菩提龍華三會共登初首又大唐貞元廿一年四月

上旬來到船所更為求真言向於越府龍興寺幸得值遇

泰岳靈巖山寺鎮國道場大德内供奉沙門順曉〻感

信〻之願灌頂傳授三部三昧耶圖樣契印法文道具等目

録如別順曉闍梨付法書云大唐國開元朝大三藏婆羅

門國王子法号善無畏從佛國大那蘭陀寺傳大法輪

至大唐國轉付囑傳法弟子僧義林〻是國師大阿闍梨一

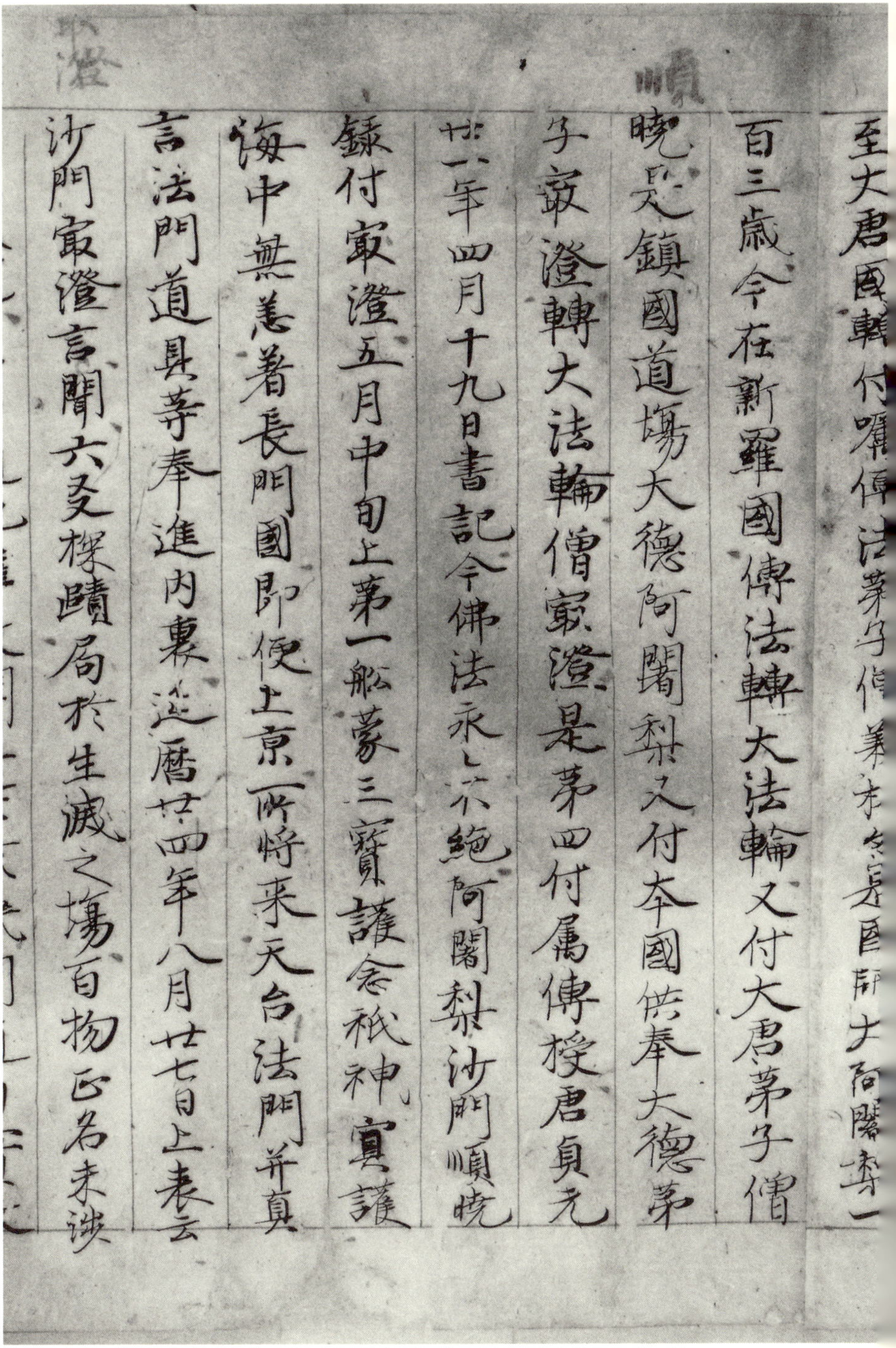

至大唐國轉付囑傳法弟子僧義操是國師大阿闍梨一
百三歳今在新羅國傳法轉大法輪又付大唐弟子僧
曉是鎮國道場大德阿闍梨又付本國供奉大德弟
子最澄轉大法輪僧最澄是第四付屬傳授唐貞元
廿一年四月十九日書記令佛法永々不絶阿闍梨沙門順曉
録付最澄五月中旬上第一船蒙三寶護念祇神冥護
海中無恙著長門國即便上京所將來天台法門幷真
言法門道具等奉進内裏延曆廿四年八月廿七日上表云
沙門最澄言聞六爻探賾局於生滅之場百物正名未談

47　叡山大師伝（第12、13紙）

沙門最澄言臣聞六爻探賾局於生滅之場百物正名未渉眞如之境豈若随他權教開三乗於機門随自實教示一乗於道場哉然則圓教難説演其義者天台妙法難傳暢其道者聖帝伏惟　陛下纂靈出震撫運登蘊北蕃来朝請賀正於毎年東裔北肯知歸德於洸年於是屬想圓宗緬懷一乗紹宣妙法以爲大訓由是妙圓極教應聖機而興顯灌頂秘法感皇緣而圓滿最澄奉使求法遠尋靈跡往登台嶺躬寫教迹所獲經并疏及記等揔二百三十部四百六十卷且見進經一十卷

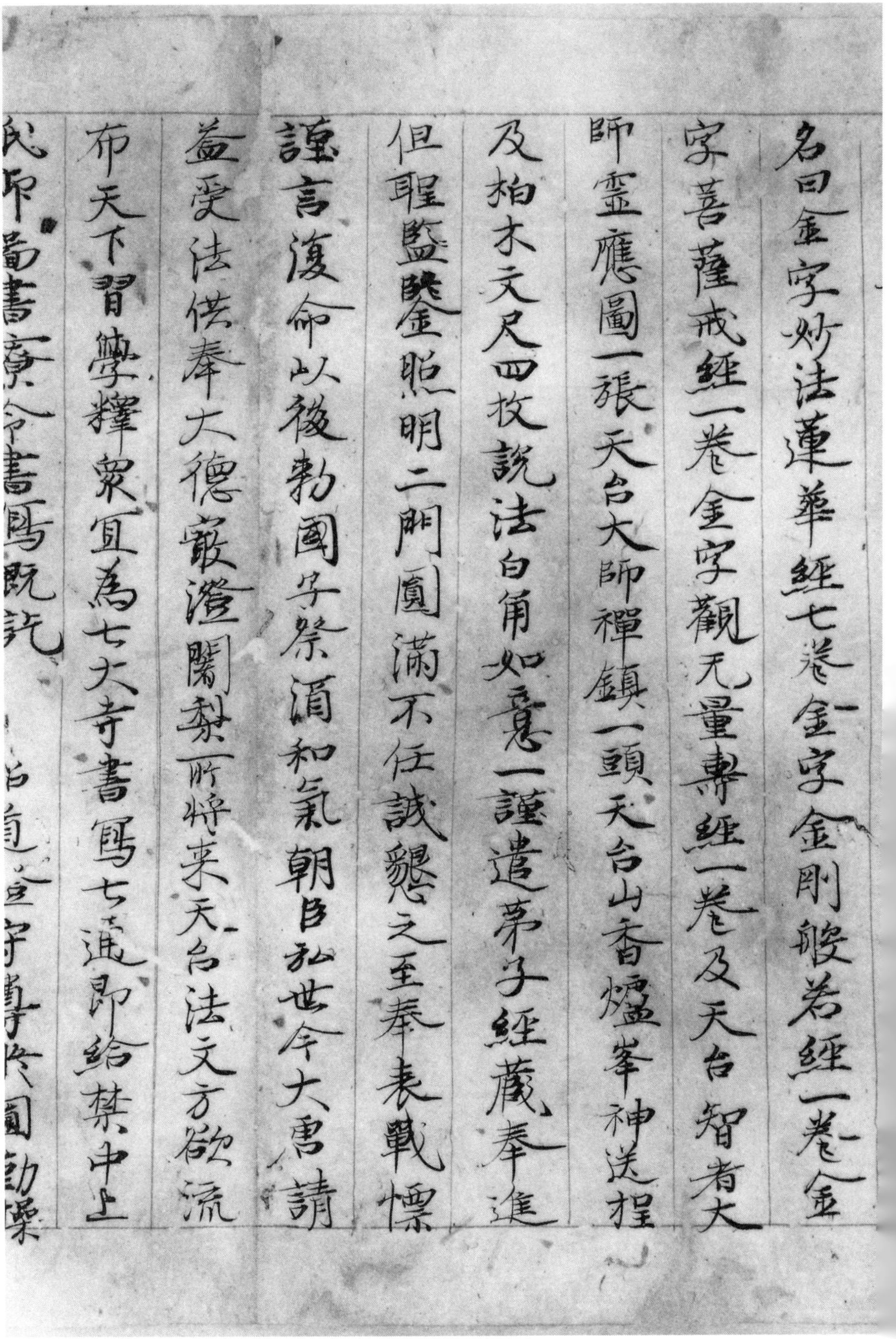
名曰金字妙法蓮華經七卷金字金剛般若經一卷金
字菩薩戒經一卷金字觀无量壽經一卷及天台智者大
師靈應圖一張天台大師禪鎮一頭天台山香爐峯神送桯
及柏木文尺四枚說法白角如意一謹遣弟子經藏奉進
但聖鑒照明二門圓滿不任誠懇之至奉表戰慄
謹言復命以後勅國子祭酒和氣朝臣弘世令大唐請
益受法供奉大德最澄闍梨所將來天台法文方欲流
布天下習學釋衆宜爲七大寺書寫七通即給禁中上
紙即圖書寮令書寫既訖
召道證守尊修圓勤操

49　叡山大師伝（第13、14紙）

布天下皆學釋衆宜爲七大寺書寫七通即給黄上
紙御圖書寮令書寫既訖　詔道證守尊修圓勤操
慈蘊慈完等法師於野寺天台院令受學披閲新寫天
台法文矣又弘世奉　勅眞言秘教等未傳此土然最澄
闍梨幸得此道良爲國師宜抜諸寺智行兼備者令受
灌頂三昧耶因茲於高雄山寺始建立法壇設備法會
勅使小野朝臣岑守檢校諸事　勅召畫工上首等
廿餘人敬圖毗盧那遮佛像一副大曼荼羅一副寶蓋一
副又繼造佛菩薩神王像幡五十餘旒莊嚴調度出自

内裏又臣弘世奉勅口宣法會所用不論多少随闍
梨言皆悉奉送唯除國忠布無耳是時奉　勅所司
定諸寺大徳道證修圓勤操正能正秀廣圓等忽被内
侍之宣各竭尊師之法受金剛之寶登灌頂之眞位矣
八月廿七日内侍宣若夫大明出石深縁生藍涓集成海塵
積為岳其道可求不擇其人其才可取不論其形故帝釋
屈尊受法媿狐雪子捐軀訪道羅刹皆是所以輕生重道
廣利自他也此間風俗我慢之執猶深尊師之志未厚肯
天竺上人自雖降臨不勤訪受從遷登舟遂令眞言妙法

51　叡山大師伝（第14紙）

天竺上人自雖降臨不動訪受從遷鑒舟遂令真言妙法
絶而無傳深〻可〻歎〻息〻方今最澄闍梨遠涉溟波受
無畏之貽訓近畏無常冀此法之有傳然石川檉生二禪
師者宿結芳緣守護　朕躬憑此二賢欲昌佛法宜相
代　朕躬屈尊揗軀率弟子等尋撿經教受傳此
法以守護國家利樂眾生不可憚世間之誹謗也自餘
諸眾唯取其進勿遮其退者乞照察此趣蘭定進退二
眾歷名各令加其署附使進上謹勤造宮少進阿保廣成敬

和南文九月上旬臣弘世奉　勅令最澄闍梨為　朕重修
行灌頂秘法即依　勅旨於城西郊擇求好地建創壇場
召畫工十餘人敬圖五佛頂淨土一鋪大曼荼羅一鋪　勅
使石川朝臣川主檢校諸事自先受灌頂弟子八大德外
更加豊安靈福泰命等文德灌頂既訖九月十六日有　勅
受灌頂者諸寺大德八人令所司各与公驗弥勤精進興
隆佛法又右大臣奉　勅入唐受法最澄闍梨為傳
燈与公驗因茲治部省依　勅旨与公驗如右其文云
國昌寺僧最澄住於平安東嶽比叡峯精進練行十

53　叡山大師伝（第14、15紙）

燈与公驗巨益行音ゞ作依　勅旨与公驗以為其文云
國昌寺僧最澄住於平安東嶽比叡峯精進練行十
有五年樹念誦之秘法慕天台之高蹤延暦廿三歳在甲
申四月奉詔渡海求道詣於台州國清寺智者大師
第七弟子道邃和尚所求得天台法門二百餘巻還於越
府龍興寺遇天竺無畏三藏第三弟子鎮國道場大徳内
供奉順曉和尚入灌頂壇受三部悉地法并得陀羅尼法
門三十餘巻種ゞ曼荼羅圖様十有餘其念誦供具等
取台州刺史陸淳明州刺史鄭審則印署以四年歳在乙

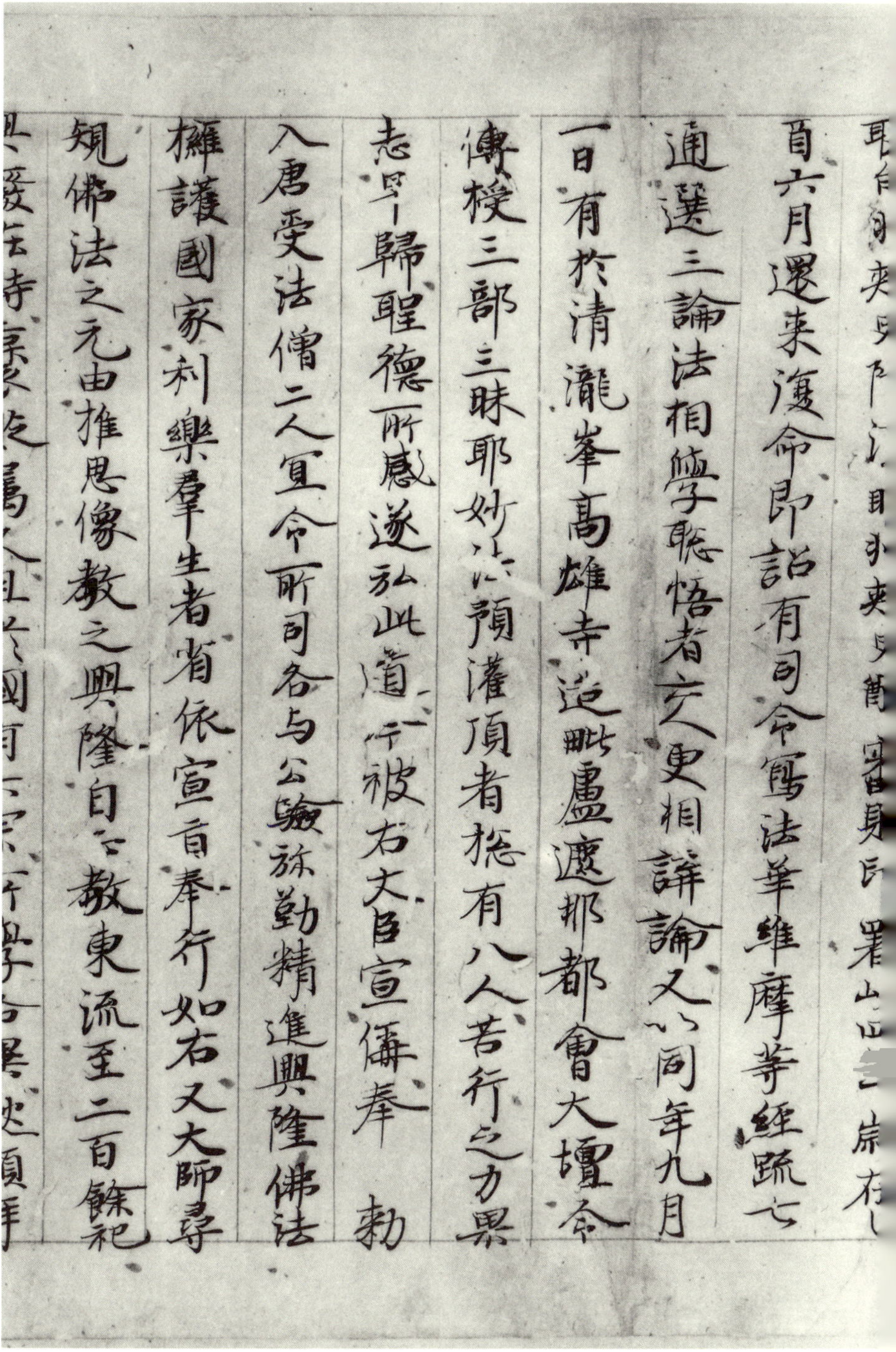
16

旨六月還来復命即詔有司令写法華維摩等経疏七

通選三論法相學聰悟者六人更相講論又以同年九月

一日有於清瀧峯高雄寺延毗盧遮那都會大壇令

傳授三部三昧耶妙法預灌頂者惣有八人若行之力果

志早歸聖德所感遂弘此道所被右大臣宣偁奉　勅

入唐受法僧二人宜令所司各与公驗旅勤精進興隆佛法

擁護國家利樂羣生者省依宣旨奉行如右又大師尋

規佛法之元由推思像教之興隆自從教東流至二百餘祀

55　叡山大師伝（第15、16紙）

知佛法之有日於[illegible]
興廢在時褒貶屬人且於國有六宗所學各異然頃年
三論法相二宗盛有興心花嚴毗尼成實倶舍等四宗纔
有其名既無其業恐隨落万生失道於是為勸諸宗業普
續大小教更加天台法華宗廿五年正月三日上表云沙門
最澄言最澄聞一目之羅不能得鳥一兩之宗何足普汲
徒有諸宗名忽絶傳業人誠願唯十二律呂定年分度者
之數法六波羅蜜分授業諸宗之員則兩曜之明宗別度
二人者花嚴宗二人天台法華宗二人律宗二人三論宗三人加小乘
成實宗法相宗三人加小乘倶舍宗然則[illegible]

17┐

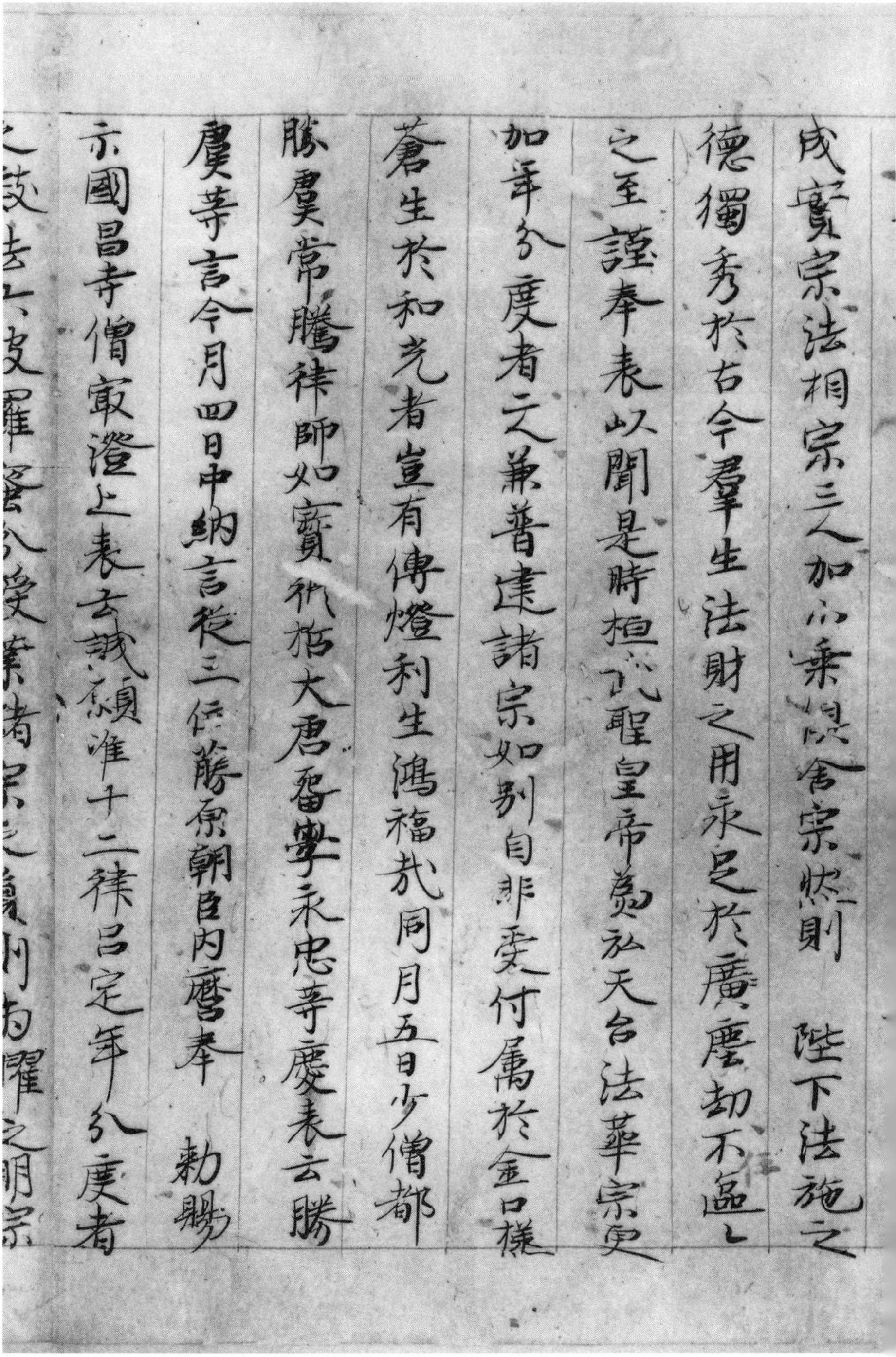

成實宗法相宗三之加以小乘俱舍宗然則　陛下法施之
德獨秀於古今群生法財之用永足於廣歷劫不盡之
之至謹奉表以聞是時桓武聖皇帝為弘天台法華宗更
加年分度者之兼普建諸宗如別自非受付屬於金口樣
蒼生於和光者豈有傳燈利生鴻福哉同月五日少僧都
勝虞常騰律師如寶秘拓大唐留學永忠等慶表云勝
虞等言今月四日中納言從三位藤原朝臣內麿奉　勅賜
示國昌寺僧最澄上表云誠願准十二律呂定年分度者
之設法六波羅蜜分授業諸宗之員則兩曜之明宗

57　叡山大師伝（第16、17紙）

之數法六波羅蜜分揆業諸宗之負則両曜之明宗
別度二人者仰惟　無上世尊是大醫王隨類設教極
苦与樂八万法藏有權有實始雖似殊終皆一揆衆生
之病既異所与之藥不同欲濟有情癈一不可卷皆勸
勵乃攘群迷今垂將啓欲鳴法鼓佛日將没揮　聖戈
而更中法綱殆絶添　肯索以澒續加以始自當年盡
未来際歳々所度无表功德之衆摠集聖躬釋門老少
誰不抃躍无任隨喜歡荷之至謹奉表以聞同月廿六

日官符去被右大臣宣偁奉　勅攘災殖福佛教尤勝誘善利生无如斯道但夫諸佛所以出現於世欲令一切衆生悟一如之理然衆生機或利或鈍故如来之説有頓有漸件等經論所趣不同開門雖異遂期菩提譬猶大醫隨病与藥設方萬殊共存濟命今欲興隆佛法利樂羣生凡此諸業廢一不可宜准十二律定度者之數分業勸催共令競學仍須各依本業疏讀法華金光明二部經漢音及訓經論之中問大義十條通五以上者乃聽得度縱如一々業中無及第者闕置其分當年勿度

59　叡山大師伝（第17紙）

二部經漢音及訓經論之中問大義十條通五以上者乃
聽得度縱如一々業中無及第者闕置其分當年勿度
省寮僧綱相對案記待有其人後年重度遂不得令
彼此相奪廢絶其業若有習義殊高勿限漢音受戒
之後皆令先必讀誦二部經戒本諳安一卷羯磨四分律
鈔更試十二條本業十條戒律二條通七以上者依次
差任立義複講師雖通本業不習戒律者不聽任用者省
宜承知依宣行之自今以後永為恒例符到奉行以大
同五年正月於宮中金光明會始天台宗年分八人共出家
乙年度者相續不絶又同年春勅[illegible]心首之一[illegible]觀

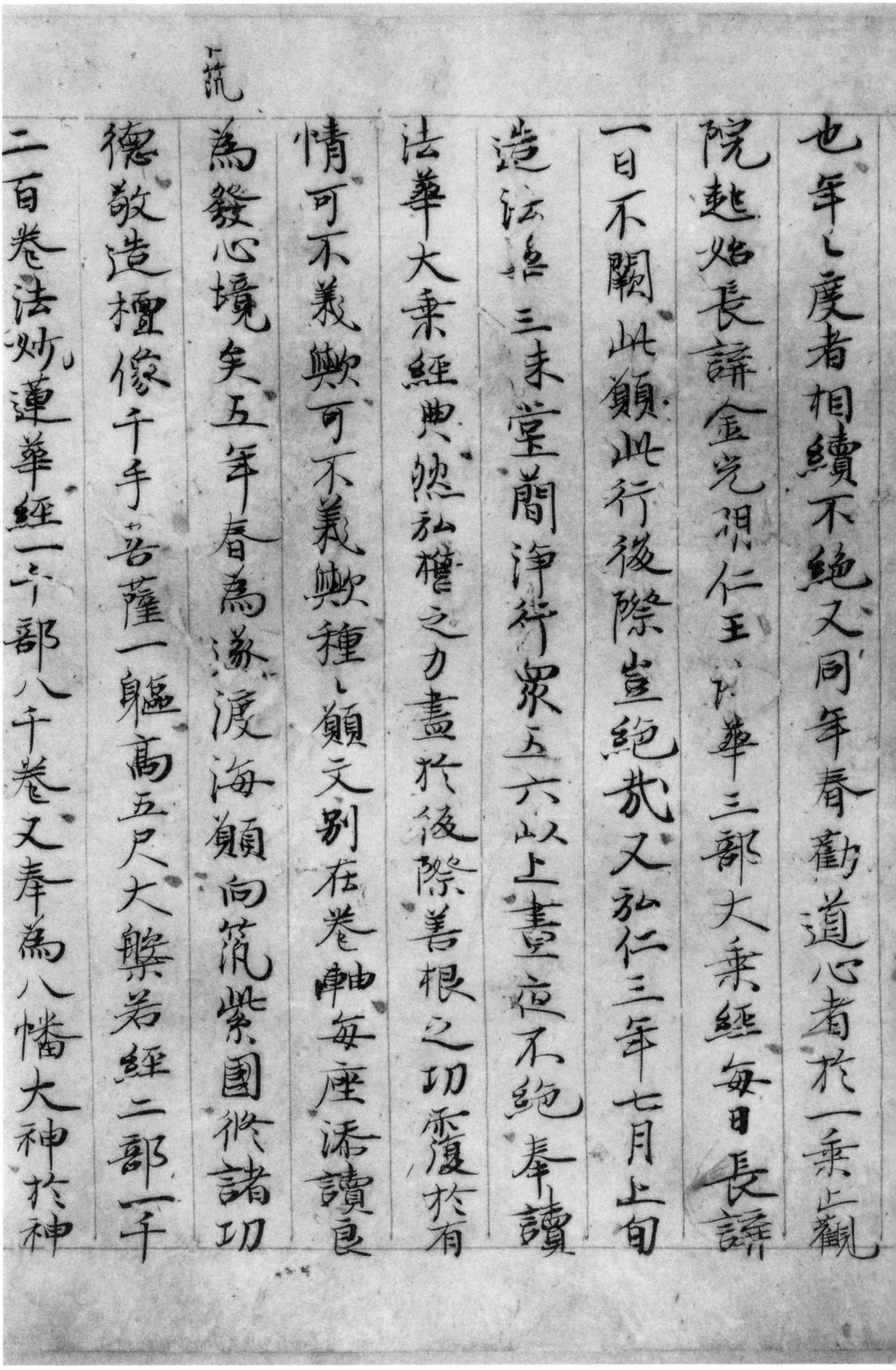

也年〻度者相續不絶又同年春勸道心者於一乘止觀院起始長講金光明仁王法華三部大乘經毎日長講一日不闕此願此行後際豈絶哉又弘仁三年七月上旬造法華三昧堂簡淨行衆五六以上晝夜不絶奉讀法華大乘經典憑弘擁之力盡於後際善根之功覆於有情可不義歟可不義歟種〻願文別在卷軸毎座添讀良爲發心境矣五年春爲遂渡海願向筑紫國修諸功德敬造檀像千手菩薩一軀高五尺大般若經二部一千二百卷妙法蓮華經一千部八千卷又奉爲八幡大神於神

61　叡山大師伝（第17、18紙）

二百卷法妙蓮華經一千部八千卷又奉爲八幡大神於神
宮寺自講法華經乃開講竟大神託宣我不聞法音久
歷歲年幸值遇和上得聞正教兼爲我修種々功德
至誠隨喜何足謝德苟有我所持法衣即託宣主自
開齋殿手捧紫袈裟一紫衣一奉上和尚大悲力故幸
垂納受是時禰宜祝等各歎異云元來不見不聞如是
奇事哉此大神所施法衣今在山院也又於賀春神宮
寺亦自講法華經謝報神恩是時豐前國田河郡司

并村邑刀祢等録瑞雲状七年上大師適取函封告弟子
義眞言自非滅後不得披封奉教函緘滅後披見其文
云以今月十八日未時紫雲光耀自賀春峯起亘蒼空霞
靄講法之筵忽見瑞相挙衆歎異郡解如別昔大師臨
渡海路次倚寄宿西河郡賀春山下夜夢梵僧来
到披衣呈身而見左半身似人右半身如石對和上言我
是賀春伏乞和上幸沐大悲之願早救業道之苦患我當
為求法助晝夜守護竟夜明旦見彼山右脇崩巖
重沓無有草木宛如夢半身即便建法華院講法華

63　叡山大師伝（第18、19紙）

童皆無有草木宛如夢浮身即便建法華院講法華
經令呼賀春神宮院是也開講以後其山崩巖之地漸
生草木年々滋茂村邑翁婆無不歡異又吒宣云海中
怨難時我必助守護若欲知我助以現光為驗因茲每怨難
時有光相助吒宣有實所求不虚乃大師本願始登山朝終
入滅々四恩之外厚救神道慈善根力豈所不致哉五年
正月十四日　主上詔臣等今欲聞先帝所建天台法華
宗甚深妙義宜延請入唐受法寂澄闍梨親於殿上與
諸法師等具令對論法要即奉　勅集於殿上賓主

諸法師等倶令對論法要即奉　勅集於殿上賓主
往還弥橫弥明矣有聞緇素各贈隨喜之書其數不少六
年春三月　先帝新寫天台法門纔裝横已惟昔者梁
武帝書達磨大師碑唐大宗帝書慈恩寺碑則天皇后
書花嚴題代宗帝書大聖文殊閣額是並聖德高蹤永
代不朽者矣今我大日本　弘仁文武聖帝雄筆徽妙希
世靈跡焉思念御書金字摩訶止觀題安置七寺流布
万代所以正教久住國家永寶也十七日國忌寄左大將
藤原朝臣冬嗣奏聞　以哀是當之際　卿兼將軍執金

65　叡山大師伝（第19、20紙）

藤原朝臣謹奏聞　内裏追福之際　御筆揮勢金
題為光瞻仰緇素目不暫捨歓悦随喜劫盡豈窮哉六
年秋八月緣和氣氏請赴於大安寺塔中院闡揚妙法
時有諸寺强識博達大徳等會集法莚魏々智龍興重雲於
秋風赫々義虎解厚氷於夏日或争字或競輪或呼容作
或素證文乃有一味之海潤胞不二三流之河波流豈一哉惟
惟昔者壽祥學海蟻螻所咲凡官智山鳳凰所崇榮爵
随地何安厚顏歳掌樫坏朝龍伏靡者矣三乗餅膸於

是權於一乘法燈於是忽然汲引大事莫大斯矣適
誦遂竟本願所催向於東國感於功德爲其事矣寫二
千部一万六千卷法華大乘經上野下野兩國各起一級寶
塔々別安置八千卷於其塔下毎日長講法華經一日不闕兼
長講金光明仁王等大乘經始願所逮後際豈息哉所化
之輩逾百十万見聞道俗無不歡喜爰上野國淨土院
一乘佛子教興道應眞靜下野國大慈院一乘佛子廣智
基德德鸞鏡德念等本是故道忠禪師弟子也延暦年
中遠爲伏膺不闕師資斯其功德向當者矣是時有信

67　叡山大師伝（第20紙）

務

中遠爲伏膺不闕師資斯其功德向當者矣是時有信
濃國大山寺正智禪師預上野國千部知識例助寫五百
部法華經臨欲送時一槽六馬舉頭不食各不動轉寂默
如眠忽經信宿俺傺不少即隙訪大神吒宣云我欲預千
部知識而示此怯耳我各助送此經即便擔以預知識已七
馬俱食無有羸疲也經裝束竟奉送上野國千部法華
院荷擔列道忽吹從風絲々進前衆人驚異神爲神矣大
師衆從之日赴信濃坂其坂數十里也躡雲蹈漢排霧
策錫馬躁飡風人吟吸熱猶尚不能一日行程唯宿半山

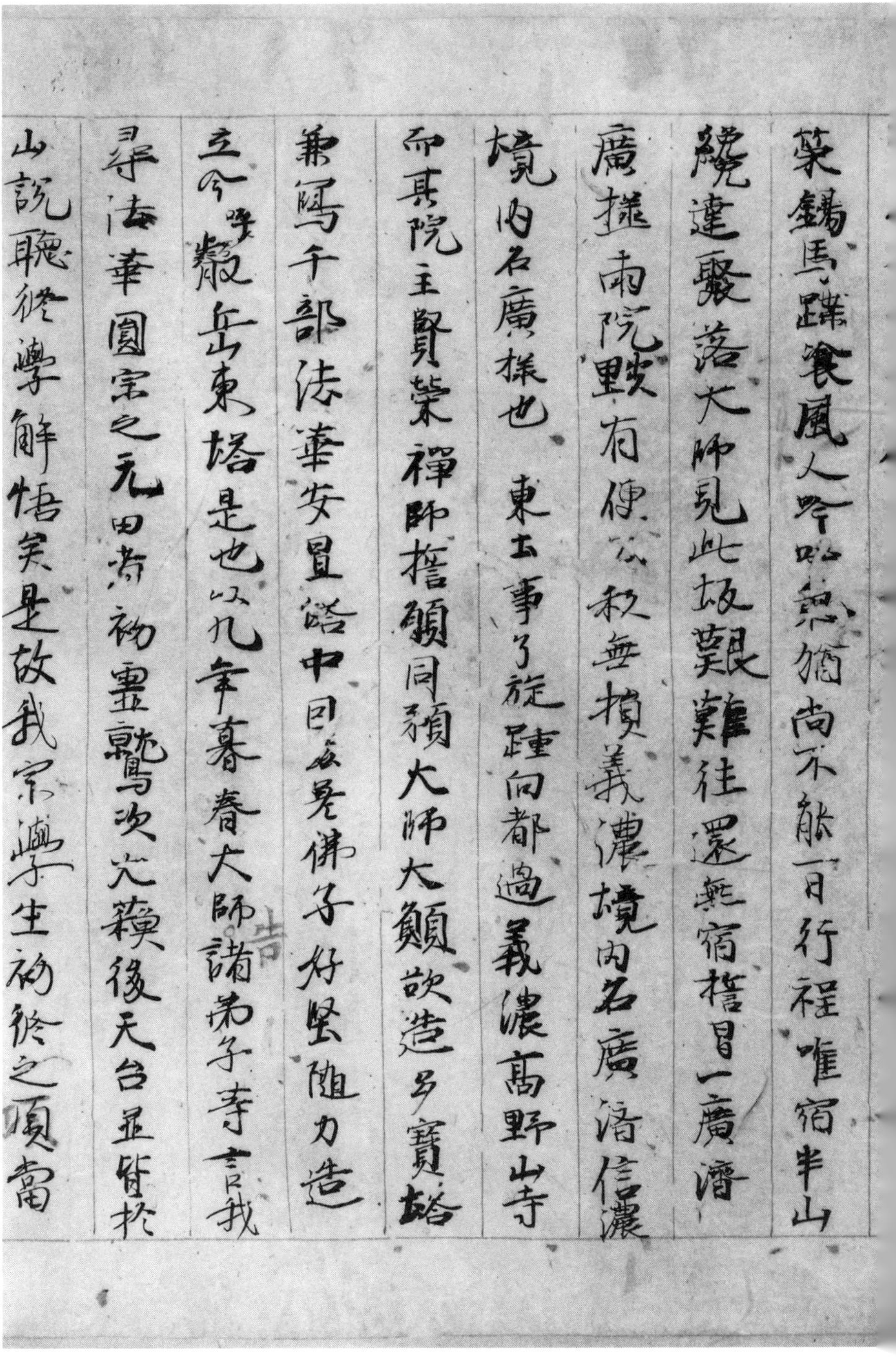
策錫馬蹄飡風人吟吵思猶尚不能一日行程唯宿半山
繞達嶮落大師見此坂艱難往還無宿擬置一廣濟
廣拯兩院點有便公秋無損美濃境內名廣濟信濃
境內名廣拯也　東土事了旋踵向都過美濃高野山寺
而其院主賢榮禪師擔額同預大師大願欲造多寶塔
兼寫千部法華安置塔中因茲見佛子好堅隨力造
立今呼嶽岳山東塔是也以九年暮春大師諸弟子等言我
尋法華圓宗之元由普初靈鷲次大蘇後天台並皆於
山說聽修學解悟突是故我宗學生初修之頃當

69　叡山大師伝（第20、21紙）

尋法華圓宗之元由者初靈鷲次大蘇後天台靈山於
山説聽從學解悟寔是故我宗學生初從之頂當
為國為家山從山學利益有情興隆佛法既而世間之譏
嫌心息於巖窟佛種之萠可滋茂於山林自今以後不受聲
聞之利益永乖小乘威儀即自誓願棄捨二百五十戒已
又告言南岳天台大師昔於靈山親聞法華經兼受
菩薩三聚戒所以師ゝ相授智者授灌頂灌頂授章
安章安授智ゝ威ゝ授恵威恵威授玄朗玄朗授湛然
湛然授道邃道邃授最澄及義眞八我常披閲正教

既菩薩僧菩薩威儀名有一向大一向小也今我宗學生
令開大乘戒定慧永顯小乘下劣行仍製表式謹奉
進請　弘仁十年三月十五日上表文沙門最
澄聞如来制戒随機不同衆生發心大小亦別文殊豆盧
上座別位一師十師羯磨各異乃有法華宗年分兩
箇得度者　登天桓武聖皇帝歸法華宗新所開建
者也伏惟　弘仁元聖文武皇帝陛下徳合乾坤明
並日月文藻絶古銀鈎新今萬國歡心兩蕃歸化定治

允

制礼令正是時誐翻兩葉出家永迴小乘儀固為大乘
儀依法華經制不交小律儀每年春三月　先帝國
忌日於比叡山與清淨出家為菩薩沙弥授菩薩大戒名
為菩薩僧即便令住山修學一十二年為國家衛福
利群生國寶國利具如宗式等　天恩聞許　先帝
高願載々弥興大乘戒珠杷々清淨弘仁為源傳此大戒
迴傳戒福將護　主上無任誐懇之至謹奉表陳請
以聞伏願慈賜垂矜允輕塵瞾覽追增戰汗謹言

伏

主上以表式文給僧經等　勅問若有道必當開建也僧
綱即仰請寺知法者卅六大德等或有積善法子知道可
道不誹謗正直之大道或有薄緣糠衆固執自宗唯讃
歎烏鼠之鄙行其諸寺答書僧統表奏等如別卷是時
僧都護命長慧律師施平豊安修圓泰演等大德佐
表奏奉進　内裏即賜叡山也表則好誹謗之業奏
則着妄語之章乃有罵詈之詞行々雲起誹謗之言句
々露結犯僻言於七衆之深誡招妄語十重之究畳所
以愛僧迯争則無道可道也所以癡白擁道則無法可

73　叡山大師伝（第22、23紙）

以愛憎起諍則無道可道也所以嫉妬壅道則無法可
法也人能開道人能塞道斯之謂矣於是大師誹謗之
矣帶於不輕之鎧罟罵之戈衛木於忍辱之城揮慧筆
而飛文藻則從護法之章摛戒珠而數義林則成顯
戒之玉篇肯護法法諍道開道滅法傳弃日損自喪將
沒慧日還照像末之大虛殆喪蒼生更從佛種之福地者
矣十一年二月廿九日著顯戒論奉進　內裏　勅給圖書助
外從五位下玉作雜物雜物忽見明明正教證文赫赫唐朝制

酬

條獨悱〻憤〻不知所言也即送僧綱是時諸僧統竭力窮心披閲此論證文分明所引有實各依梵檀乾葉緘口雖國多有智人筆士而無有一人答對此論者矣可謂一人鵝子之化寧既摧万民牢度之池花矣斯論爲文箴喩正文撥去諂諛之句揮晴明章蠲除欺誑之偈然則顯戒證文炳著於正教之家新制正詞藏在於代宗之國誰多聞强識者能筆墨對酬哉上顯戒論表云沙門最澄言去年十月廿七日附僧光定僧綱所上表對等文給示最澄　天雨流洽枯木更榮捧戴慚愧悚踴無地最澄

75　叡山大師伝（第23紙）

澄　天而流洽枯木更榮捧戴慚愧悚踼無地寅澄
誠惶誠恐以懼以忻寅澄聞南天龍樹織八不而破邪東
印馬鳴立一心而開道譲法釋頌斷惡取空青辯造論
遮有所得天親製論洗五過失堅慧作論顯一究竟
大乘論則無著顯揚小乘論則衆賢顯宗破邪顯正不勝
數車是以唐朝法琳制傳齊於破邪秦代僧肇示般若
於無知寶臺上座作佛性論緇洲惠沼造慧日論如是等
類歷代繁興伏惟　陛下義天踐祚聖政惟新正法理

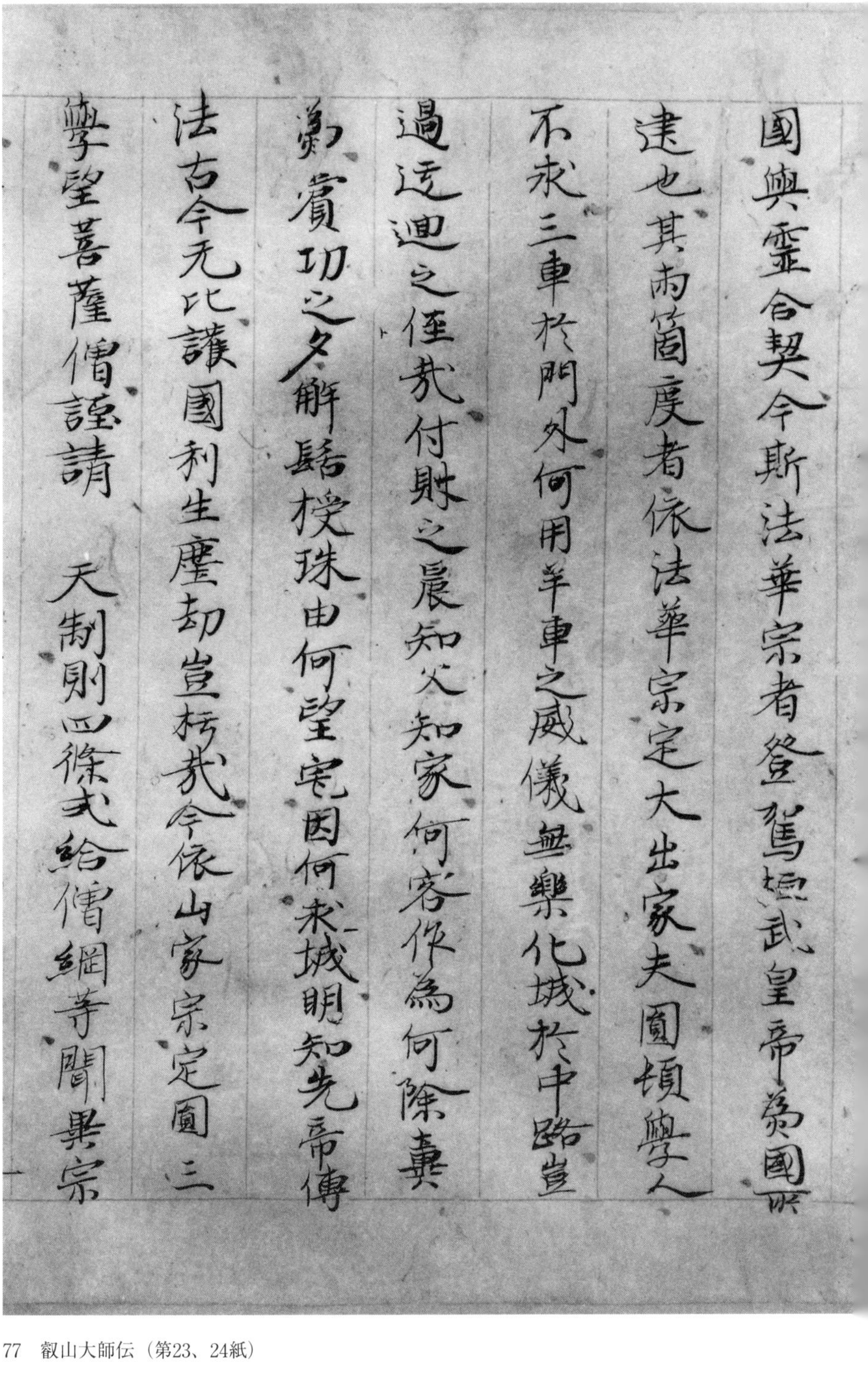
國與靈合契今斯法華宗者登篤垣武皇帝為國所建也其両箇度者依法華宗定大出家夫圓頓學人不求三車於門外何用羊車之威儀無樂化城於中路豈過逶迤之徑哉付財之晨知父知家何容作為何除糞勤賞功之夕解髻授珠由何望宅因何求城明知先帝傳法古今无比護國利生塵劫豈朽哉今依山家宗定圓三學望菩薩僧謹請　天制別四條式給僧綱等聞異宗

77　叡山大師伝（第23、24紙）

和是時僧統存護法志高根智劒畧ゝ韡執破石心請論
皷表進　内裏密待　天制於是帝心廣懐都无愛
表奏給山更燢死灰諠案表對但陳小家詞無述聖教
不受懐覧泯三寺於日夲无諍新制遮上座於文殊鳴
鐘无遮還恥箕外法界爲家深随鐃破例言之詰返罵
和上違教之妨忽乖師傳背大天五事无依佛説令鞍
山四條有據聖教又問律儀則稱我大乗定上座則還

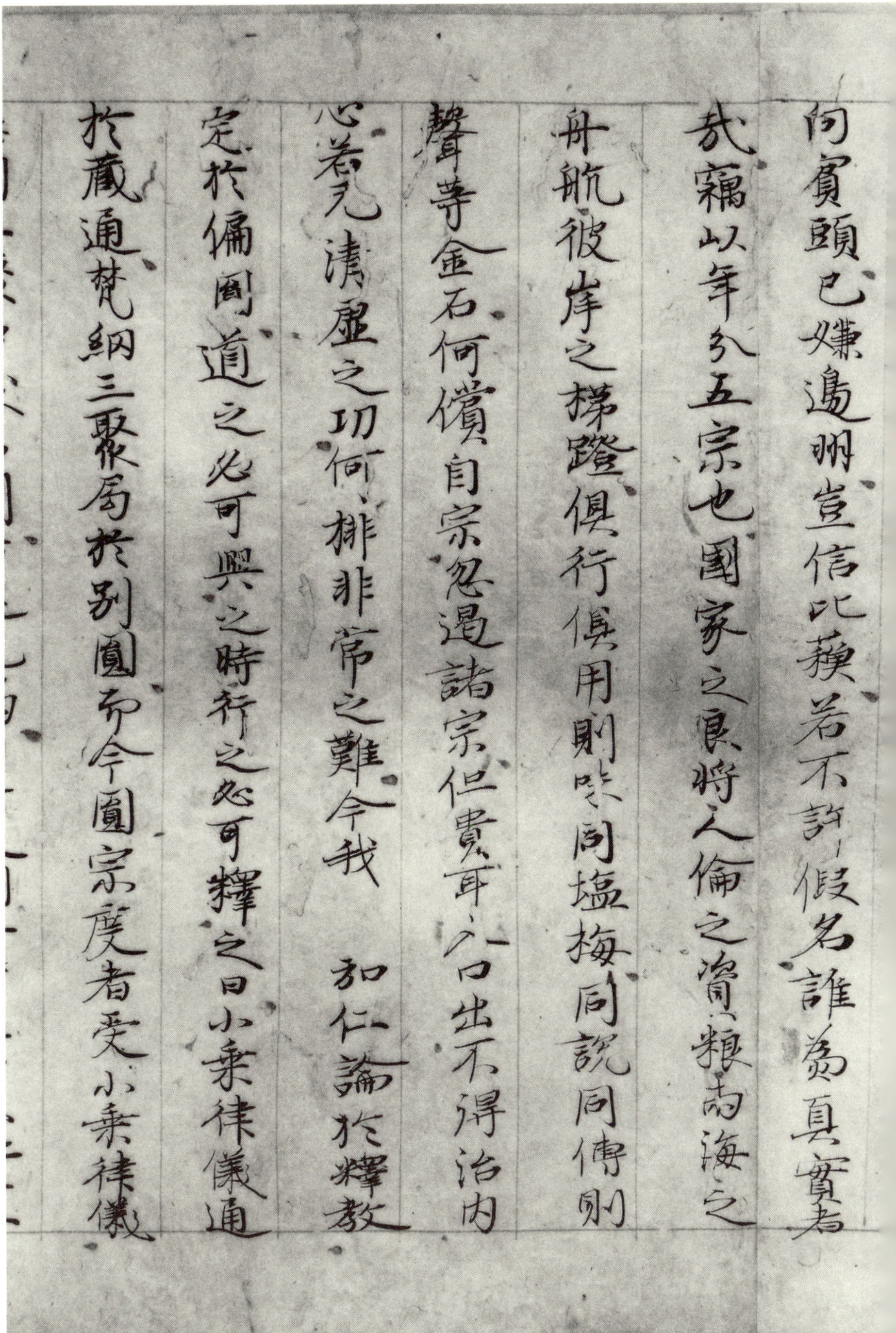
何貪頭已嫌邊明豈信比蘋若不許假名誰爲眞實者
哉竊以年分五宗也國家之良將人倫之資糧南海之
舟航彼岸之梯隥俱行俱用則皆同鹽梅同説同傳則
聲等金石何償自宗忽遏諸宗但貴耳口出不得治内
心若无淸虚之功何〻排非常之難今我　加仁論於釋教
定於偏圓道之必可興之時行之必可釋之曰小乘律儀通
於藏通梵網三聚属於別圓而今圓宗度者受小乘律儀

79　叡山大師伝（第24、25紙）

忘圓三聚争求名利各退无漏自去大同二年至于弘仁十一
年合一十四箇年両業度者二十八口各々随縁散在諸方
住山之衆一十不満圓戒未制禪定无由見前車傾將改後
轍謹以弘仁十一年載歳次庚子奉傳圓戒造顯戒論三卷
佛法脈血一卷謹進　陛下重顧天台圓宗両業學生順
所傳宗授圓教戒稱菩薩僧勸菩薩行一十二年不出
叡山四種三昧令得修練然則一乘戒定永傳本朝山林精

26ㄱ　　　　15

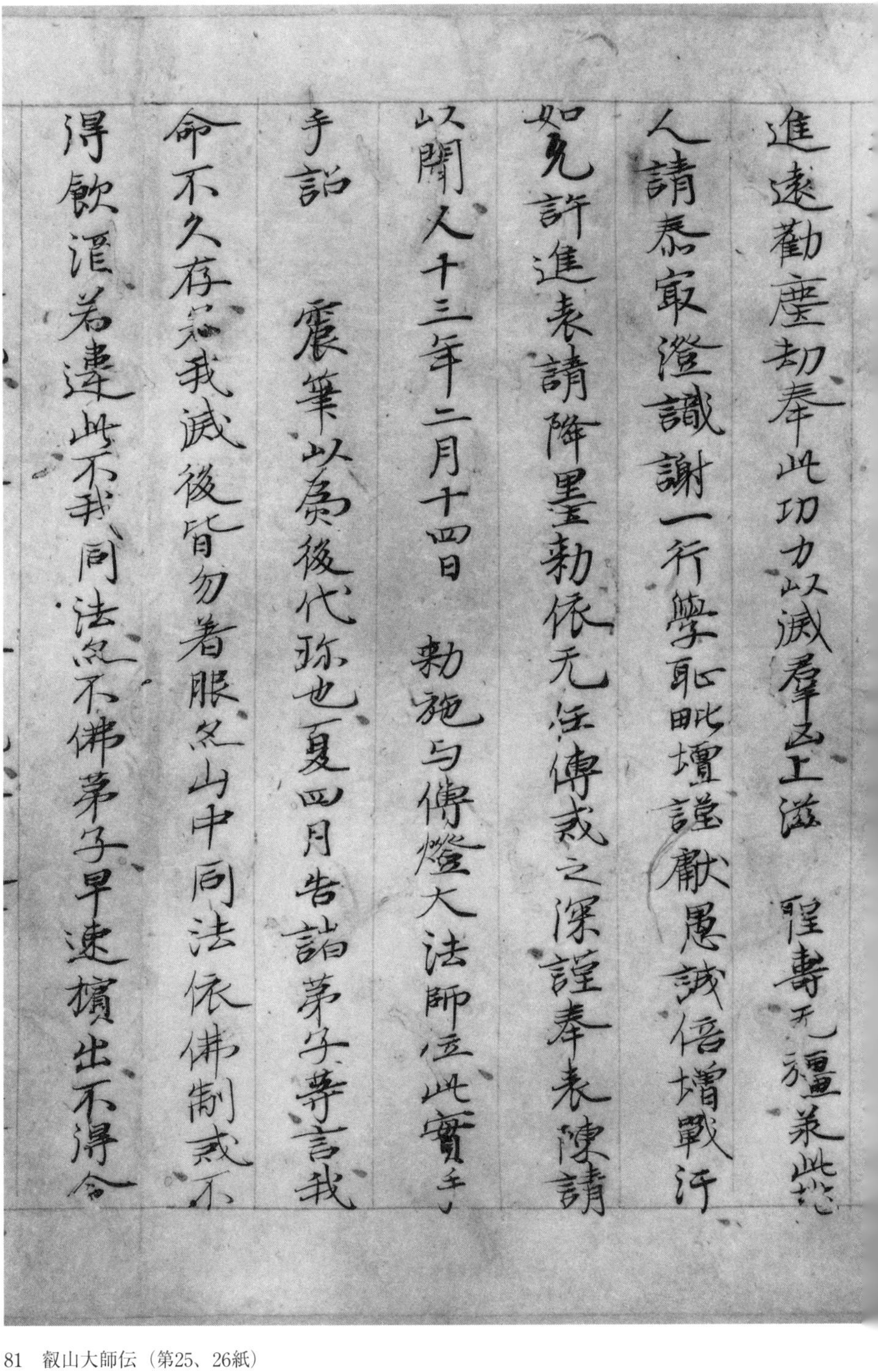
進遠勸塵劫奉此功力以滅羣凶上滋　聖壽无疆兼此地
人請泰最澄識謝一行學耻毗壇謹獻愚誠倍增戰汗
如允許進表請降墨勅依无任傳戒之深謹奉表陳請
以聞　人十三年二月十四日　勅施与傳燈大法師位此實手
手詔　震筆以為後代珎也夏四月告諸弟子等言我
命不久存恐我滅後皆勿着服又山中同法依佛制戒不
得飲酒若違此不我同法又不佛弟子早速擯出不得令

81　叡山大師伝（第25、26紙）

賤山家界地若為合藥莫入山院又女人輩不得近寺側何況院内清淨之地哉毎日長講諸大乘經慇懃精進令法久住爲利國家爲度羣生努力努力我同法等四種三昧勿爲懈倦兼年灌頂時節護摩紹隆佛法以答國恩但我鄙重誑生此間習學一乘弘通一乘若同心者守道修道相思相待乃有信心佛子數十人藥芬圓成慈行延秀花宗眞德興善道叡乘台興勝圓仁道紹光行仁忠等或先初善友趣居俱盡或渡海登山助求妙法或浴德海洗心垢或到入室用心眼況[illegible]

洗心垢戒列入室開心眼既而同結縁者共立盟誓生々相待
世々相續策心馬於寂光之路宴心賓於妙覺之臺又大
師告言我自生以来口无麁言手不笞罰今我同法不打童
子爲我大恩努々力々又遺誡文云第一定階也我一衆之
中先受大乘戒者先坐後受大乘戒者後坐若會集之
日一切之所内秘菩薩行外現聲聞像可居沙弥之次除爲
他所讓者第二用心也初入如来室次著如来衣終生如来
座第三充衣也上品人者路側淨衣中品人者麁上高布
下品人者七條隨得衣第四充供也上品人者不求自得食
中品人者清浄乞食下品人者檀越可受第五充房也上品

下品人者乞索隨得衣葉以充供也上品人者不求自得僧
中品人者清淨乞食下品人者儭施可受第五充房也上品
人者小竹園房中品人者三間板屋下品人者方丈圓室造
房之料從理之分秋節行檀諸國一升米域下一文錢第六
充卧具也上品人者小竹蓆等中品人者一席一薦下品人者
一疊一席故自畝之地價不是我等分万餘之食尌不是我等
分僧統所攝天下伽藍不是我等房大釋迦多寶分身來集
之田答文殊問不許問訊求聲者不許共住一講堂中不許
共行一經行處是以乞食朝來受攝飯而供山中之飢口行
秋檀節納等布而着雪下之裸身衣食之外更无所望但
除出假利生也五月十五日付屬書云宣澄心形久苦一生

此窮天台一宗依　先帝公驗授同前入唐天台受法沙
門義眞已畢自今以後一家學生等一事已上不得違背
令旦授山寺秘印院内之事圓成佛子慈行佛子二乘忠
一乘叡圓仁等可相莊行且附上座仁忠并長講法華師順
圓中送知仁十三年歳次壬寅六月四日辰時於比叡山中道
院右脇而入寂滅春秋五十六也日隠炬滅無所憑仰風憐
松悲泉奔水咽于時奇雲蓋峯久在無去江東道俗更相談
言叡岳峯奇雲紫帯不知所爲必有以也遥聞遷化來
先異相人皆哽噎不自喩也時右大臣從二位藤原朝臣中納
言從三位良岑朝臣權中納言從三位藤原朝臣右中辨從
從伍位上大伴宿祢共尋先帝先皇高蹤同知後生後代傳燈

85　叡山大師伝（第26、27紙）

[illegible]
不捨先師本願以山修山學表謹奏　聖朝　聖教所引徵善不
墜積善丕基斯福斯新六月十一日元許如右可謂良醫既去
美藥猶留焉免早死好乎不忘矣即官符文云撿傳燈法
師位最澄奏狀偁夫如來制戒隨機不同衆生發心大小
亦別所以文殊頭盧上座異位一師十師羯磨各別望請前
件度者比叡山每年春三月　先帝國忌日依法華經制
令得度受戒仍即一十二年不出山四種三昧令得修練
然則一乘戒定永傳　聖朝山林精進遠勸塵劫謹副別式
謹以上奏者被右大臣宣偁奉　勅宜依奏狀者省宜兼知依
宣行之符到奉行又冬十一月　主上贈澄上人六韻詩

載在奇紙字淺草聖神筆霊跡無得而稱矣乃有翰林
逸才紫朱上官十有餘栖奉和御製各探六韻以為卷
軸見者斷腸聞者流涙如梁帝哭達磨似恵臣傷法
28┐ 琳者矣十四年二月廿六日於比叡山寺為傳先帝所建天台
法華宗　勅賜寺宜改本名号延暦寺并廿七日大政官
牒延暦寺云牒案大政官去年六月十日下治部省符偁撿
傳燈法師位最澄奏状偁夫如来制戒随機不同衆生發心
大小各別所以文殊豆盧上座異位一師十師羯磨各別
請望天台法華宗年分度者二人於比叡山毎年春三月
先帝國忌日依法華經制令得度受戒仍即一十二年不

87　叡山大師伝（第27、28紙）

先帝國忌日依法華經制令得度
聽出山四種三昧令得修練然則一乘戒定永傳聖朝山林
精進遠勸塵劫謹副別式謹以上奏者被右大臣宣偁奉
勅宜依奏状者省宜承知依宣行之者令案式意應
試業者先申別當聽彼處分試業既訖亦申別當別當執
奏仍國忌日便令得度不可更經治部僧綱其試度儀
條一依大政官去延暦廿五年正月廿六日下治部省符旨於
彼寺試得度已畢別當申官勘籍并与度縁然後下知治
部自今以後立為恒例條到准状故牒又三月三日勅量延
暦寺別當權中納言從三位兼行皇后宮大夫右兵衛督藤
原朝臣三守正五位下守右中辨勲六等大伴宿祢國道即

同月十一日大伴別當爲試天台宗年分度者向延曆寺十七日　國忌親度年分二人又四月十四日令先師付法供奉禪師義眞授菩薩大戒凡受戒者一十四人也於是諸弟子等竊見先師本願茂就各尋先跡倂行山林歡喜踊躍無有喩也大師見善即進聞惡即退　記未然事　有驗言行合契諸人懷持暫停不朝　註記撰集著作諸文章也

註法華經十二卷　註金光明經五卷　註仁王般若經四卷　註无量義經三卷　天台靈應圖集十卷　頭陁集三卷　守護國界章十卷　法華去惑四卷　法華輔照三卷　照權實鏡一卷　決權實論一卷　依憑集一卷　新集總持章十卷　顯

布　　　　　校

銘一卷決權實論一卷依憑一卷纂集抄於章十卷顯
戒論三卷　緣起二卷血脈一卷付法緣起三卷長講
願文三卷六　銘一卷大師本願寫六千部法華經造一
於基之多塔々別安置一千部經每日長講福利國家也
且從營三千部三基塔已畢猶々從造中國二千部二
基塔西國一千部一基塔但中國之　西南塔是也大
師自創未成遷化諸弟子等見材增悲盡力營作春三
月　弘仁聖皇帝聞仍徳之大事傷先師之本願
勅施造塔料穀四万勝又復六月　今帝賻先師忌日料
調八百端又供延曆寺燈料白米諸弟子等重蒙　天恩

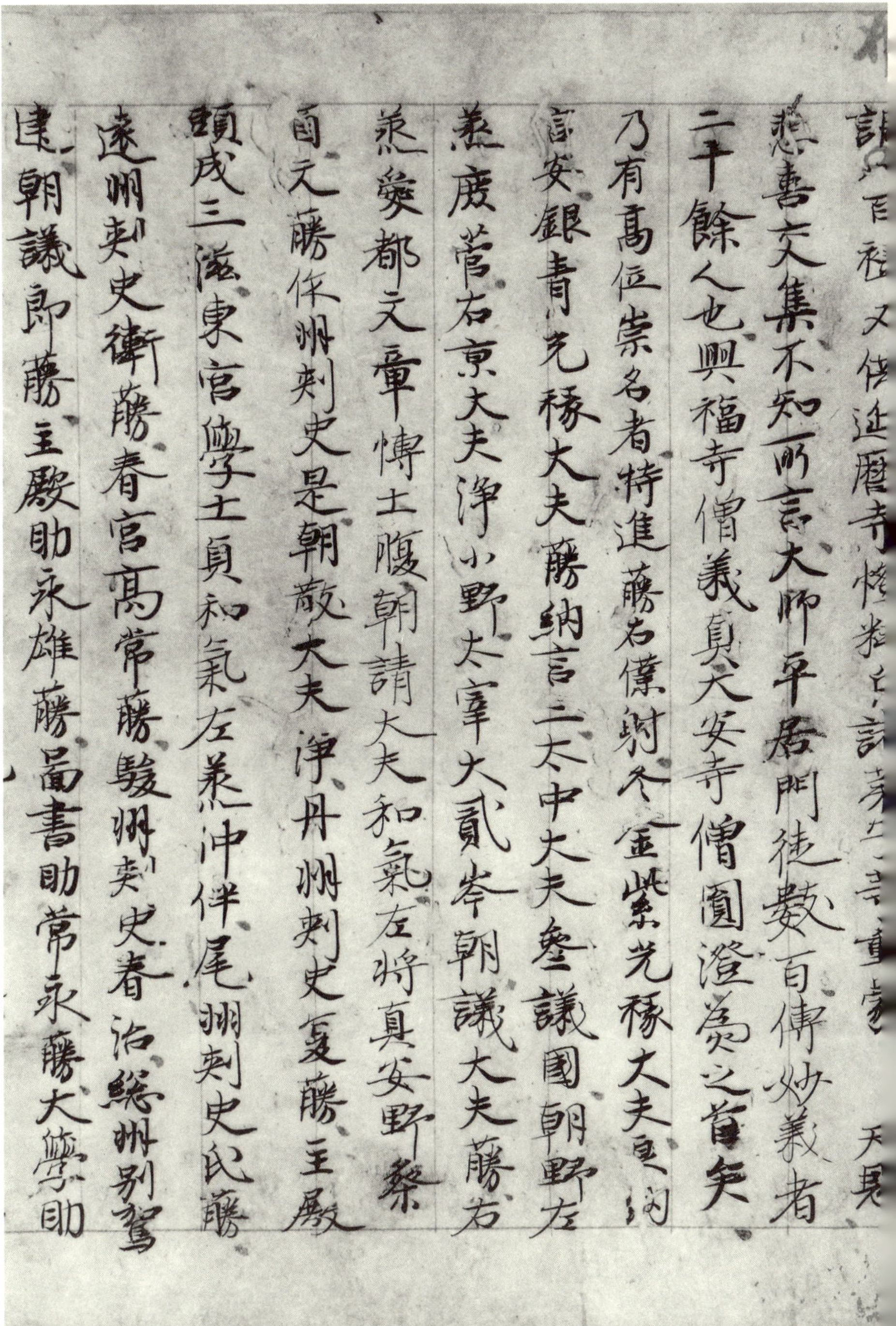

慈善文集不知所言大師平居門徒數百傳妙義者二十餘人也興福寺僧義眞大安寺僧圓澄爲之首矣乃有高位崇名者特進藤右僕射冬嗣金紫光祿大夫良納言安銀青光祿大夫藤納言三太中大夫參議國朝野左兼度菅右京大夫淨小野太宰大貳岑朝議大夫藤右兼參都文章博士腹朝請大夫和氣左將眞安野祭酉文藤依州刺史是朝散大夫淨丹州刺史笠藤主殿頭成三滋東宮學士貞和氣左兼沖伴尾州刺史氏藤遠州刺史衛藤春宮亮常藤駿州刺史春治總州別駕建朝議郎藤主殿助永雄藤圖書助常永藤大學助

91　叡山大師伝（第28、29紙）

逮朝議郎藤主殿助永雄藤圖書助常永藤大學助
々六音博士門継奉議郎都外記廣田安道右大史嗣雄
等或外護檀越開道弘宗或飡稟法味自利々他或金
蘭知故聞法證文或深結因縁各期妙覺凡在結縁
素衆其數不窮也先師存日常自言談此諸賢公宿縁
厚追遂致相見而山中同法今世後世當結深心勿懷淺志矣
十四年夏六月淨刻史追尋先師之芳跡欲劇加通之鴻
基即便與藤伴兩別當俱知識諸有道心者藉須達
之供充饉男之鉢馳法輪於實相之路運含識於薩雲之
城遂使怱叉番藥衆子俱脹如阿難之傳於金口如慧見之

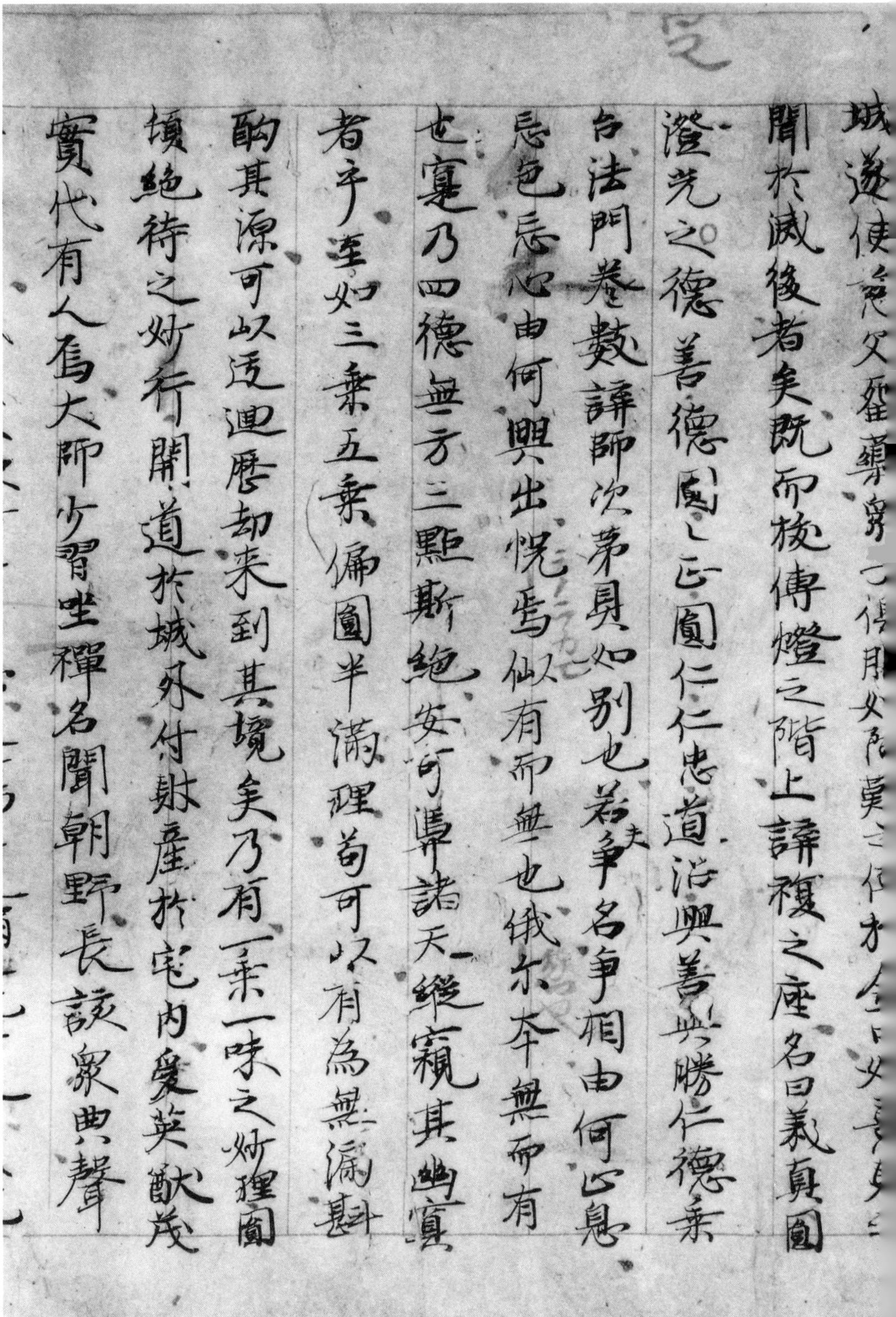
聞於滅後者矣既而稜傳燈之階上講複之座名曰義眞圓
澄光之德善德圓々正圓仁々忠道治興善興勝仁德乘
台法門卷數講師次第具如別也若夫爭名爭相由何心息
忌色忌心由何興出悦焉似有而無也俄尔本無而有
也寔乃四德無方三點斯絶安可異諸天一縱窺其幽賾
者乎至如三乘五乘偏圓半滿理苟可以有爲無漏斟
酌其源可以透迴歷劫來到其境矣乃有一乘一味之妙理圓
頓絶待之妙行開道於城外付財産於宅内愛英歎茂
實代有人爲大師少習坐禪名聞朝野長談衆典聲

93　叡山大師伝（第29、30紙）

寶代有人矣大師少習空觀名聞卓里一言[illegible]
播隣國威儀外跡妙行内秘文場清翰比池方春義苑
雅頌如愚如訥道亞弥天神侔襄陽乃曲而不野乃麗而し
有則既學博而心下念守卑而調高實耀種之梁棟之
偭之羽儀矣加峪賑仁状危先人後己林歸之間咗納風雲
霞帳之中鞠蘊章藻巖岸松木斯其禪悦也檀林
薜荔斯其蘭帰也経行恬靜卅有餘年然其間
則四方歸心汲日露於禪河千界感顧灋醍醐於福
地于時赴解脱者其数若林遵正道者如風偃草此
忍戒香薫馥万劫無絶妙法廣被億歳無窮闡玉鼓
法螺之訓揚佛日金鏡之光巍巍蕩蕩斯之謂矣遂使

三乘一乘區分聲聞菩薩名色文蕩藻嘉聲傳于
口實本迹神妙淺近莫知但戀慕玄風無所宗仰庶
使前櫟靡墜後聲有傳是故補書疏之闕遺記清
德之永流者矣

95　叡山大師伝（第30紙）

二　智証大師伝　一巻

重要文化財

（重書第一三一号）

「旧表紙

智證大師傳
僧覺澄之本

表紙

石山寺宝蔵
第重書函
第二二號

99　智証大師伝（表紙、旧表紙）

┌1 裏

┌旧表紙

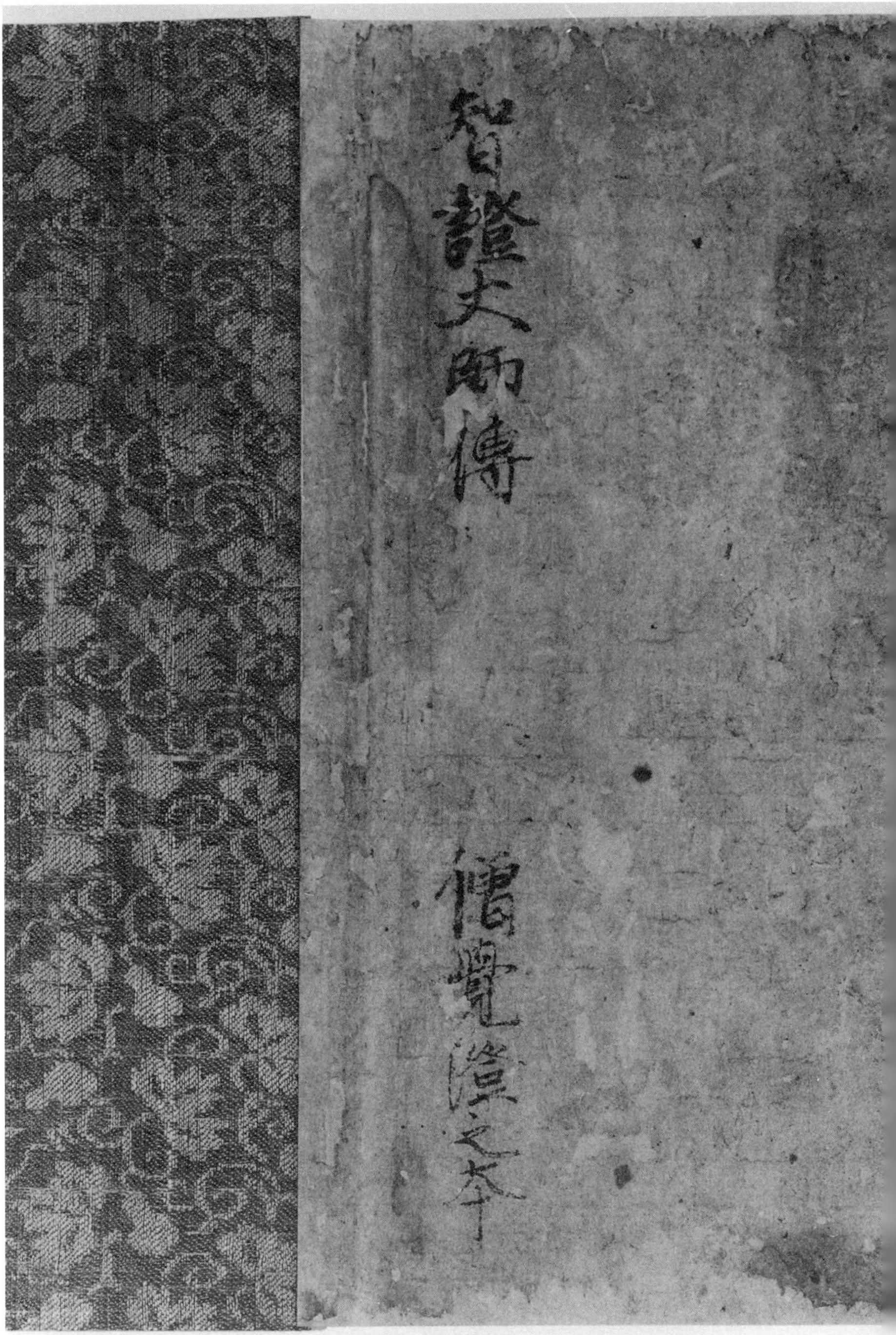
智證大師傳

101　智証大師伝（旧表紙、第１紙裏）

見返し┐

旧表紙裏┐

103　智証大師伝（見返し、旧表紙裏）

1┐

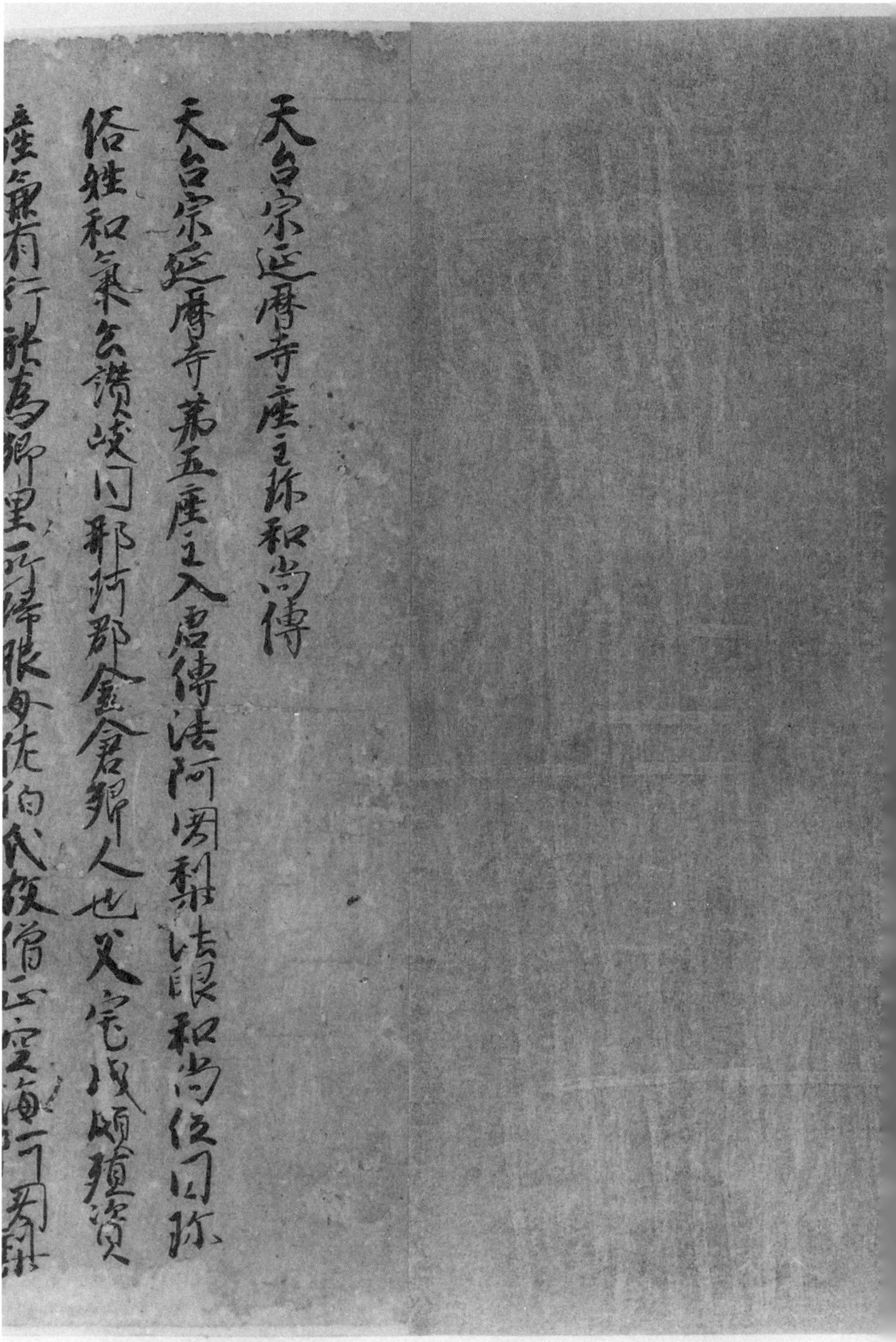
天台宗延暦寺座主珍和尚傳
天台宗延暦寺第五座主入唐傳法阿闍梨法眼和尚位円珍
俗姓和氣公讃岐国那珂郡金倉郷人也父宅成頗殖資
産兼有行誼爲郷里所帰服母佐伯氏故僧正空海阿闍梨

105　智証大師伝（旧表紙裏、第 1 紙）

天台宗延暦寺座主珍和尚傳

天台宗延暦寺第五座主入唐傳法阿闍梨法眼和尚位円珍
俗姓和氣公讃岐國那珂郡金倉郷人也父宅成頗殖資
産豪有行誼為郷里所歸服母佐伯氏故僧正空海阿闍梨
之姪也嘗夢乗大船浮巨海仰見朝日初出光明照耀尋時
以手攬之呑之更如飛蕎来入口中覚以後以夢語其夫夫答
曰此吉徴也當生賢子无幾懐妊遂誕和尚和尚岐嶷機警
幼有老成之量兩目有重瞳子又頂骨隆起形如覆杯遠
而見之以有尖頭實是靈嶽特峙也年始八歳語其父曰内典之

霄覩之似有冠頭實是霊嶽特峙也年始八歳語其父曰内典之
中可有因果経要讀也令我誦習其父驚異即求而与之和尚得之
大悦朝夕誦讀未嘗休廢郷閭視之莫不歎異年十歳
讀毛詩論語漢書文選一所受習即以誦年十四辞家入京十五
随叔父僧仁徳初登叡山仁徳語曰児器宇宏邈識非凡流
吾是短綆量難測其浅深須請業碩學助彼大成帰託
前入唐受戒沙門第一座主義真和尚和尚素知其才量甚愛器之
讀授之於法花金光明大毘盧遮那等大乗経及自余章疏
年至十九奉年分試特蒙師及検校師共用其秀検深加精
覈美可詮起是崩改伐和尚於竜弥徴懸沙更注申右問

年至十九奏年分錢料[illegible]
數矣問辭起遝相攻伐和尚於此彌激懸河更注再者問
遂擬鏡詞鋒者得授此器為之欲服於是勅使深加嘉褒
之甲第其年受戒為僧依例登山于時天長十年四月十五日也
其後經歷一紀堪忍艱險或度飢頓或入炎寒愈護戒
律精練明學名誉稍播遂使天下深草天皇屢降綸旨殊
加慰問兼給資糧寵遇隆渥多超儕輩承和五年冬月
和尚晝坐禪於石龕之間也忽有金人現形云汝當圖畫我形
懇懃歸依和尚問此化来之方以為誰乎金人答云我是金色
不動明王也我愛念法器故常擁護汝汝須早窮三密之微奥

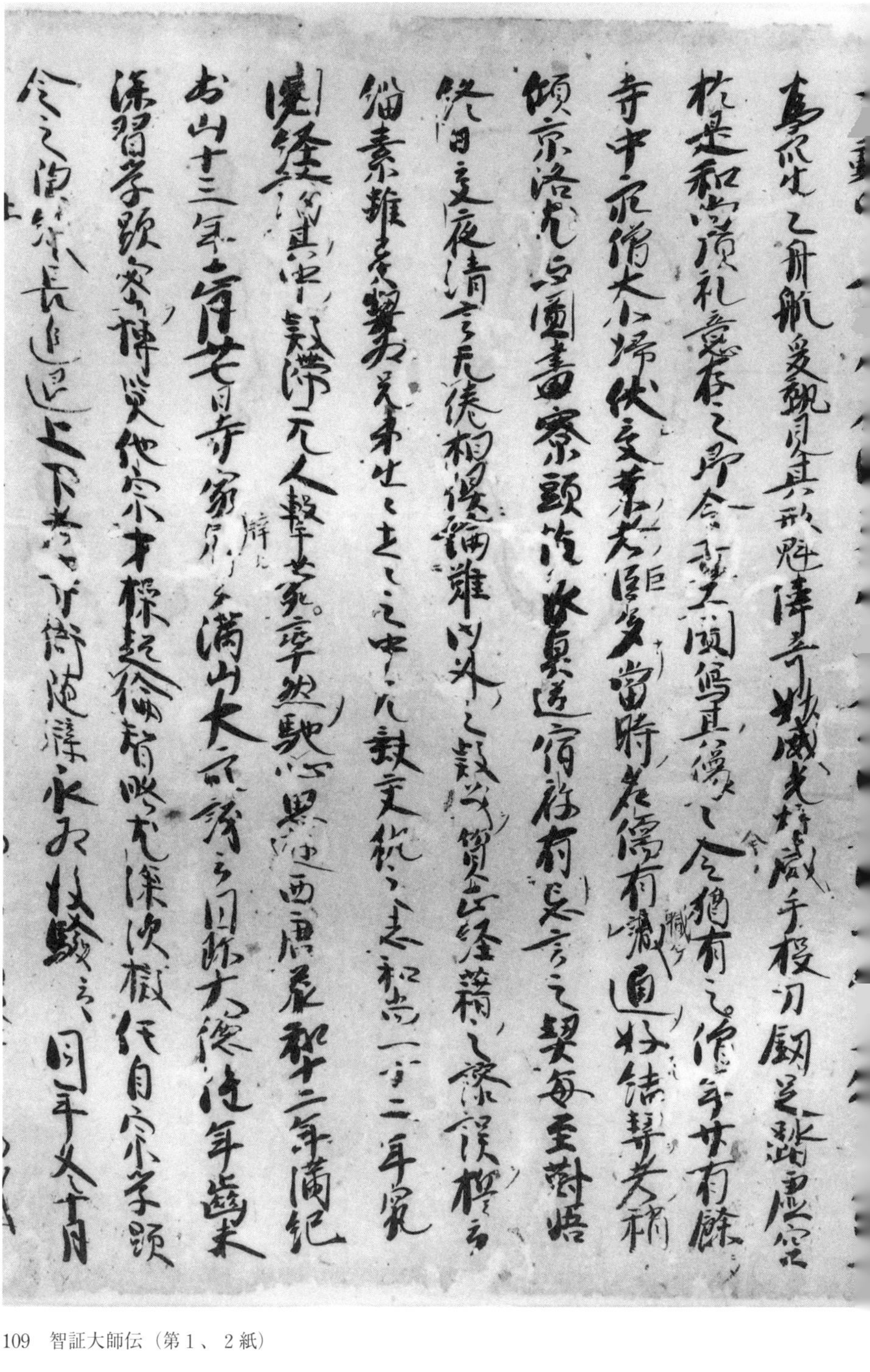

109　智証大師伝（第1、2紙）

今之備後長退遠上下……

和尚為謝上天之下鎮華土於牧尾明神社發願頌標之前我毎

年五月八日十月八日於比叡春明神社頭講演法花仏名等大乘

乘經以追生之事即於彼社頭結縁之講事於祥又年春和尚夢

日光將湧四山有一美人以縄繋日以授和尚々々取縄徐引之日

乃再中成僧千光彩燦爛普照天下也一切遍問法僧或之和

尚今列所感之上述祈之山徵也哉之和尚東光照耀仏日更明

之弥八徳之光上上標示加定之心院段十禪師山歳月而於懸

殿春禪斎會聽衆之輪泉涌窮微入妙通悟間之英英才不群

眼更抉御之所得於宗都明徳律大家何就激揚弁捷如電

故亦其答對先詞偽龍攫其目如來吉遍至矣識播喧呼朝野嘉称

禪三年春發心至明神前立誓遂入窟求法之志勿致

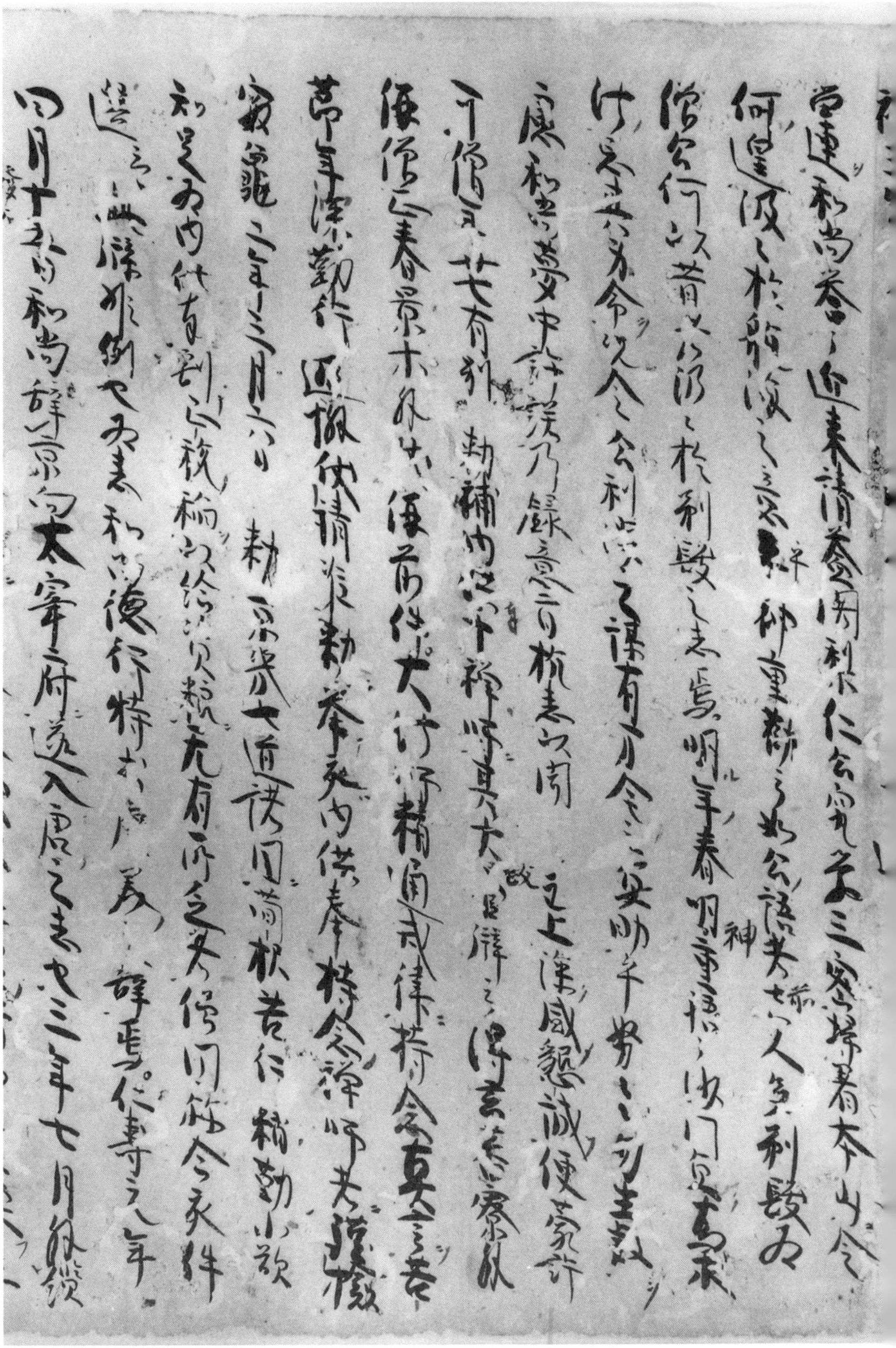

111　智証大師伝（第２、３紙）

[illegible]
追發天安二年帰本朝乃奉表伏聞在唐日行事寔陳意
起本宗真言伏以最初上叡岳之載天長十年也
奏請情文略重連抄録及第家度縁戒一紀棲山習学遮
州止斯之宗旨毎攀天台山園檐瞻花頂石橋之所未遇達
欲人之存異域因遇運之志罔伏蒙特賜恩許出界仁寿
元年四月十五日辞京輦向大宰府五月廿四日遭遇前處汲元便
船將寄住城山四王院安家天恩賜給月粮并蒙正六位
上藤原朝臣有蔭府令之仍上紀納言愛充唐句當直寄
至二年閏八月值大唐国商人欽良暉交関船来三年七月
十六日上船到值嘉嶋停泊鳴浦八月九日放船入海十三日申
時望見大高山嶽北風急十四日辰頭漂到彼山脚所謂琉求国噉
[illegible]

4┐

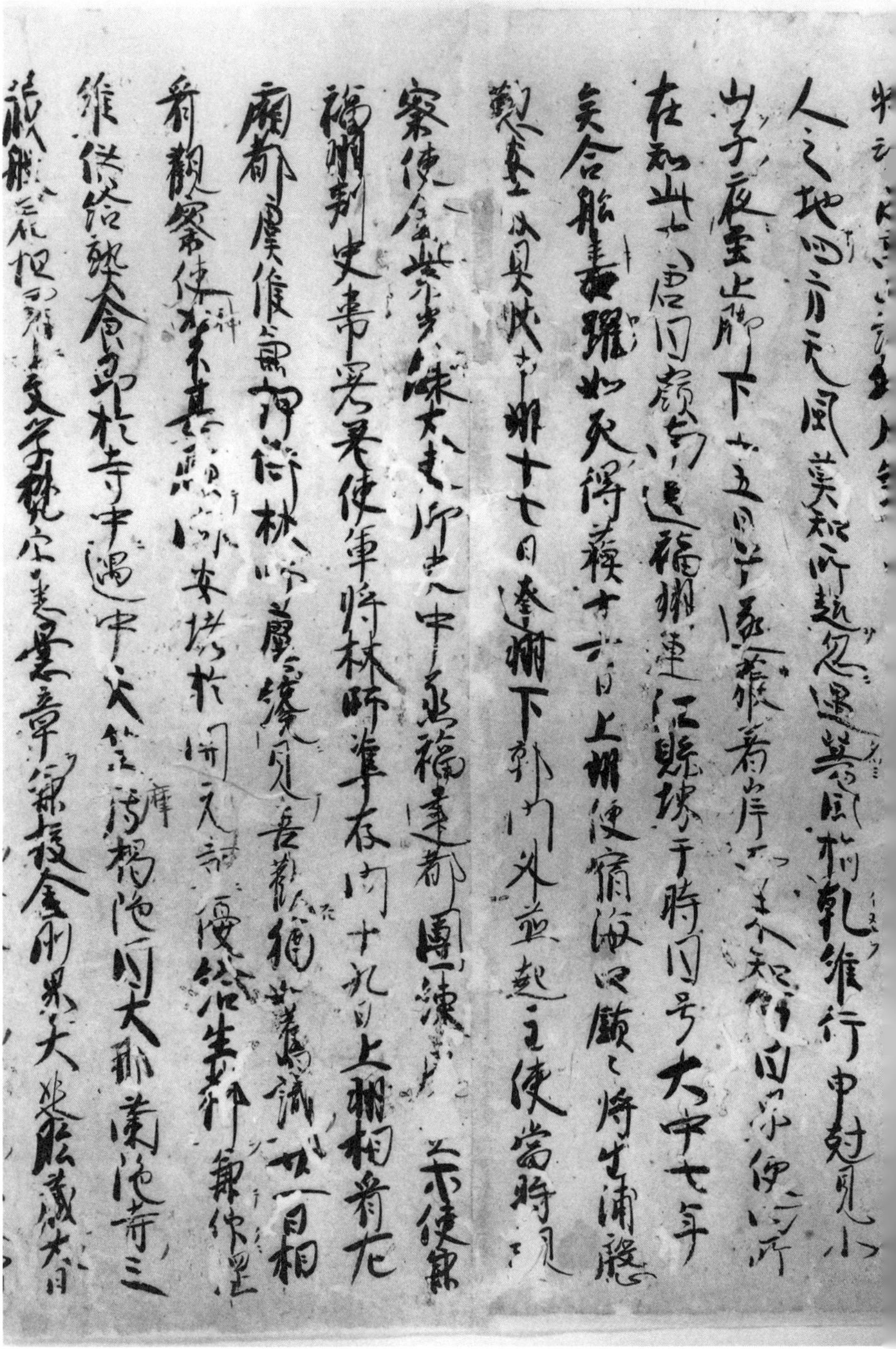

113　智証大師伝（第3、4紙）

維供僧齋舎見於本寺中遇中夾竹院處朴所以大願齋於三
被舩花花扣印歇主變華观案畫章銀後金剛界夫波羅蜜大田
仏下七俱和邑乃素実利呉汁梵美経主大過當年鎌律大徳僧
衣裁蒙格ト二小律東塔疏及美祥及因巴兩宗付永經所麦
赱倶舎本尓矣佐三百実宗東小川處士林隱自挂銭皁与写本
同所次付发遠良矣竹廿々内俊匂北重英凡飯齊夂十月中外
入浔㓶界遇江々頎至横什驛住郎北栢肩瞭管禾将仕郎計
卯𥸸応負人𫟹先二人夫迬〻親州下遇〻來周賺到永壽郡柏着
判史 勅賜辞金実袋将作遙狀両在存浴生料〻道旦
栢書堂沚次宿栢杞同元寺遇临場大徳僧宗本両梨枝四分
新疏侯舎講林作經冗十二戶和〻〻〻浪〻台甯臨海郡杞下同元
寺々便泰金之〻宿僧知達佐同見青蟄鬼如骨肉枉為維那因病六

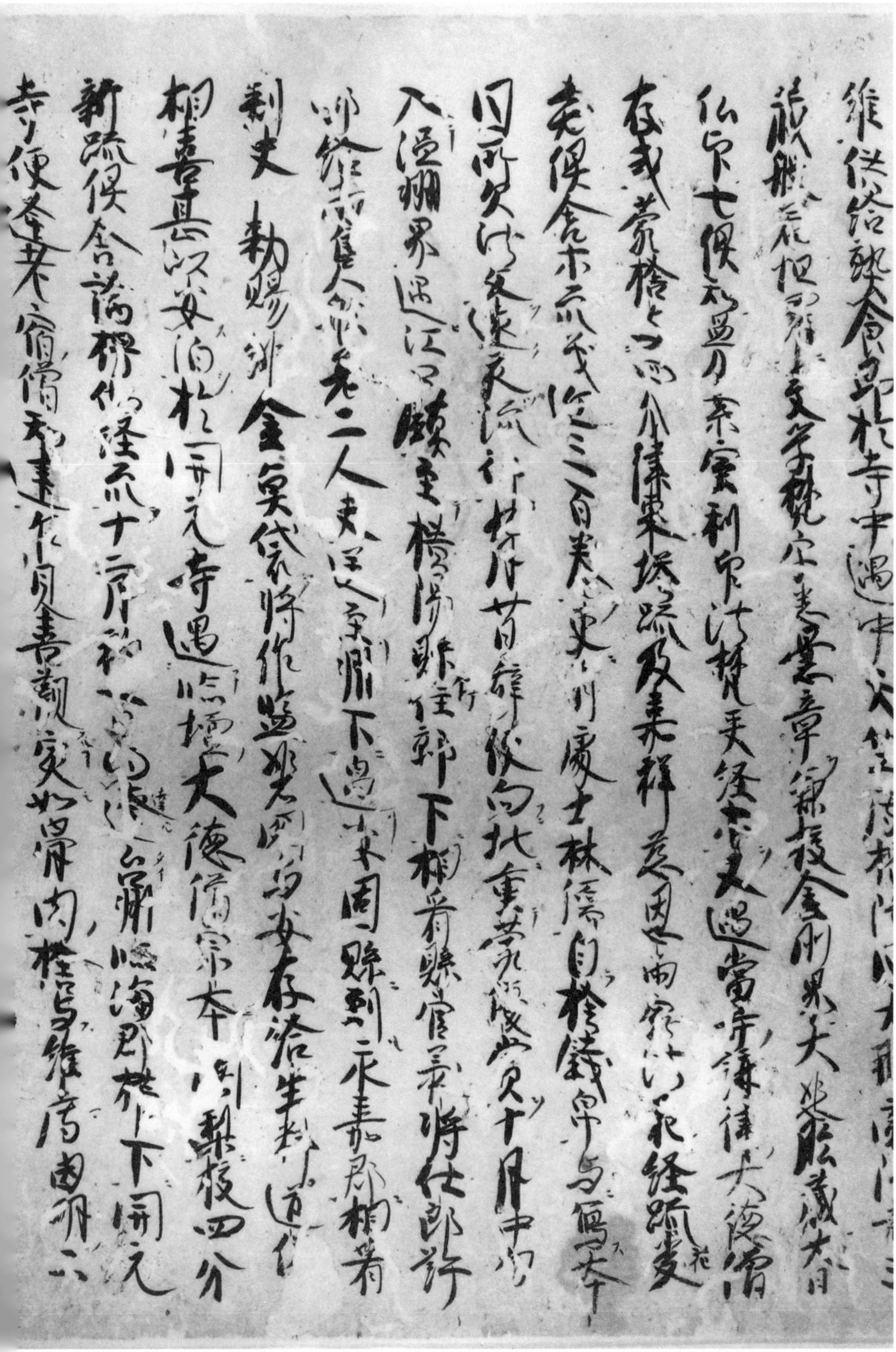

寺便逢来宿僧大遠了見書喜甚宛若本

郡衙又有刺史王郡郎中勅賜緋金魚袋係紫岑吳行由

中上岸使向於館舍驗問翠州宮以當尉同十三日遂奉達君興縣

相見縣官潛楊同清寺衆完當時經維徒所懸來相從映

頭至寺相看衆僧悉施松林樓閣之處十里後路相對灌滌五嶺

抱寺雙澗合流瀑波漂然山月光真寶無雙沙床莫明錫泉

滲瀝藏良菁蔚令見家於特勢常特異之年中七大德僧文舉

共涌門人僧清觀元璟安立同居賜號若之弟又有黑之年中

禪林寺僧教父德僧道遠和尚第三層般和尚義操習弟子僧

滑州長講止觀傳大師教作見觀義疏勸帝姚十四日留

寺僧同載從越州來於國清寺相接喜尉大中七年十二月上

115　智証大師伝（第4紙）

等作一小葉往趣渭来者此[illegible]
禅林寺便礼定光禅師恭之相又拜智者大師留之之瀆金
地銀地南北交頭種松生竹東西寒安路内其中 至禅林寺陳
宣律師持呪此禅林寺則智者傳法之地又云銀地道場
於寺巽有石爲道場此智者大師感得普賢乘象降来寺傍之
處古来相傳普賢白象化爲大石様首不異真象所以稱石象
道場便於寫南石窗利大師坐禅侍子西爲邊僧之處敷之石
磐欲許美歟世云智者讀法華之集爲[illegible]兩石相對似屏
風中間有石尊様如[illegible]高八尺許上有[illegible]文集天下要文
納断貫中作智者開見之勝来有其人又從禅林寺北行廿五
許里山趾有亭子名柯蘿亭子樹東觀察使御史[illegible]所建仍字
[illegible]

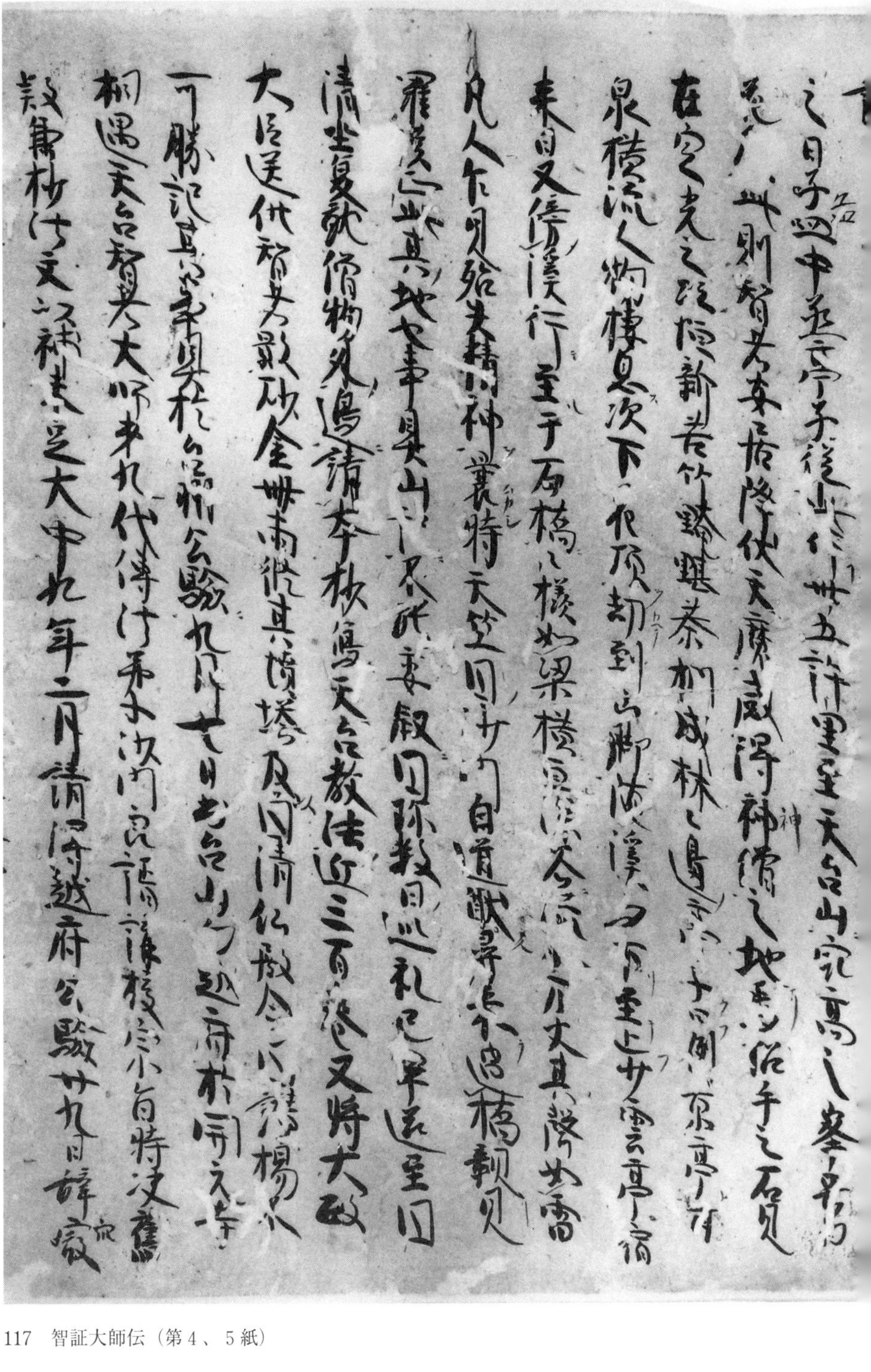

117　智証大師伝（第4、5紙）

□迴□□□□□□□□
穀歸於法文以求其志大中九年二月請得越府公驗廿九日辭家
入溟便至蘇州縣緣疾害留住到同十日將從公直盡力看病
四月上旬僧円載落籍越來從此共行五月二十六日得到東都洛
陽之城從上東門入一日停住十日自徽安門出至磧同澗次過新安至澗
谷函關住十日過三藤五谷赤雞衰至陝府宿廿一日遂達上都長安
城權住春明門外六月初三日拜見居中天竺國大那蘭陀寺三
藏善無畏阿闍梨第五代付法弟子左街青龍寺法全和尚前長
生殿持念供奉大德僧法全阿闍梨許授三大瑜伽宗旨和尚
是當大瑜伽法文不日而授得元往龍躍之切教入城權停左街崇
仁坊逢本國巡禮僧円覺以本良道七月一日移住右街崇化
坊龍興寺淨土院新羅國禪僧雲居房七月十五日僧円載入來

胎藏灌頂學大法灌頂即授受胎藏大瑜伽界　十一月初三日入金
剛界九會大曼荼羅道場沐五瓶灌頂水授學三瑜伽根本教
已訖上乘教并兩部諸尊瑜伽及蘇悉地羯磨大法示畢兼召他
奉畫工刀慶于龍興寺圖繪　今上都顯大曼荼羅像青龍
傳法和尚始終教授傳法因以為專向之留焉　同月十一月初三
日同於彼和尚處請傳教灌頂事和尚答曰我早許汝更令
可作若要入壇任爾請者仍買辦此香花飲食供養賢聖當日人定
受三昧耶戒五更受家授傳兩部大教阿闍梨位灌頂即許般若
母并大虚空藏并轉法輪大并和尚授記曰汝蒙大毗盧遮那
那般若母之加持授遍安阿闍梨十九世之大應之位一切如來之記上乘教若

并船…

同縁又檢十・十歳供合寺六人祇役冬至日至街東大興善寺不空

三蔵和尚院礼拝三蔵和尚骨塔并見三蔵第三代傳法并

諸弟子三蔵沙門智慧輪阿闍梨入道場和尚拝亦諸義両部

大曼荼羅教秘旨兼授新訳持念経法文至街西千福寺多宝

塔拝見陳国師南岳思大師陳隋二帝師天台智者大師真影数本

取南岳大師碑文後写真容一部落及碑本次巡〻病處西明慈恩興

福薦福寺等廿七日同弥秀僧圓覚拝辞本師出長安城従春明

之門指東渭橋行廿八日過橋漸行従櫟陽縣至同州城次渡蒲

関兵到蒲城止河中府矣黄河南岸有鐵牛四頭以繋浮脚

侍船為浮橋之基便出府門傍中條山向東而行路側見古劉近

7┐

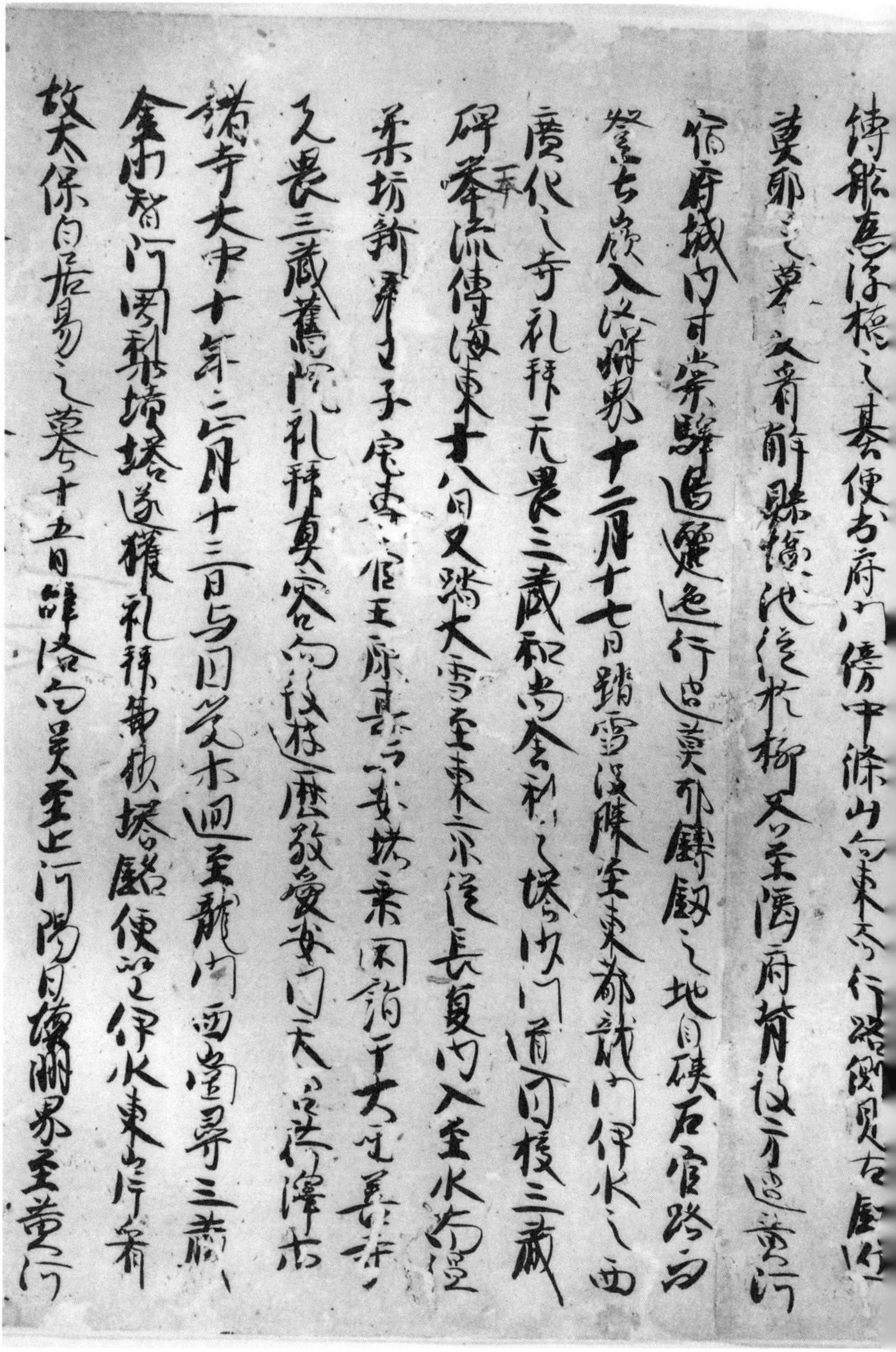

121　智証大師伝（第６、７紙）

故太保白居易之墓十五日雞鳴發洛邑至上河陽自懷州界至黃河
上船渡河十里到河陰縣積漸行過鄭滑汴方逢大梁雇船入
汴水至淮河之濱普光王寺則大聖僧伽和尚留肉身行化之
地矣次過淮南浙西五月晦過到越州開元寺相看良諝和尚
蒙授与天台法花玄義一本十卷眼七淩嫂王寺天台法花玄記
一十卷刻以石鼓寺天台法花秘志十四卷法花諸記要義一卷
都卅五卷法文從此拜別向天台山六月初四日得達國清寺行
跡尋訪舊寺住師院從大法師良文年中畜錢帛於禪林寺造
院俗後來学法僧往宿同年中僧人遣發院食隨喜仍將右
大臣給同跡受路粮砂金卅兩買材木於國清寺止觀院起止觀
堂院留長講之設又造三間房填經師之願畢請僧講觀又立持

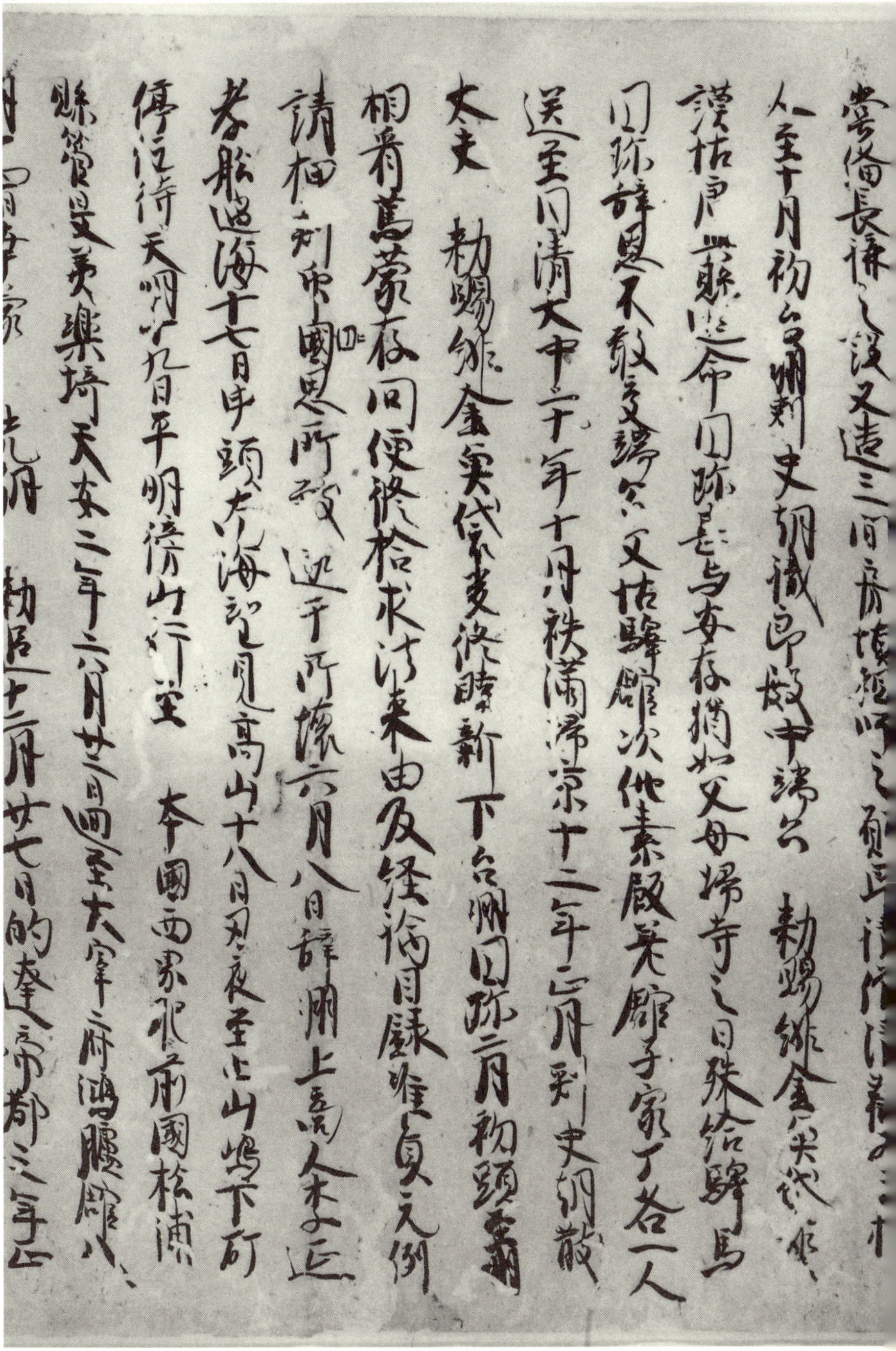

憂悩長保之後又遣三箇房懐經所之頁已譯所舊義之本
人至十月初到台州刺史朝散郎嚴中譽之　勅賜緋金魚袋
漢姑良嚴蘇遂命円珍長与安存猶如父母歸寺之日殊給驛馬
円珍辞思不敢之又歸之、又給驛馬次供素飯并驛子家丁各一人
送至円清大中十一年十月發蒲歸京十二年正月到史朝散
大夫　勅賜緋金魚袋支供睦新下台州円珍二月初頭至州
相看舊蒙存問便從檢求法來由及經論目録唯見之例
請狀之判衆國思所致　延年所懐六月八日辞州上商人李延
孝船過海十七日申頭於大海望見高山十八日丑夜至止山嶋下旁
傳語待天明廿九日平明傍山行至　本國西界肥前國松浦
縣管旻美楽埼天安二年六月廿二日廻至大宰府鴻臚館、
冒年家　先所　勅召十二月廿七日的奉返京都之年正

123　智証大師伝（第７、８紙）

縣管見美樂埼　天安二年六……

月十四日辛亥　先朝　勅追十二月廿七日到達京都之年正

月十六日伏蒙　令三公召對　御覽御預胎藏金剛兩部諸尊

大曼荼羅像儀軌　永願許容竊以先事之不忘將來之良

訊焉因称謹於舊例祖師十禪師傳燈大法師位義眞又師十禪

師傳燈大法師位最澄延暦年中奉勅入唐歸朝之日蒙

家給勅印公驗又師主前入唐天台宗請益十禪師傳燈大法師

位圓仁以令之時請春秋二季永以灌頂兼加金剛頂經

地經率年少度若益蒙許行中興師風皆爲永代不朽之驗也

圓珍獨命求獲物持眞文仙法與并天台本宗教迹及諸宗

法文精遇千油以添先師之遺迹奉資皇化之至化伏乞准例蒙

給牒承公驗兼下知所在随力流傳擁護

國家利樂群生開光

修行大□[illegible]

師因請與求法来由伏聴　天裁者早被太政官牒偁右大臣宣

奉勅如聞真言止観両教之宗同号醍醐倶稱深秘必須師授

受父母相傳爲元據縁雖遇遮猶法師在於本州者學其遺

膺漢家更通要妙慎可弘宣奥理以爲國家鎮護宜依所陳下

知所司許其渡海以増充恵燈共令依宣旨与公験約如爲在

唐遠國清寺止觀堂合寺勤衆記題曰天台國清寺日本國大徳

僧院　爾錦第八進士沈權述作記其辭云唐大中七年九月十日有

日本國大徳僧法號圓珍俗姓和氏自扶桑而来著於此

唐福建従征五羊浅上天台國清寺西域金人之流　我師幼

脱俗剃髪投於家以恵慧之珠内明外朗作宵夜之燭爲君

海之舟楫梯航維持三業妙理以杖方尚闕于土乃求佛法

[illegible]
飛錫之於遊歷、登寺數樣、足霜渉花頂之峯、礼大師之遺址 七
地自會昌廢拆之後、大中恩旨重興仏教、初營伽藍亦未豐
白衣居士修行、殘洞淨雲寺院沙門坐定、不夜樓盤石師
乃瞑心起念、云支彊從爰於郡人伐出林之櫟柏丁之張胥胡
菱孝山陵之暮（村）盛比擔板運行、介長短於規、巧引墨繩
亘成雖十切不逾月、其功化成、翬飛之彩、耀奄園勝槩云爾
揭鷲額、以十年九月七日建成矣。師即任持此院、苦節修行
以之爲心、洞之以法遐擧、瓶錫告別東歸、即十二年六月八日
矣。有趙郡李處士蒼名達、爰來告愚曰、師有舊東記之要永
受塔湯浩然歎、守之家斷、其功業大、乃命余爰纂其事

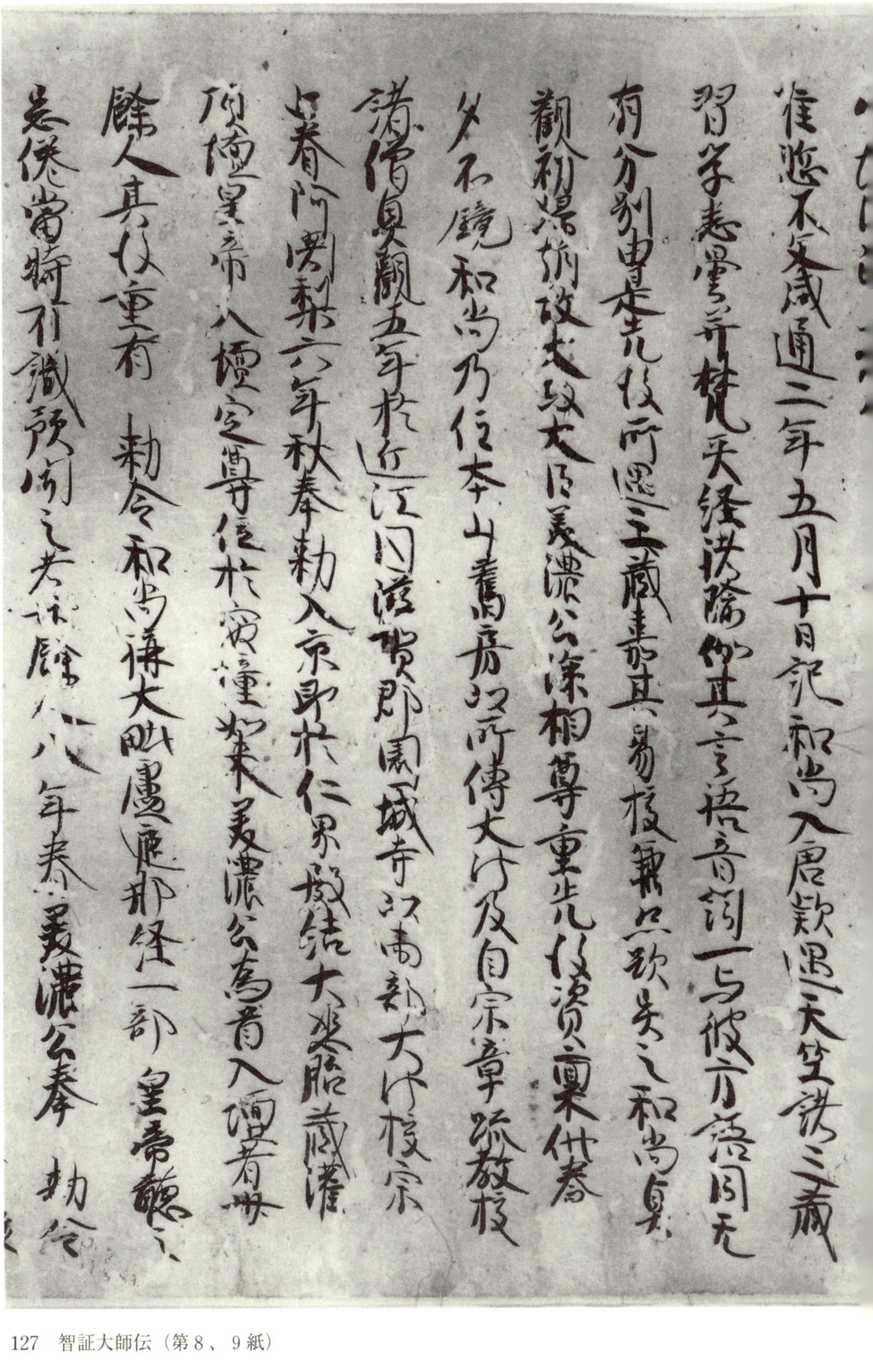

127　智証大師伝（第８、９紙）

是従崇親院[?]所立之寺[?]居八宮[?]其後[?]淳和[?]太后
和尚住延然院建持念之壇專祈 寂祢鎮護持皇太后号 後
深教[?]太 其年七月十七日有啟官 大 藤原和尚以傳真言止觀両宗
皇太后
事下於本寺其官牒文多不載 十年六月三日有 勅任座主
于時廿年五十五夏臈卅六 十四年九月何依帰山日外以後
非 朝家之懇請未嘗帰於山 於仁於廉之外 十五年依官符
以三部大法傳之於大和尚位遍照阿闍梨乃於仁二暦許
授持念灌頂道場三部大灌頂及傳法灌頂并授導等別作
於元慶元年 天皇登祚之初依例請高座仁王般若
經別有 勅令和尚為御前講師是日天辯涌溢金聲玉
闡 雖令殊賞[?]服七年勅叙[?]服和尚位其諱之 勅天台座

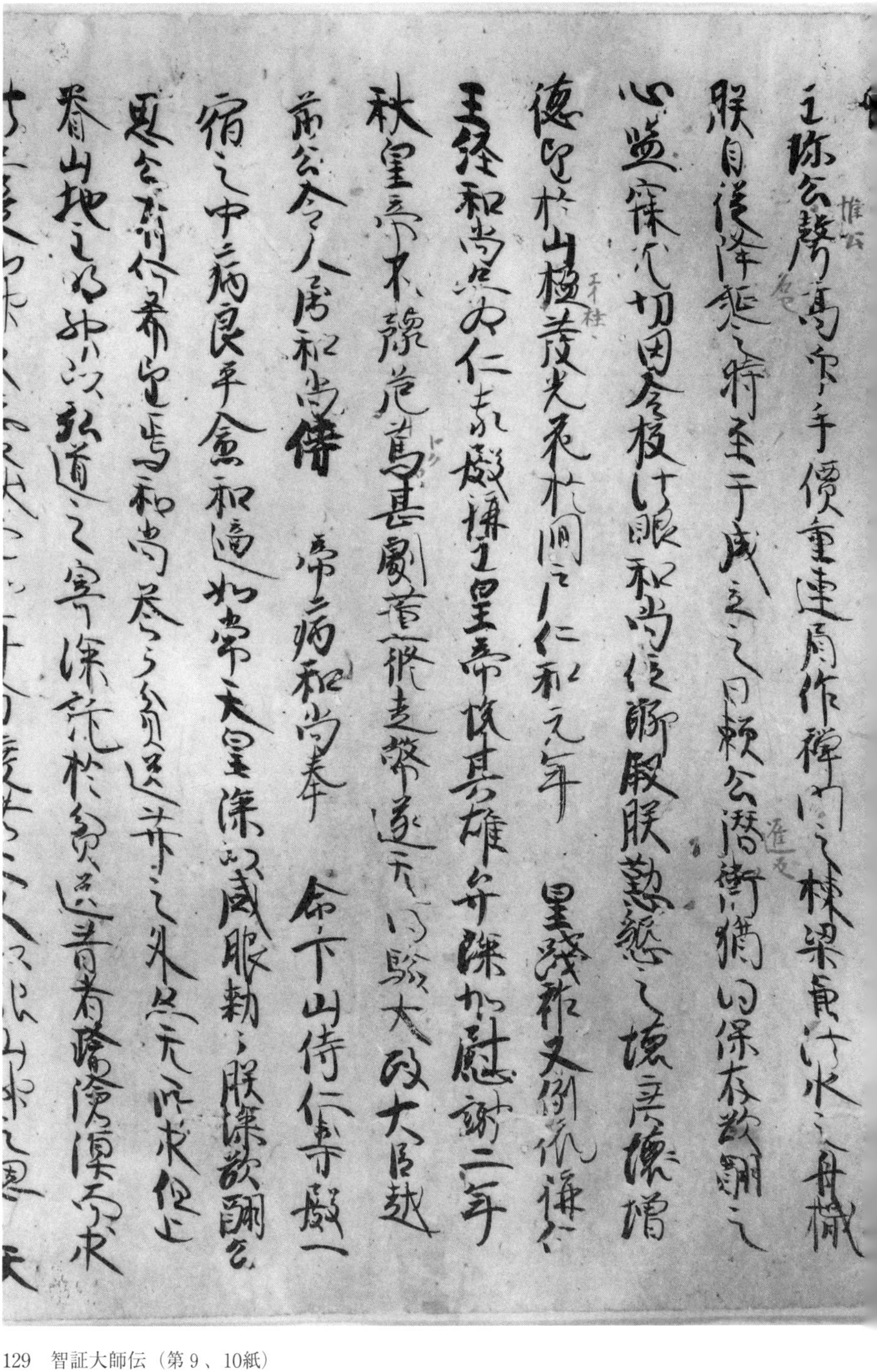

王孫公卿爲師千僧重建爲作禪門之棟梁負汁水之舟檝
朕自從降誕特至于成立之日頼公潜衛猶同保傅欲酬之
心益深代切因今授汁眼和尚位聊取朕慇懃之懐兼表懐增
德即於山極落光花枕間之人仁和元年　星霜稍改又例依讓位
王經和尚爲内仁壽殿講王皇帝修其雄弁深加慰諭二年
秋皇帝不豫危篤甚劇首一僧之遠遂无同驗太政大臣越
前公令人召和尚侍　帝之病和尚奉　命下山侍仁壽殿一
宿之中帝病良平愈和尚還山如常天皇深以感服勅曰朕深欲酬公
恩公有所希望焉和尚奏曰貧道並無之外更无所求但比
叡山地之形勢以弘道之寄深託於貧道者有瑜伽遍學求

129　智証大師伝（第９、10紙）

比良山沙弥之志也伏望加年分度者二人以比良山沙弥之恩　天
皇嘉恩即給年分度者二人　一人大日業　一人一字業也　寛平二年為寺僧
於小相寺上表曰延暦寺僧叡相禅赤灌頂三元以希遇誰樊本蓋
菊之青貞理雖開未嘗醍醐之味稱徒之志懇切在茲歷之
法眼和尚位円珍得灌頂矣偶仏将化水精遂覚路猶不退之輪
華厳法華総元畏之教以後航鑒流之同道又弥由所傳葉将
諸業之心印枝葉之戒領灌頂壇二十有余化木文之脉千
万餘人又為奥嶋年深草巻老至六時毎行一念迴向莫不
致真弁於金剛蔵潜衛於降闕代惟陛下殿以鑒治属化照七
燈轉大日之助法而流甘露之添也澤遂令優命溢於洞之ノ

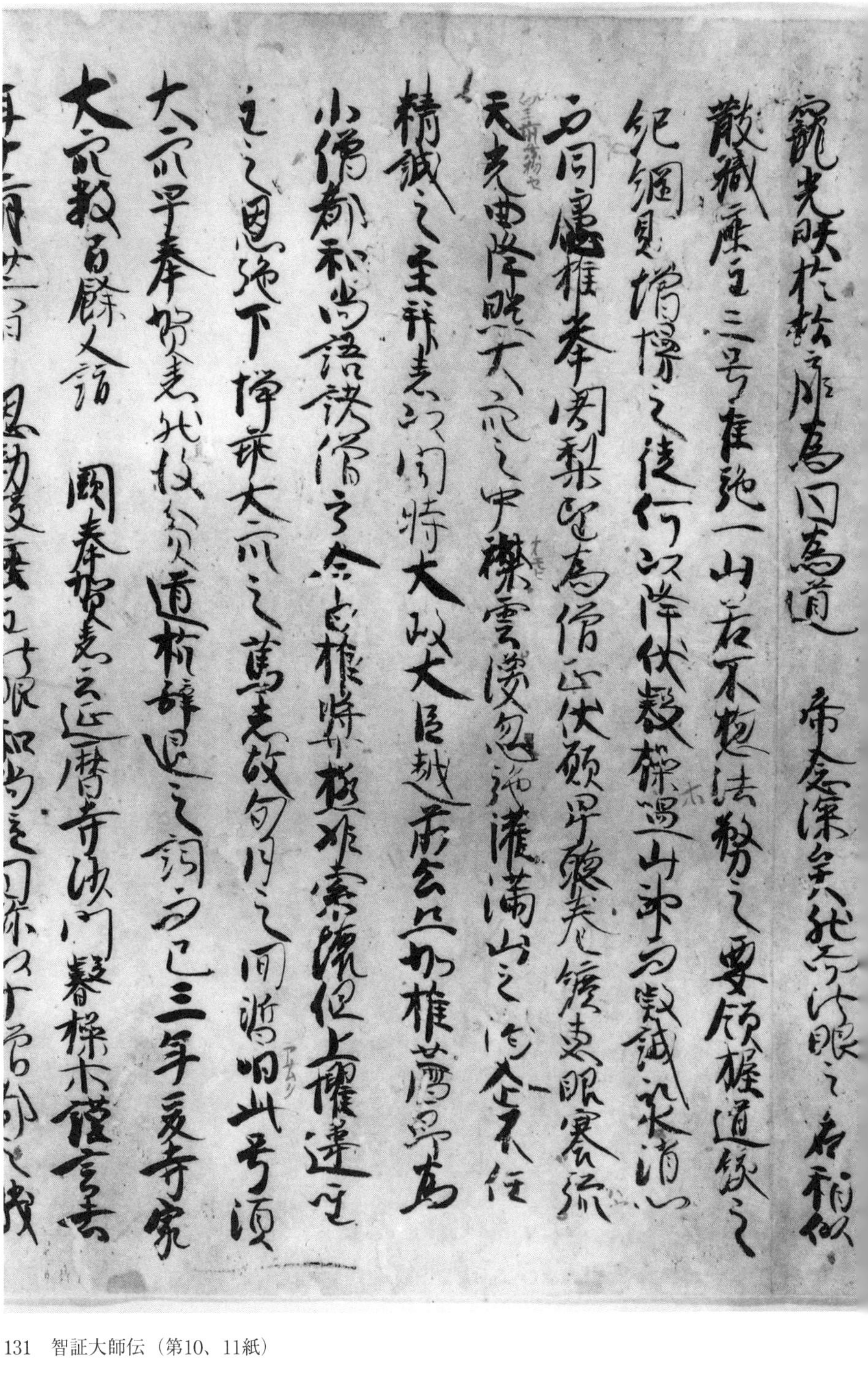

131　智証大師伝（第10、11紙）

大衆数百餘人語　國奉賀表云延暦寺沙門馨操等謹言去
年十二月廿六日　恩勅授慶之法眼和尚位同弥以十僧都之職
僧徒歡呼騰躍相吉山門之鷲嶺廣洽由是震動同云也
之為摩尼寶珠發歟也優曇花稍聲同歸隨緣少時照臨鴻臚
侍所感響隨後形外之弥獨振逸金繩之境於之心中之眼常觀
天時之靈像伏惟　皇帝陛下德洽田操化同千葉兆准基也
沐其皇澤是奉繼徒阿其天波兄為護法正法宗也台宗擢人
山之闍梨為四部之都領發　恩備於衍門耀寶觀樂於麥之為善
衆緣郁新添台嶽之靈德髻薫蘂滋滿靈山之靈場數春操於
宿植福恙也屬明時凡未曾有之善哉不可量之恩同以弥增
光弥熾一乘之轍法藥倍味水金剛堅生之之弥飲威更昇萬於恒

12┐

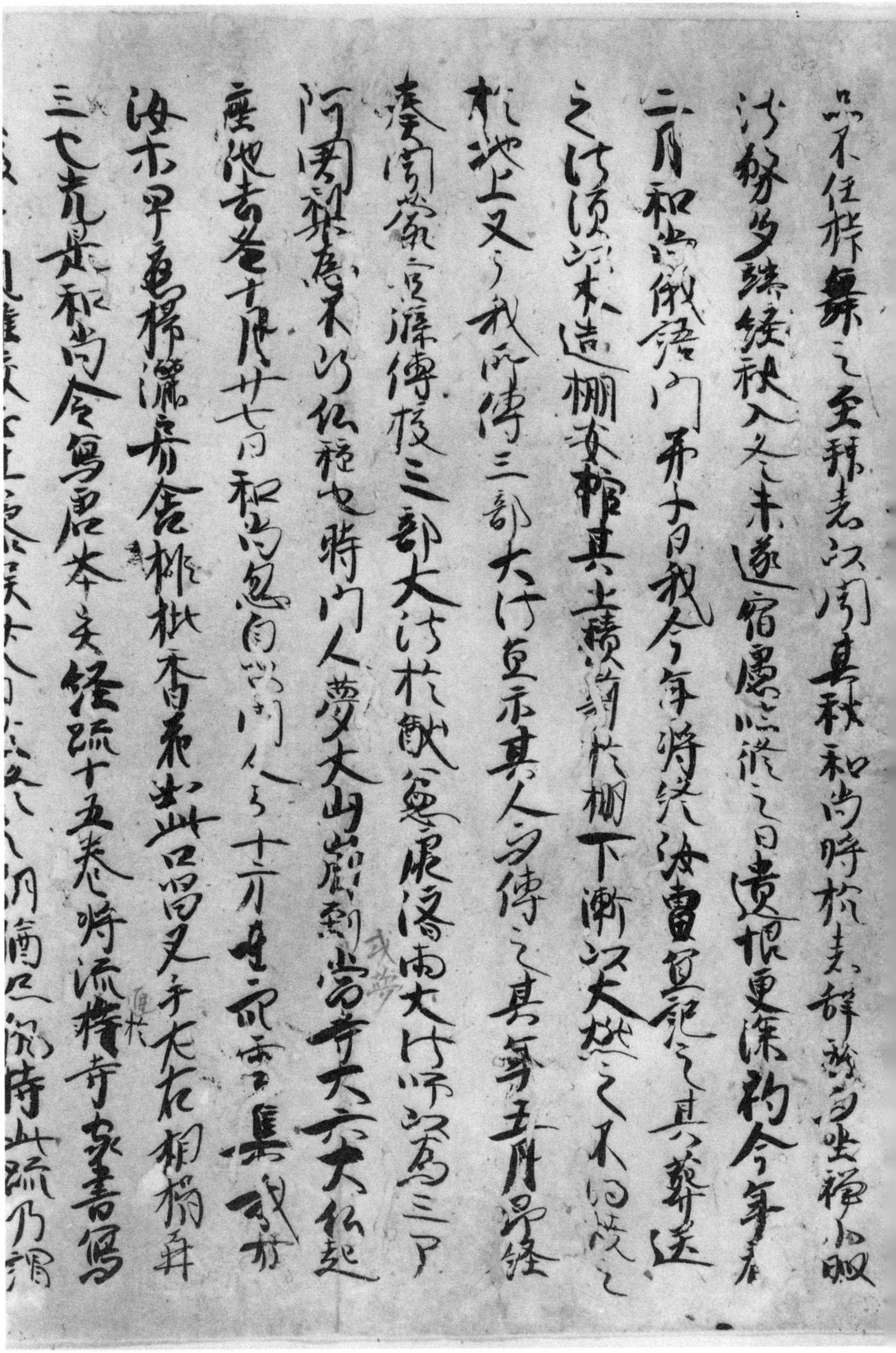

133　智証大師伝（第11、12紙）

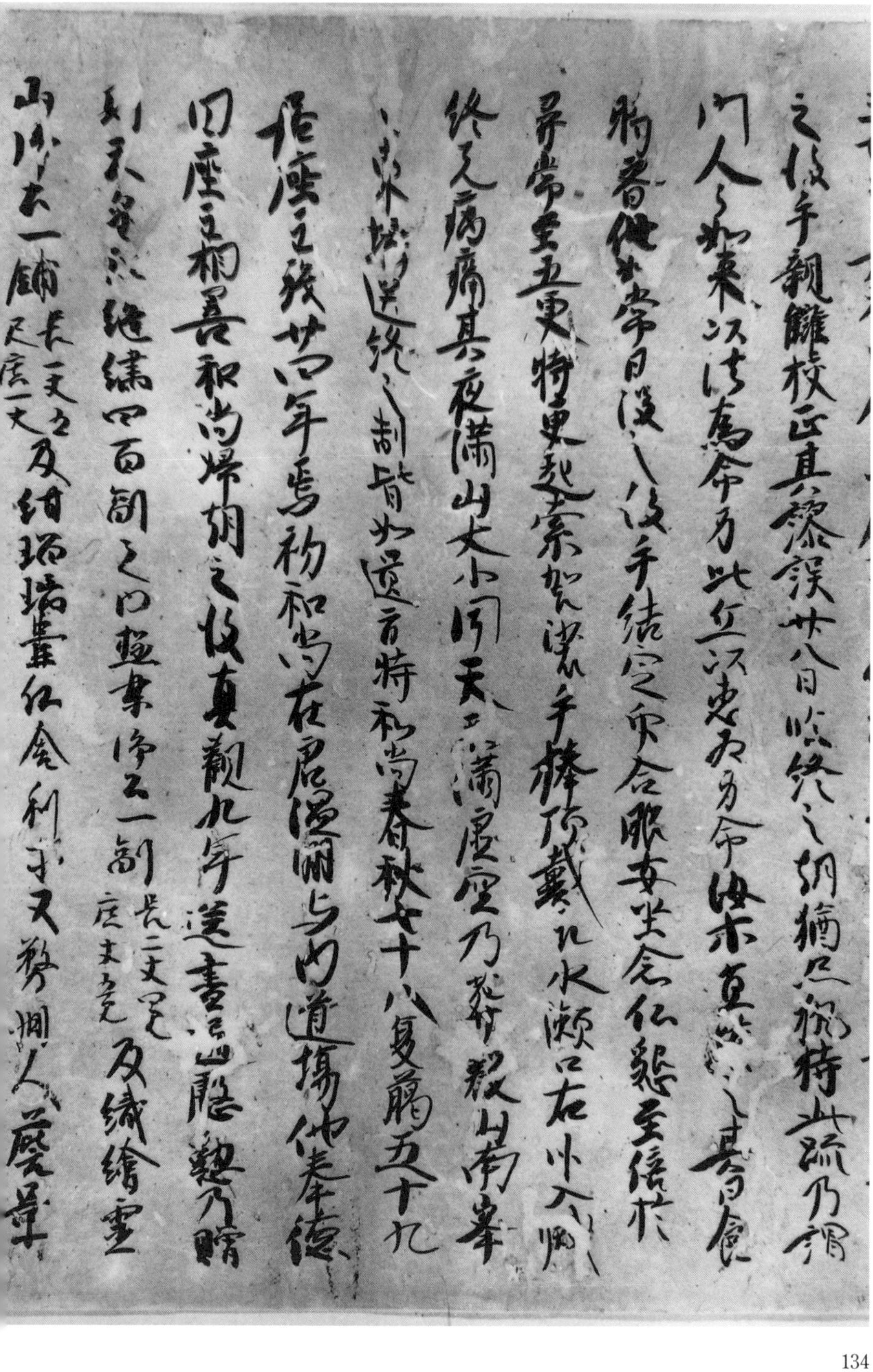
之後手親離校正具然深廿八日臨終之朝猶足朧特其蹤乃謂
門人等如來以法為命乃比丘以忠為命乃命海示真然之言畢食
稱眷從常日沒之後手結定印合眼安坐念仏懇至侍於
尋常至五更時更起索盥漱手捧香爐頂戴凡水漱口右脇入滅
終之病痛其夜滿山大小門天上滿屋室乃發馨聲山南峯
之哀林悲川送終之制皆如遺言時和尚春秋七十八夏﨟五十九
擡座之後廿四年焉初和尚在唐遍與內道場供奉德
同座之相聞和尚歸朝之後貞觀九年造畫三曼陀羅乃贈
剋示各々絶繍四百副之内盤渠淨土一副長二丈四尺 廣丈五尺 及繍繒靈
山淨土一鋪長一丈五尺 廣一丈 及紺瑠璃壺納舍利并又恭惟人天尊果

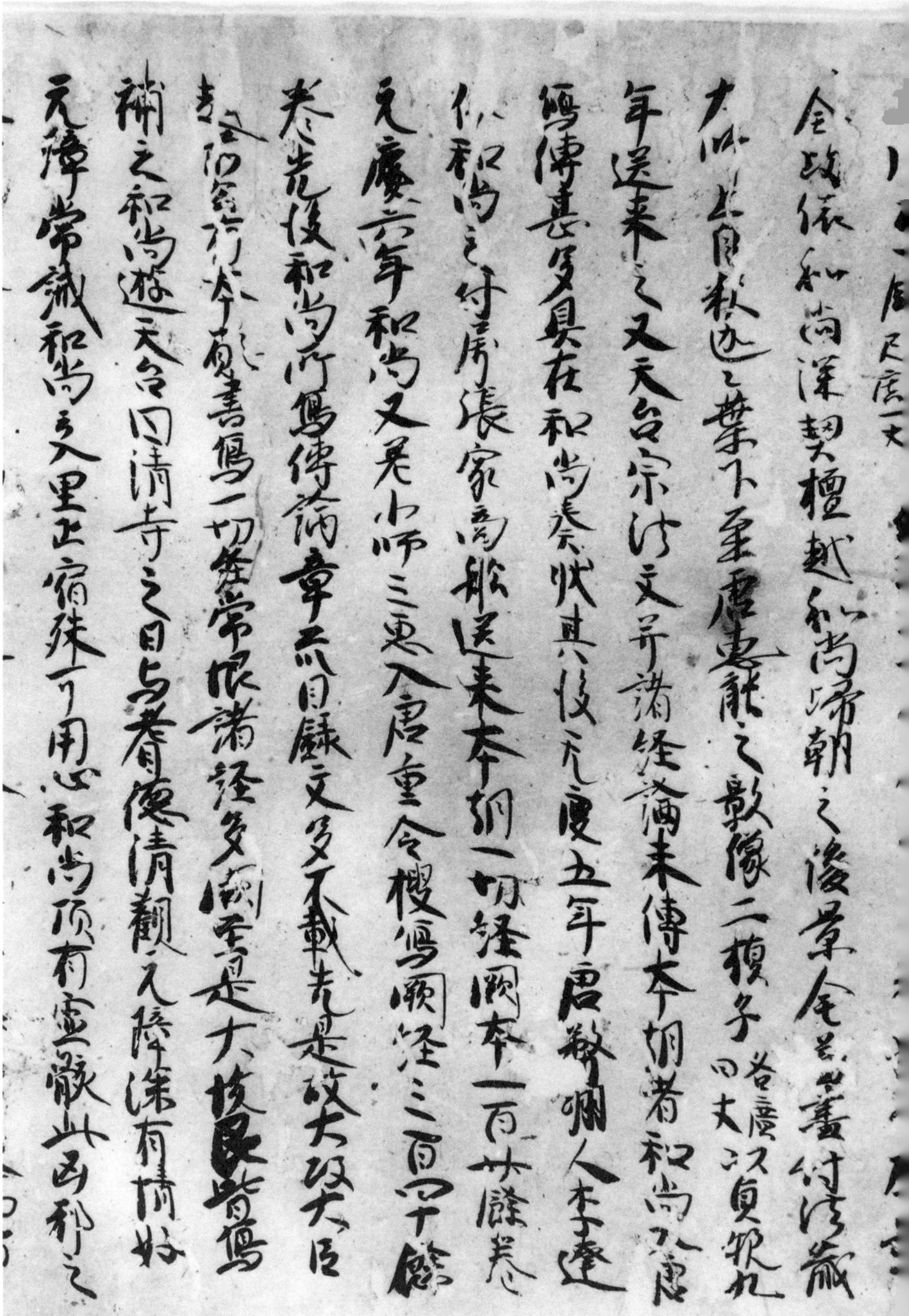

135　智証大師伝（第12紙）

[illegible]

人常以求竊観和尚門下之何用茶〻乳頼之葉将求福智
見人有霊巌者窓譲叙恭持其頭髏以為蔵往来之用求
福致利之資台州刺史蒙公見和尚如旧交並以此霊巌深為
周方之識和尚参之者有宿業坊護何参之者元宿業也
人其恭我何又越州良諝和尚者天台宗之智徳也未之悉
夜天所不窮和尚遇之請益良諝深以瓷重知遇篤密被恩将
示如鶯瓶水初和尚発自江南至于南京所歴諸明哲宿名
僧及詞客才子歟愛慶義談不容已光枝所呈之詩精及
八十巻文多不載和尚帰朝之後請観之諱及諸賞傾篤並
桐迷者退慕者弥深每有便来音問元絶貞観十年請観賜和
尚詩之数月後台嶠古風請當特詩仍答相公観此人今大為

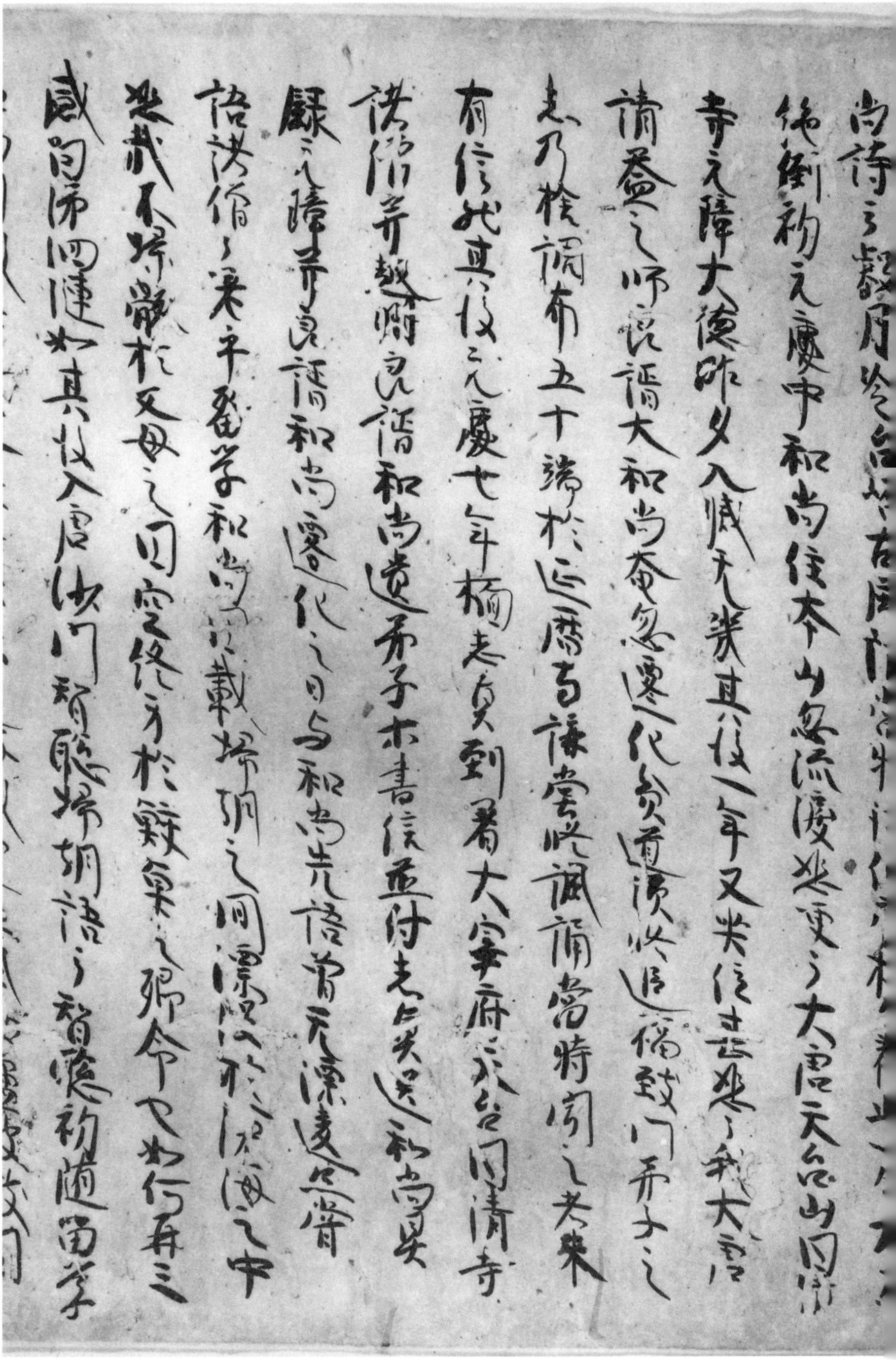

137　智証大師伝（第12、13紙）

和尚同載乗商人李延孝船過海俄遭悪風舳艫破散同
載和尚及延孝等一時溺死特破舟之間有一小板稍稍檢儻乃乗
着之須臾東風返烈浮浮晝夜飛一夜之中漂着大唐温州之
岸直投與乗他船来帰本朝于是計同載和尚没溺之日正
是和尚想念之時也天下莫不歎美焉貞観末勅特降十四禅
師僧詮将入唐求法并供養五臺山文殊師利菩薩之及諸
公卿多捨黄金以為供養文殊之資僧詮辞山之日辞別和
尚兼問大唐風俗并漢語于和尚默然元所答僧詮深有恨色
起座之後和尚謂人云此師雖有才弁未暁密教入唐之謀
似衒名高実以嚴不揚何以言之三寶之加持実加持不至何蹊

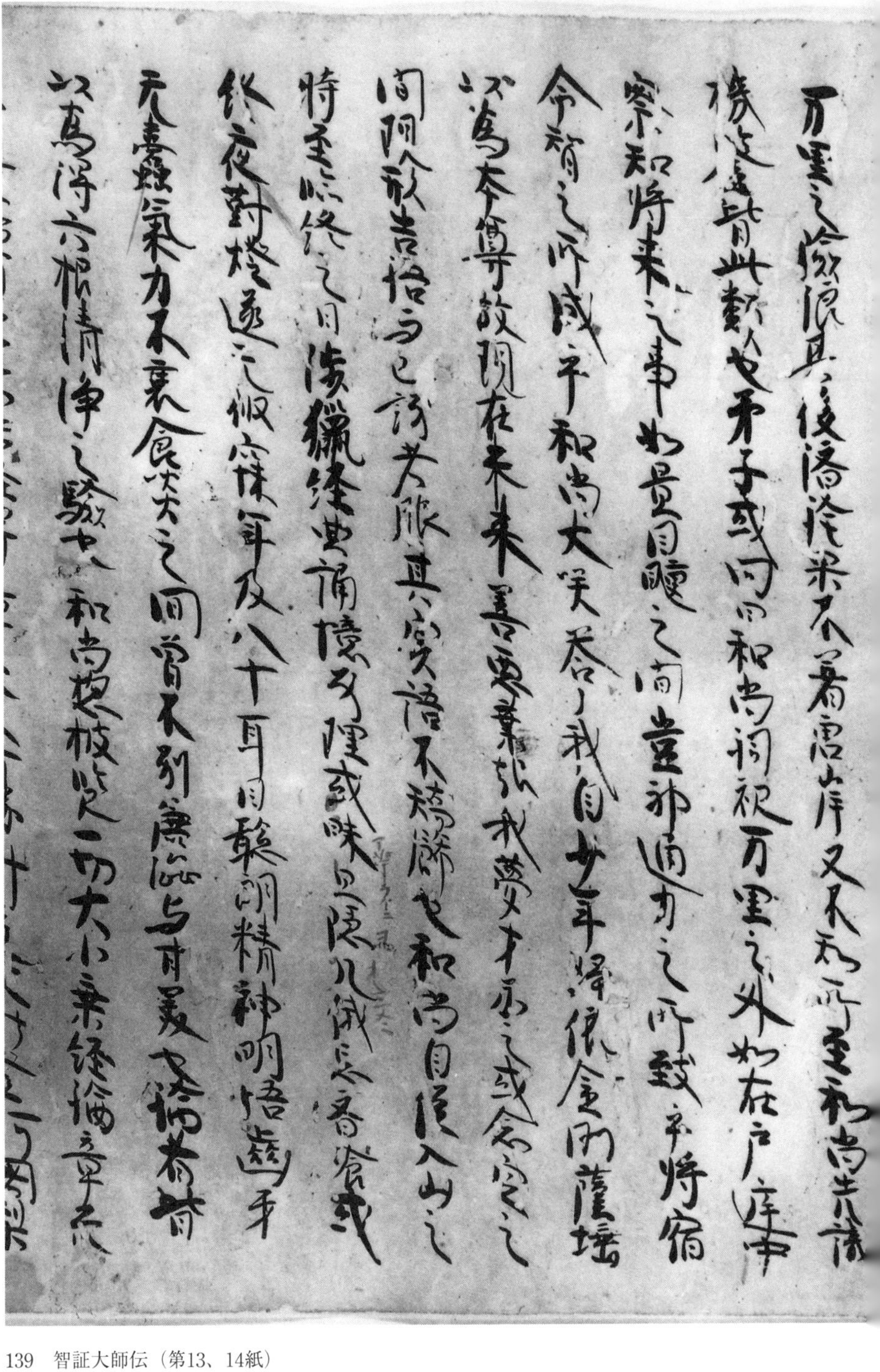

139　智証大師伝（第13、14紙）

以真言六[illegible]
三遍讀寫自宗大乘經并章疏不可勝計於大法阿闍梨
位并受一尊儀軌者一百餘人手剃鬚髮授戒爲弟子僧者五
百餘人登壇受戒成并僧者三千餘人所傳教十師斬木刻草
逮延曆寺遂入大唐傳天台真言兩宗其後相承闡揚兩宗
先大門人有慈覺大師和尚與和尚而已

延喜二年十一月十一日傳燈滿位僧□興
惣持院十四禪師傳燈法師位慶蓮
淨福寺禪師傳燈大法師位□意
惣持院十四禪師傳燈大法師位惟瞻

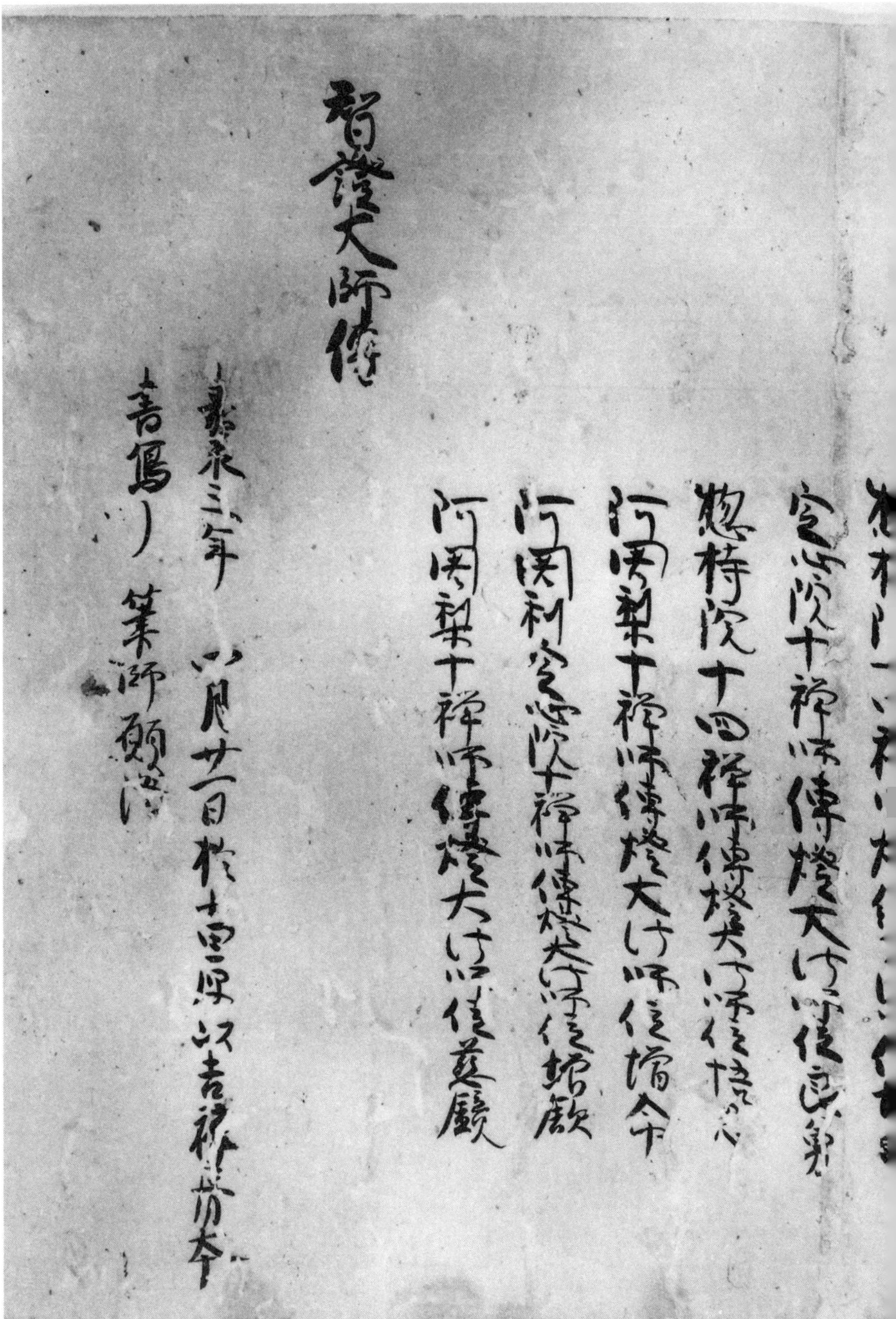

定心院十禅師伝燈大法師位良勇
惣持院十四禅師伝燈大法師位惟首
阿闍梨十禅師伝燈大法師位増命
阿闍梨定心院十禅師伝燈大法師位[illegible]
阿闍梨十禅師伝燈大法師位[illegible]

智證大師傳

嘉承三年六月廿一日於十四房以吉祥[illegible]本
書寫了　業師顕證

141　智証大師伝（第14、15紙）

書寫ノ 藥師頭注

一校ノ 照穂法師加之

三　行歴抄　一巻（重書第九号）

重要文化財

表紙

石山寺藏
第重書函
第九號

145　行歴抄（表紙、巻首別紙裏、第１紙裏）

見返し┐

巻首別紙┐

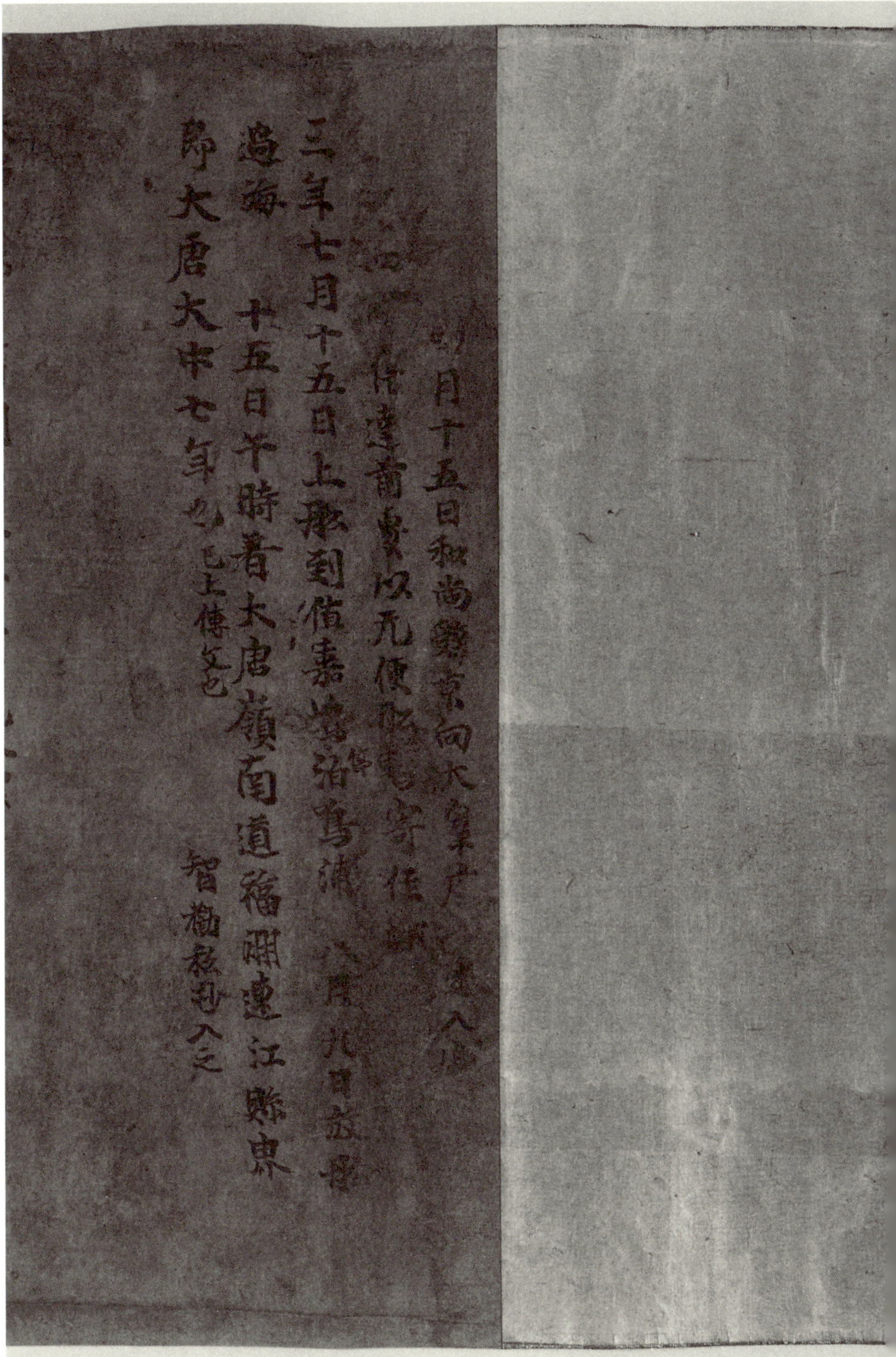
三年七月十五日上船到値嘉嶋鳴浦
過海　十五日午時著大唐嶺南道福州連江縣界
即大唐大中七年也

147　行歴抄（見返し、巻首別紙）

四月十五日和尚發京向大宰府 赴入唐

□□値逢商賈以无便舩寄住城

三年七月十五日上舩到値嘉嶋停泊鳴浦 八月九日放舩

過海 十五日午時着大唐嶺南道福州連江縣界

即大唐大中七年也 已上傳文也 智證私抄入之

天台大師 隋開皇十七年丁巳入寂

山王院大師 唐第十七主宣宗皇帝大中七年 日本仁壽三年也 癸酉 入唐 去台大師二百五十七歳也

自日本齊衡元年甲戌至于建久五年甲寅三百四十一年

都合五百九十八年歟 [illegible]

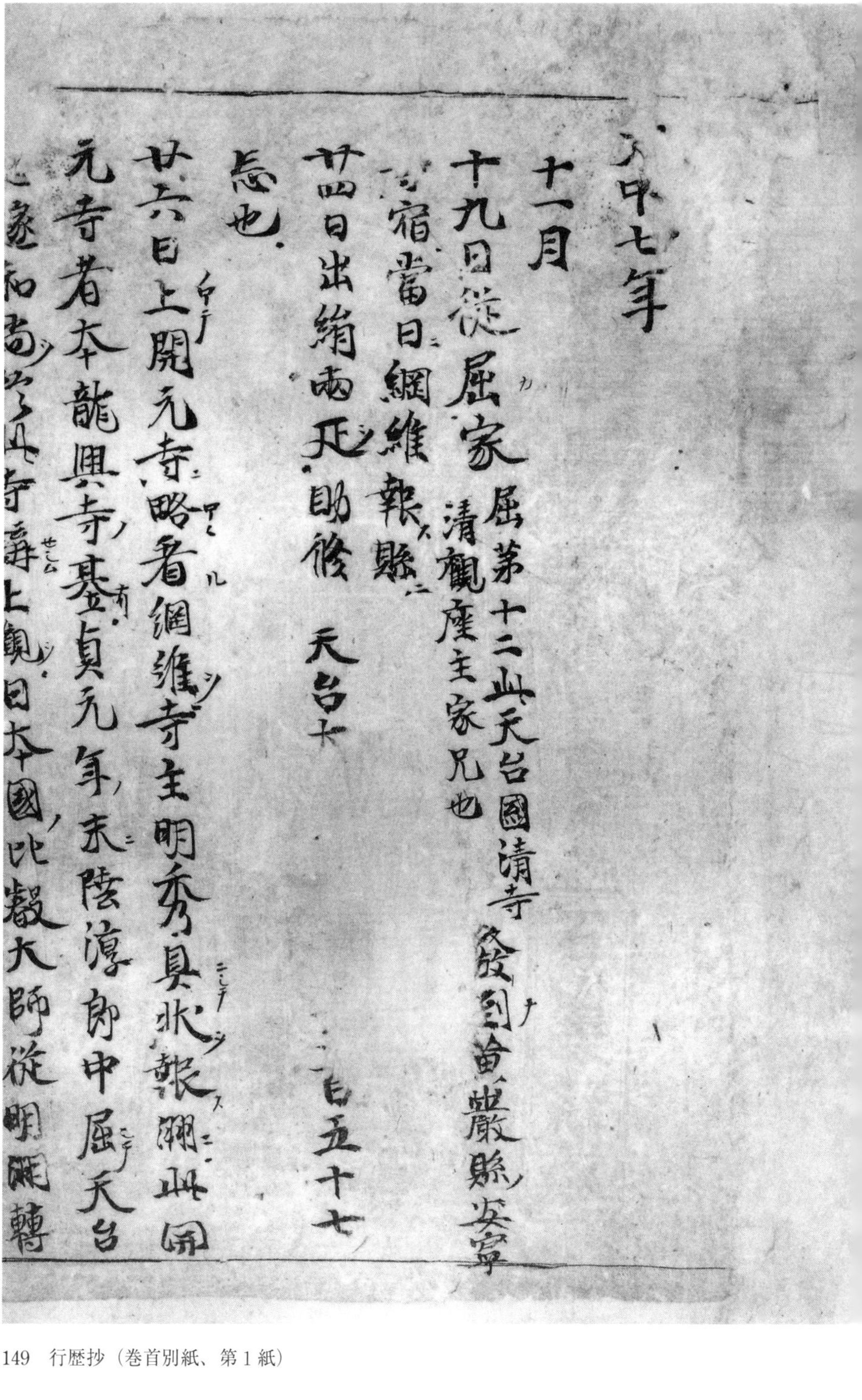
大中七年
十一月
十九日従屈家　屈第十二山天台國清寺　發到曲嵊縣安寧
宿當日綱維報縣　清觀座主家兄也
廿日出縎雨延助修　天台大　巳五十七
忘也
廿六日上開元寺略看綱維寺主明秀具状報剡縣開
元寺者本龍興寺基貞元年末陸淳郎中屈天台
遂和尚於此寺講止観日本國比叡大師従明州轉

149　行歴抄（巻首別紙、第1紙）

十二月

元寺者本龍興寺基貞元年末陸渟郎中屈天台
道邃和尚於此寺講止觀日本國比叡大師從明州轉
到此臨海縣至止龍興寺參見和上聽讀止觀
所州地也折寺已後於龍興寺並越開元又不置龍
興寺之門巽隅有山名小湖山脚臨江當日相者徒衆
安置道真杜陁房中有瑞和上弟子季阜清翰
僧正弟子知遠兩和尚纔見書歡悲甚安存
遠和尚者此与日前大和尚貞元年末國清寺受
具足戒同及座一列遠為上座於諸門中皆是伯
伴

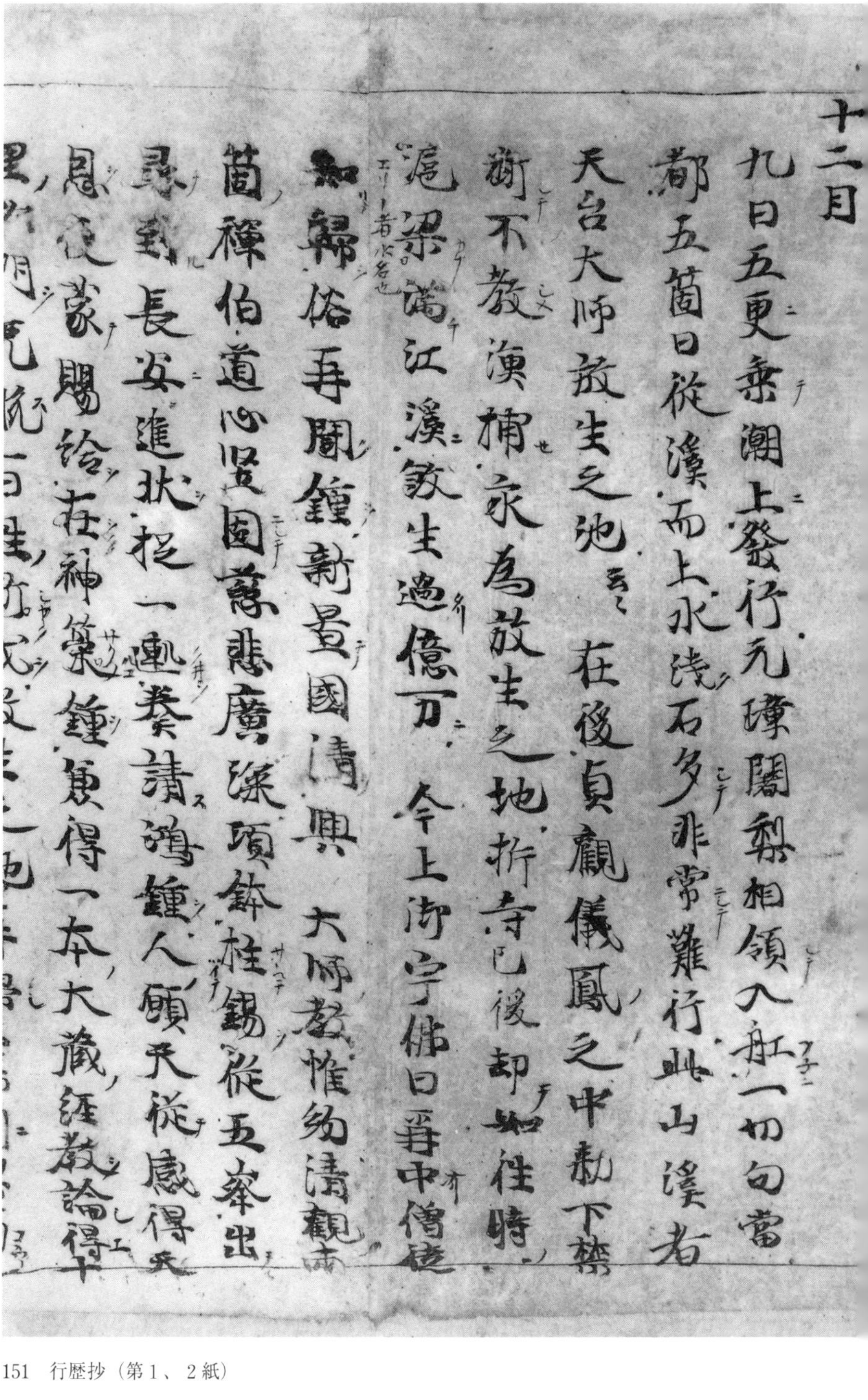

十二月
九日五更乗潮上発行元璋闍梨相領入舡一切句當
都五箇日従溪而上水浅石多非常難行此山溪者
天台大師放生之池 在後貞観儀鳳之中勅下禁
断不教漁捕永為放生之地 折寺已後却如往時
滬梁満江溪殺生過億万 今上御宇仏日再中僧徒
知帰俗再聞鐘新豊国清興 大師教惟勿清観本
箇禅伯道心堅固慕悲廣深頂鉢柱錫従五峯出
尋到長安進状控一軸奏請鴻鐘人願天従感得天
恩使蒙賜給在神策鐘奥得一本大蔵経教論得十
里州開元院一百生

151　行歴抄（第１、２紙）

畢到長安進状捉一通奏請鴻鐘人願天從感得天
恩便蒙賜給在神策鐘寺得一本大藏經教論得草
里松門兎脱百姓斫伐放生之池尋歸舊例梁蔦
業永改悪因師願如斯功徳難説一大師之願力二
兩師之妙計不可思議
十一日食時日本留學圓載差行者送書來到
十二日晩聞望國清寺及禅林山大師墳邉松樹合掌
頂礼去唐興縣三五來里宿怪溪上
十三日廳後國清寺都師元唐俗姓周到來相看續後寺
家催十箇老宿徒衆教來廨宅迎接廨宅相去國
清一十餘里近晩都師共元童[illegible]入縣相看

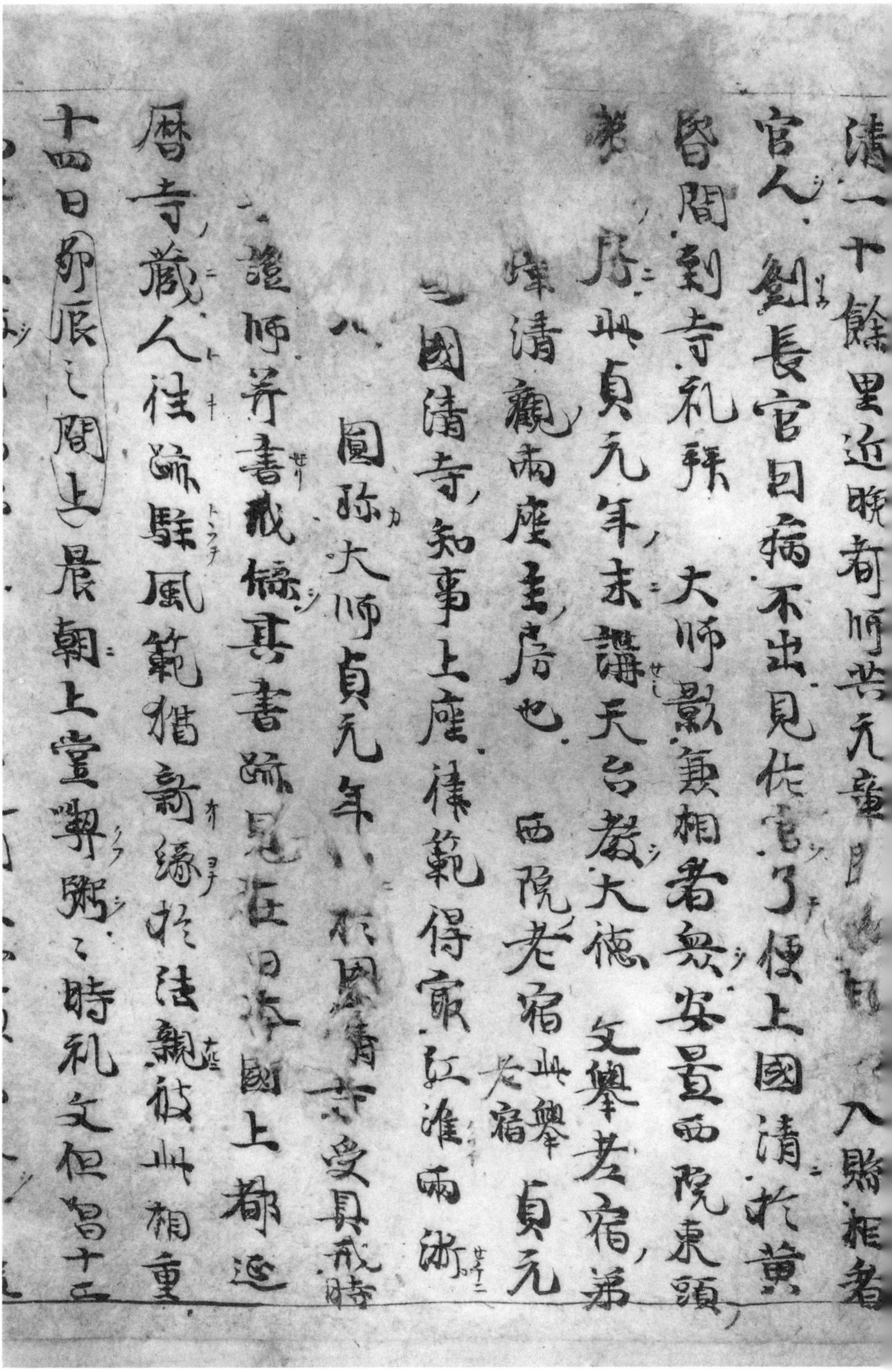

濤一十餘里迸曉着阿其元章[illegible]入縣摧者
官人劉長官因病不出見佐官了便上國清於黄
巖間劍寺礼拜大師影眞相着無安置西院東頭
第[illegible]房此貞元年末講天台教大德文擧老宿弟
子清觀兩座主居也　西院老宿此擧貞元
之國清寺知事上座律範得宣江淮兩浙
八　圓珍大師貞元年於國清寺受具戒時
之證師并書戒牒其書跡見在日本國上都迸
曆寺藏人往跡駐風範猶彰緣於法親彼此相重
十四日卯辰之間上晨朝上堂喫粥之時礼文但昌十二

153　行歴抄（第2紙）

十四日卯辰之間上晨朝上堂喫粥之時礼文但唱十二
為并五悔不唱佛名。卯辰之間上堂喫小食之後
下堂欲歸房忽然起心曰載不久合来不用入房且徐
復待他来思已行到南門看望橋南松尹之上橋者寺門前橋也
有師騎馬来到橋南頭下馬。下馬正是留學圓載并
也。弥便出門迎接橋此相看礼拜流淚相喜弥難如此載
不多悦顔色黒涙因情不暢弥却念多々奇々若本郷
人无不相識異國相見親於骨肉況乎舊時同寺比座
今思世間似无本情多々奇々相共歸院東道西說无有
香味說道喜我在唐國已經多年總忌却日本語音々都

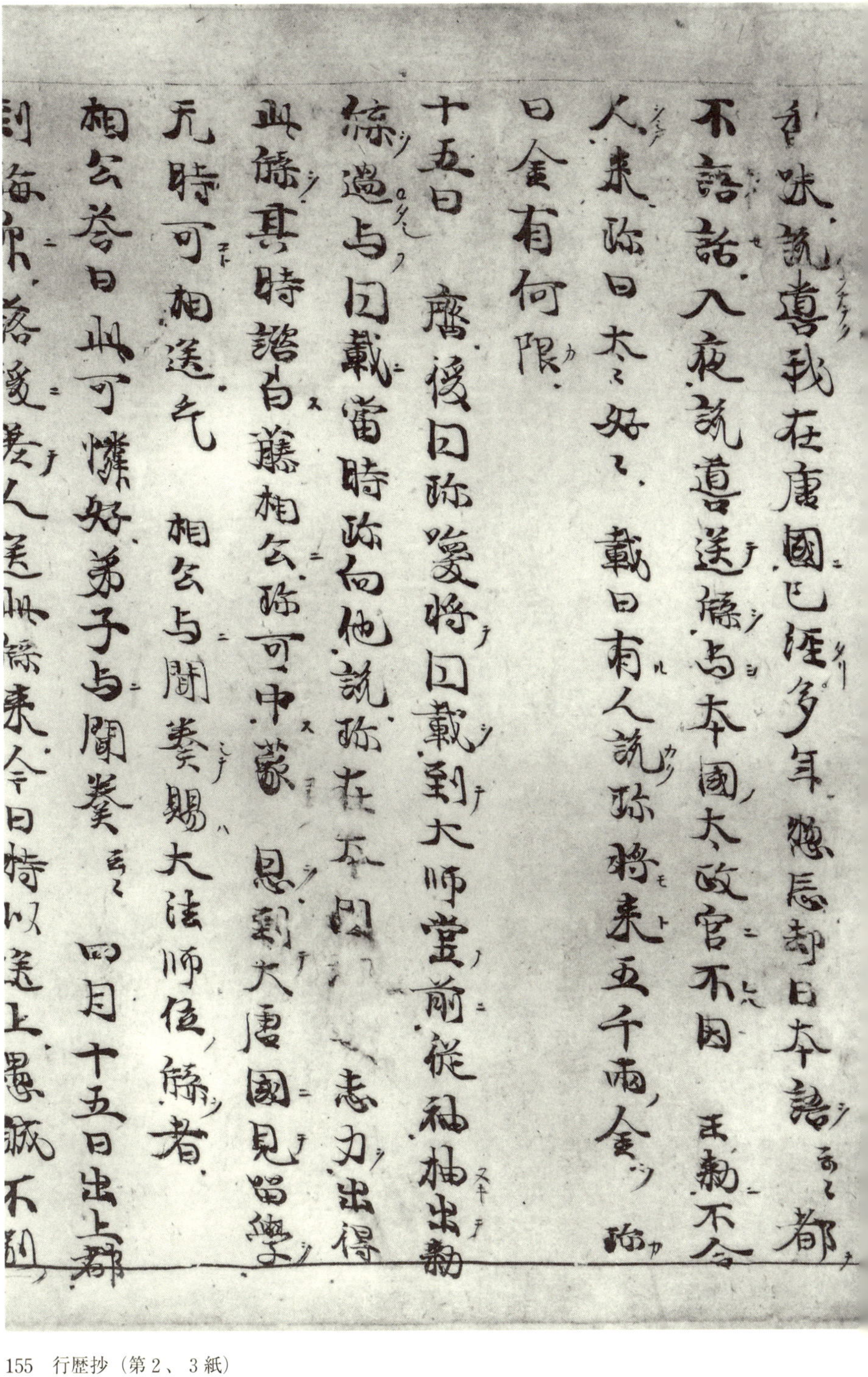
香昧説道喜我在唐國已経多年惣忘却日本語云々都
不語話。入夜説道喜逢縁与本國太政官不因 未勅不令
人来。珍曰太々好々。載曰有人説珍将来五千両金珍
日金有何限。
十五日 齋後円珍喚将円載到大師堂前従袖抽出勅
條遣与円載。當時珍向他説珍在本國 志力出得
此條其時諮白藤相公珍可中蒙 恩到大唐國見留學
元時可相送乞 相公与聞奏賜大法師位之條者
相公答曰此可憐好弟子与聞奏云々 四月十五日出上都
到海府。路後差人送此條来。今日特以送上愚誠不副

155　行歴抄（第2、3紙）

相公答曰此可憐好弟子与聞奏云々　四月十五日出上都
到海京落後差人送此僧来今日特以送上愚誠不勝
事但為闍梨求大師教撥傳本國將副先師跡更无可
隨喜將此表誠者當時戴捧受領戴喜踊无限礼謝
天台大師預賀曰跡従此以後口中吐出本國言語不可
盡說曰此事次具知此人本性未改歸剃房裏更与去
物紗金綿絶勝益歡喜因語次弟戴問曰下万年
幾跡曰四十九歳戴曰不令領来多日取庇毎隨逐
上有煩天涯地角自此已来語得或時因跡對他試問
天台義自曾无更接兩三度略如此　在後休主更不

4┐

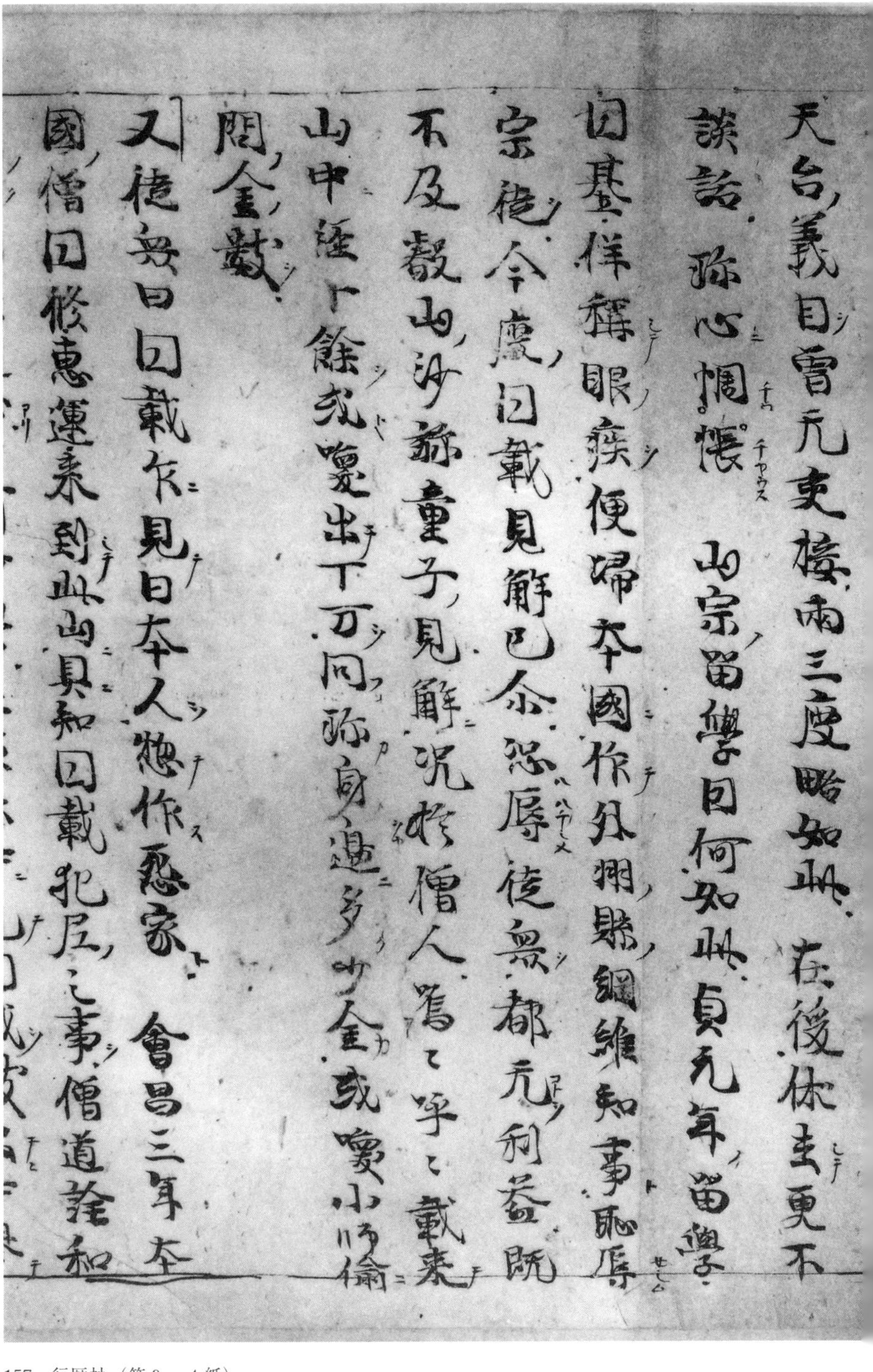

天台義目曾无更替兩三度略知此。在後依主更不
談話、弥心惆悵。山宗留學曰、何如此。貞元年留學
円基、佯稱眼疾、便帰本國、作外朝縣綱維知事、恥辱
宗徒。今慶円載見解已尒、恐辱徒衆、都无利益。既
不及叡山沙弥童子見解。況於僧人。駕て浮て載來
山中經卜餘。或嘆出千万同弥自身邊多少金。或嘆小師倫
聞金戯。
又德㒵曰、円載乍見日本人、惣作惡家。會昌三年本
國僧円修恵運來到此山、具知円載犯尼之事、僧道詮和

157　行歴抄（第3、4紙）

國僧曰彼恵運来到此山具知因載犯尼之事僧道詮和
上曰彼道心多有材學在禪林寺見因載數出寺擧
諸大唐國家与汝粮食徒無侍汝學満即歸本寺流傳
佛法何不勤業作此悪行蒼々天々因載因此結怨含
毒曰彼従天台嶽去明州已後載雇新羅僧将毒藥
去擬殺因彼々便上船嶽去多日事不着便新羅却
来曰趁他不着載日恒耐々々 和言 阿々奈々祢々大之
凡此國人不論男女於正月中愛遊寺觀礼佛看僧因
此多人入寺遊從

5ｳ　裏書1

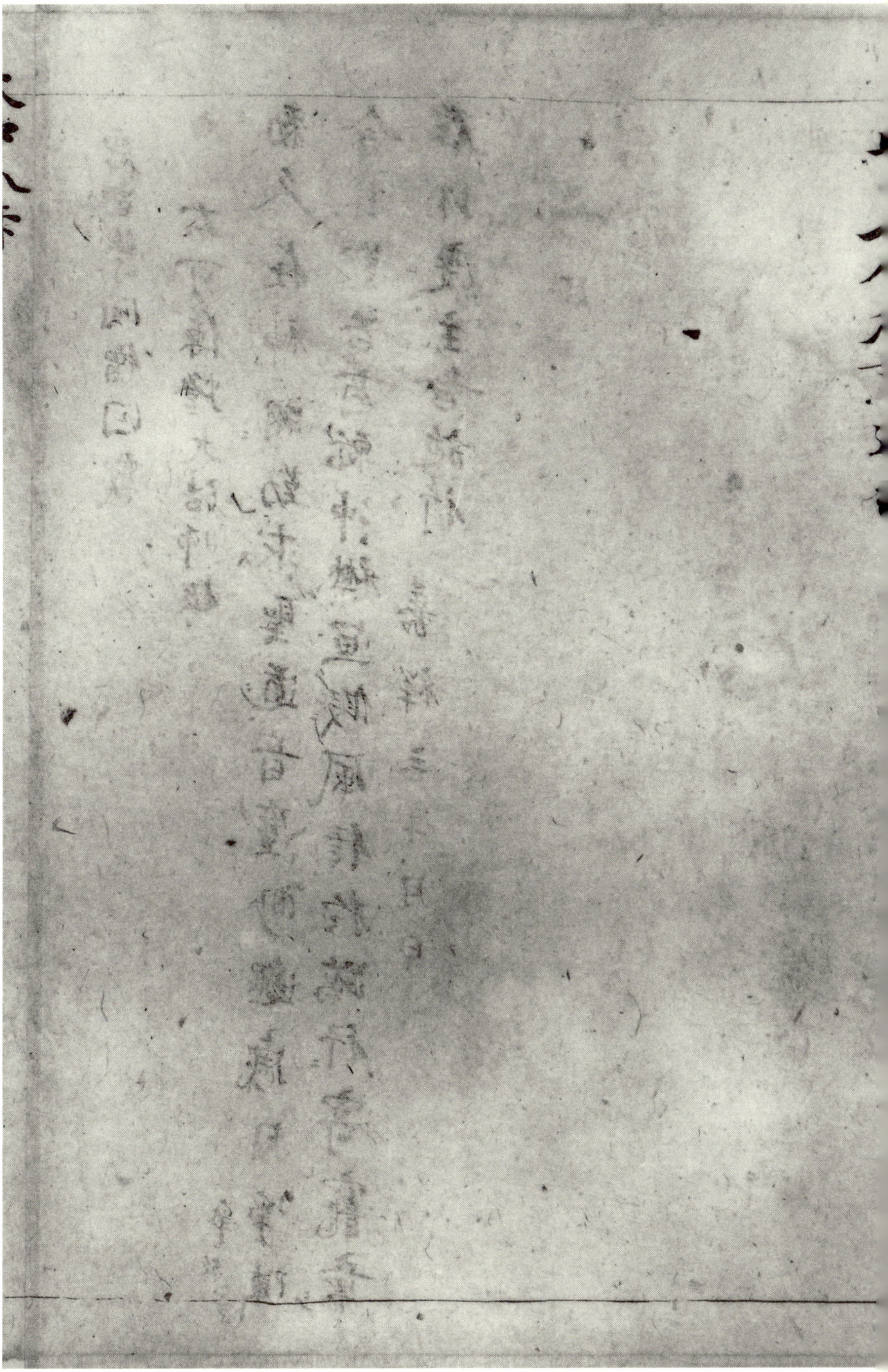

159　行歴抄（第４、５紙）

大中八年
二月初聞留學曰載出剡縣去此越州管去唐興縣一百
八十里臨發之時他說道我未曾聽法花經所以今夏
欲去湖州棨闍梨處聽讀若聽无珎對他曰遠來
求要在聽讀而今山中應无講摩闍梨若要聽
去珎相共隨喜 又珎向道聞道越州良諸座主講
說如法剡彼聽讀不得載曰彼傳向前与敬文得惠運
十兩金共他作惡文書毀謗我宗所以彼人路上頻逢
我不相見云 珎又說道彼暫時事人心何定若越州
近且去聽否 載曰此議不惡云 珎勸於他意在勉

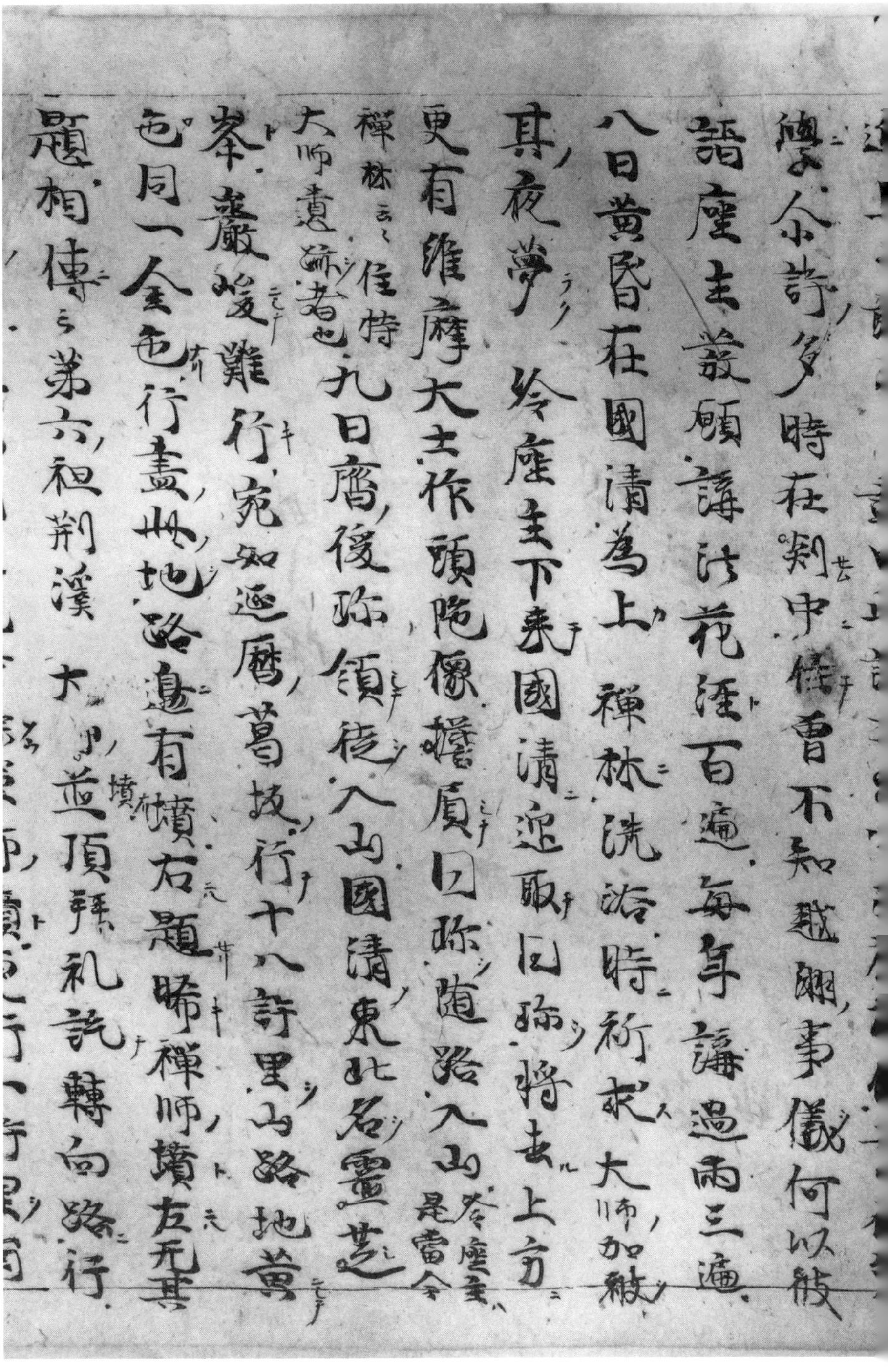
學尒許多時在剡中住。曾不知越州事儀。何以能
語座主。嚴頓誦法花経百遍。每年誦過兩三遍。
八日黄昏在國清為上。禪林洗浴時祈求大师加被。
其夜夢ラク令座主下來國清迎取同孫将去上方。
更有維摩大士作頭陀像。攀質同孫隨路入山。是當今座主也。
禪林云く住持大师遺跡者也。九日齋後孫領徒入山國清東北名靈芝
峯巖峻難行。究知遥曆。葛拔行十八許里。山路地黄
色同一金色。行盡此地。路邊有墳。右題晞禪师墳。左无其
題。相傳ラ第六祖荊溪大师ノ並頂禮。祈訖轉向路行。

題相傳第六祖荊溪大…

所…有一墳題楊湖延光寺綜禪師墳更行一許里有

幢題曰 智者大師之墳更弥遥望見心神驚動感慕

非常即時脫舊衣着 勅賜紫衣前徳履階上到

墳前三遍唱名頂拜既畢 更稱釋迦佛号三度

礼次稱 大師号十度頂禮三匝 墳塔方開外門見内

元聲轉着右柱碑文与貞元年寫來曾不相違礼拜

俯顧皆悲畢已

定光和上曰此是金地吾居轉北銀地汝當居之則禪林寺矣

陳宣帝為大師造精舍号脩禪寺隋煬帝後遠國清

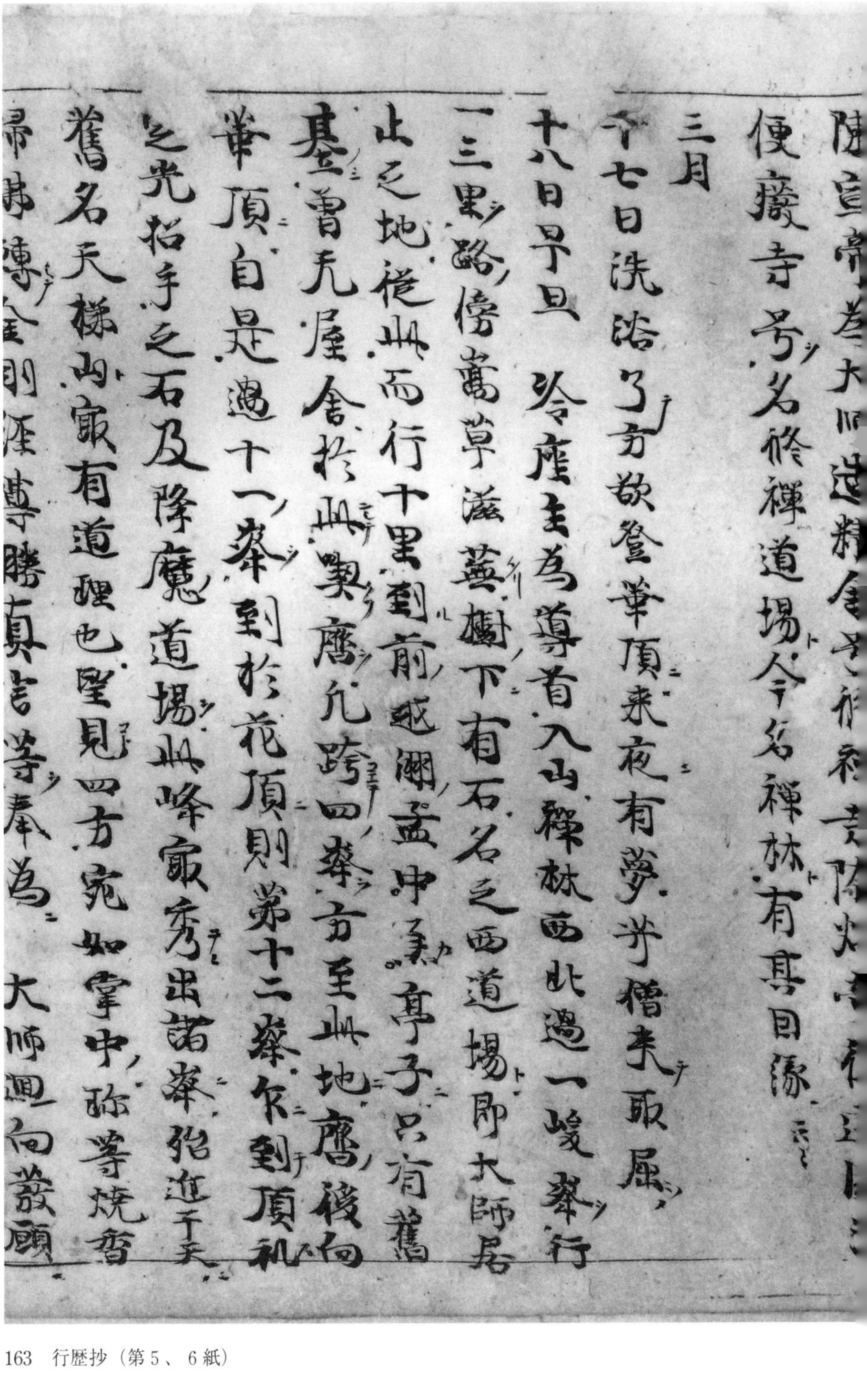
陳宣帝孝大建造精舎号禅林寺…
便廢寺号名修禅道場今名禅林有其因縁
三月
廿七日洗浴了方欲登華頂来夜有夢皆稽来取屈
十八日早旦　珍座主為導首入山禅林西北過一峻峯行
一三里路傍萬草叢藂樹下有石名之西道場即大師居
止之地従此而行十里到前逝㵎孟中鷄亭子只有舊
基曽无屋舎於此塁鷹允跨四峯方至此地鷹後向
華頂自是過十一峯到於花頂則第十二峯矣到頂礼
之光指手之石及降魔道場此峯最秀出諸峯独進于天
舊名天梯山最有道理也望見四方宛如掌中弥等焼香
帰敬傳金剛經尊勝真言等奉為　大師廻向發願

163　行歴抄（第５、６紙）

之光招手之石及降魔道場此峰最秀出諸峯絶進于天

舊名天梯山最有道理也望見四方宛如掌中称等焼香

歸佛轉金剛經尊勝眞言等奉爲　大師廻向莊嚴

不可具記

九月

一日従梅橋發上杠中路畢飯ゝ後到豊閑南郭門

之家報謝少時至開元寺安置天王院因載上講未來
暁同相見便相喚看寺中徳輿并天台座主良諝
和尚當日寺家報謝
廿一日始上聴講之次到疏第四巻
年正二月間侍載不来時衛之契行路難為仍送書
与載要前發去載有報書不妨前行曰此請得越州
公驗取二月廿九日進發同行四人
十年五月十七日従蘇州徐押衙宅發
廿三日齊後入開元寺相看良諝座主々故留數取
長張向曽帰訟當量而今時契彼究追候加文同行不

165　行歴抄（第６、７紙）

廿三日廣從入開元寺相看良諝座〻主〻故留袈[illegible]
衣服兩僧歸房商量而今時勢彼院逐接加以同行不
多安樂須令度且入天台商量了更入寺諱說座主
〻〻當時與法花玄義一部妙樂疏記各一本廿六卷
珎須戴禮謝便辭出寺座主送到寺門
大中九年四月廿五日從蘇翔條押衙宅發入上都
閏四月

五月
十七日過佛光和上墓到赤水店馬家宿此處留學
多咲悪言百端罵辱瞞閇目掩口免得身命
十八日到新豊店張家宿此故新豊縣也一行和尚從
洛随駕行到此處奄然遷化正是喜地也
十九日至昭應縣契茶當日寅時囙載廬至共頼琳人
施廿先入長安看好店舎云々
廿三日雇驢馱籠移去東中之門名春明門到高家
店傳浩在此傳語載瞞欲得東行西遊求學得
載傳語曰行動不似此間人莫出行也
廿五日丁滿入城於常樂坊近南門街逢著玄法寺法全

廿五日丁満入城於常樂坊逆南門街逢著玄法寺法全
阿闍梨便伏地拜　和上怪問是何人阿闍梨行者
否　丁満答云　曰何事更来　随本國師僧来持
尋和尚　和尚喜歡便領將去青龍寺西南角浄土
院和上房与茶飯畢便使語来存問曰珎
廿八日曰珎到青龍寺礼拜　和尚許入道場随喜礼
拜便於院中喫茶飯了　和尚問曰將去大儀軌抄取
得否　珎對曰不敢自樫　和尚便入灌頂道場開厨取
本過与曰珎　又入房坐略説五大院子及以手印等　珎
随分記得將瑜伽本出寺帰到春明門外高家店宿
[illegible]

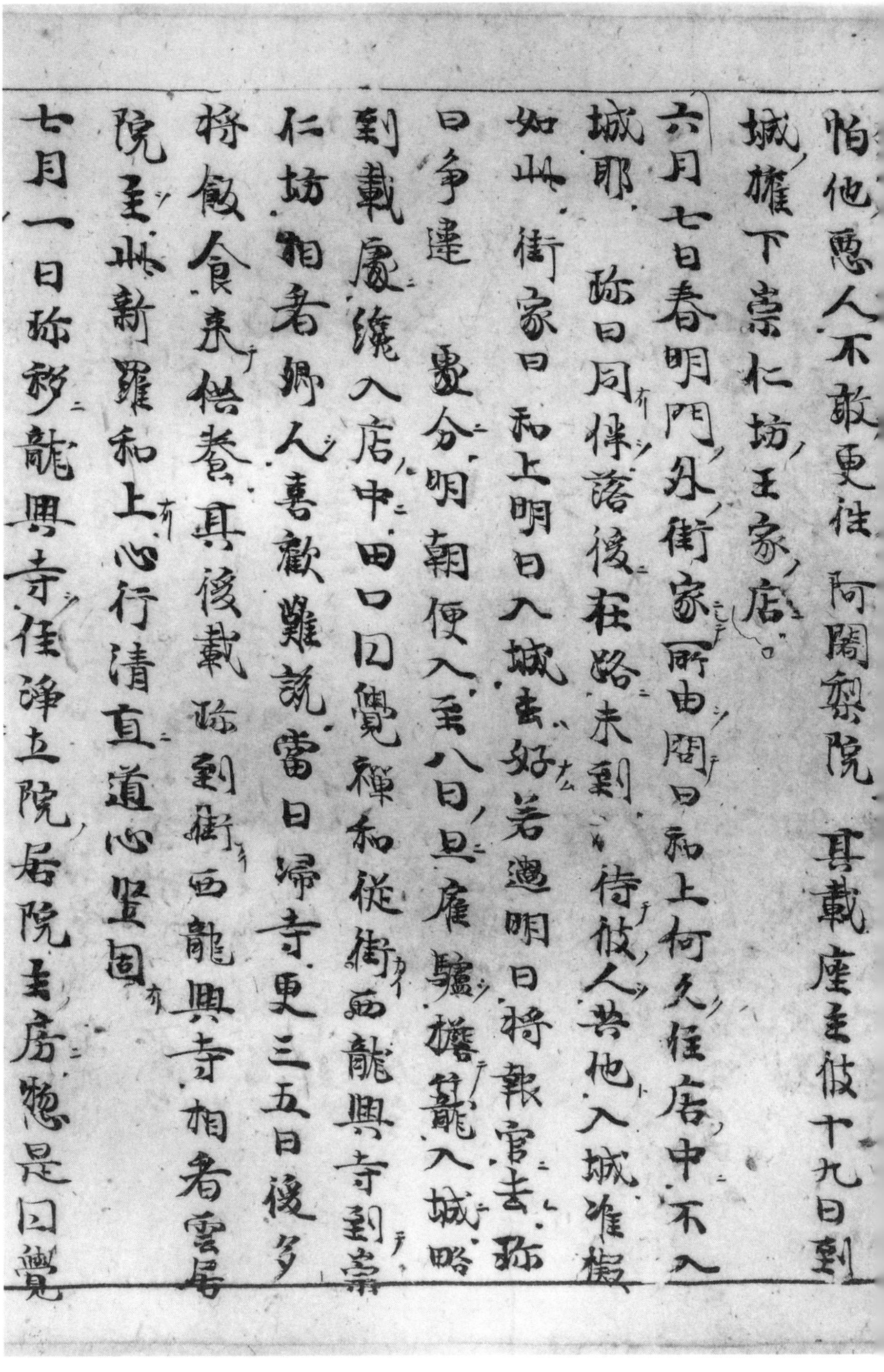
怕他悪人不敢更住阿闍梨院 其載座主彼十九日到
城摧下崇仁坊王家居
六月七日春明門外街家所由閣曰和上何久住居中不入
城耶 珎曰同伴落後在路未到 待彼人共他入城准擬
如此 街家曰 和上明日入城去好若過明日将報官去 珎
曰争違 處分明朝便入至八日旦雇驢𩣺籠入城略
到載處纔入居中田口円覚禅和從街西龍興寺到崇
仁坊相看郷人喜歡難説當日帰寺更三五日後多
将飲食來檢養其後載珎到街西龍興寺相看雲居
院主此新羅和上心行清直道心堅固
七月一日珎移龍興寺住淨土院居院主房惣是円覚

169　行歴抄（第7、8紙）

七月一日珎移龍興寺住浄土院居院主房惣是曰覺
闍梨氣力不可説也未安泊之間不及到青龍寺在後
鳴自惣除到青龍見　和尚之顔也不知前日具知賊
衝　十五日入胎藏灌頂　八月十日下　手畫胎藏　十月三日入金剛界
灌頂當夜夢從壇上諸尊脚足底下一一流白乳入
曰珎口至明旦不向人説從此以後　和尚一切如法決疑往
復諸事惣得　説云郷賊与尓甚作妨難都不欲得
成就么暫時取彼他語惱乱　大德此么錯處云云

詳
珎第二遍見　和尚時具知賊事祥不知之但盡紀度
和尚感之在後具説　一切事委曲知之珎不敢説和上

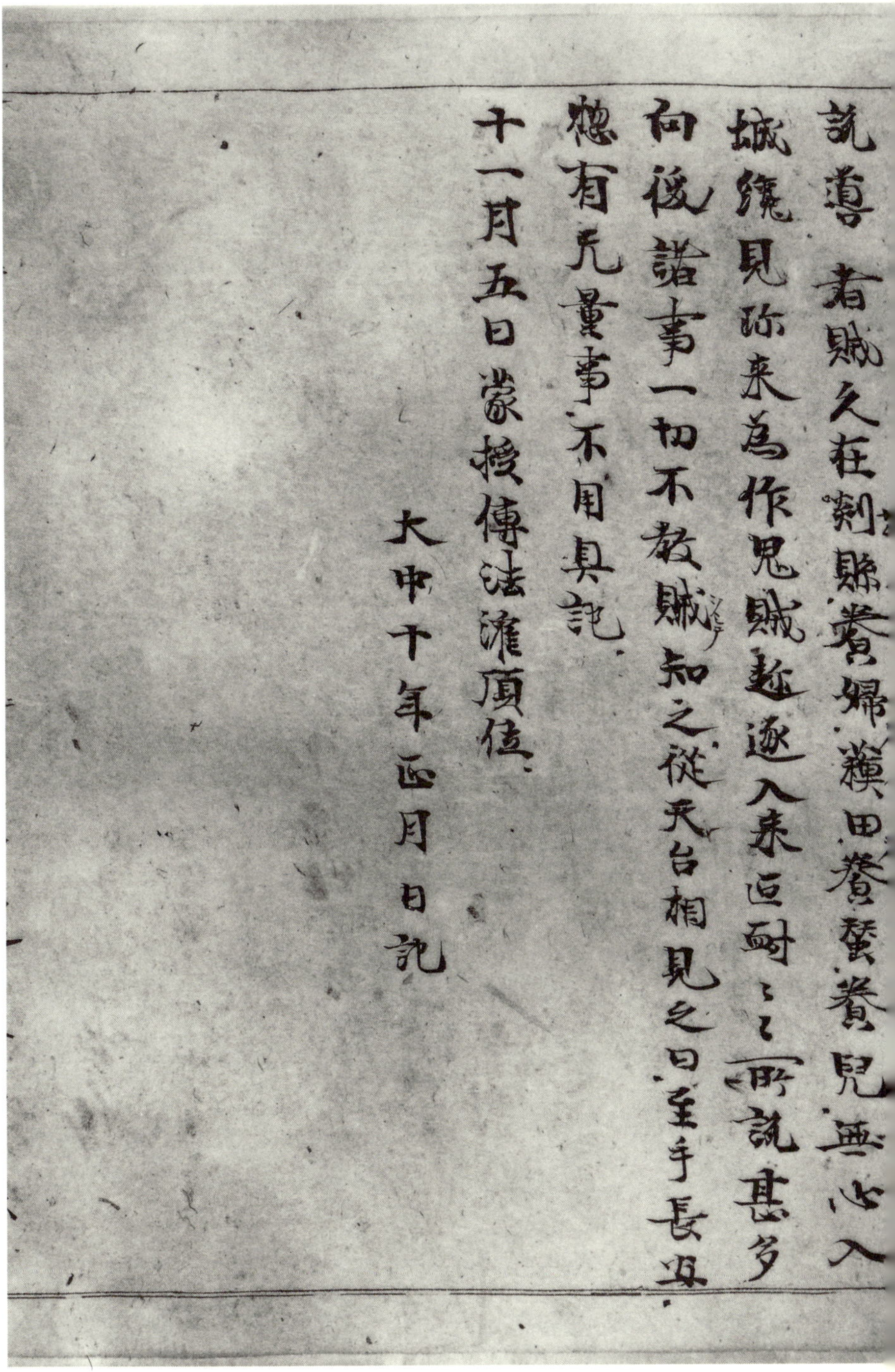
記導者賊久在剡縣養婦、擭田養蠶養兒無心入
城纔見跡来為作兒賊趁逐入来叵耐叵耐所記甚多
向後諸事一切不教賊知之、從天台相見之日至手長安
惣有無量事不用具記、
十一月五日蒙授傳法灌頂位、
大中十年正月日記

171　行歴抄（第8、9紙）

天安二年帰朝暫留太宰府而故太政大臣美濃公家
勅作早可入京由遣官符下彼府給粮料駅馬等仍
即入京以貞観初帰本山再拜地主及先師遺影如故
入衆住山

已傳草文

10ㄱ　　裏書5　　　裏書4

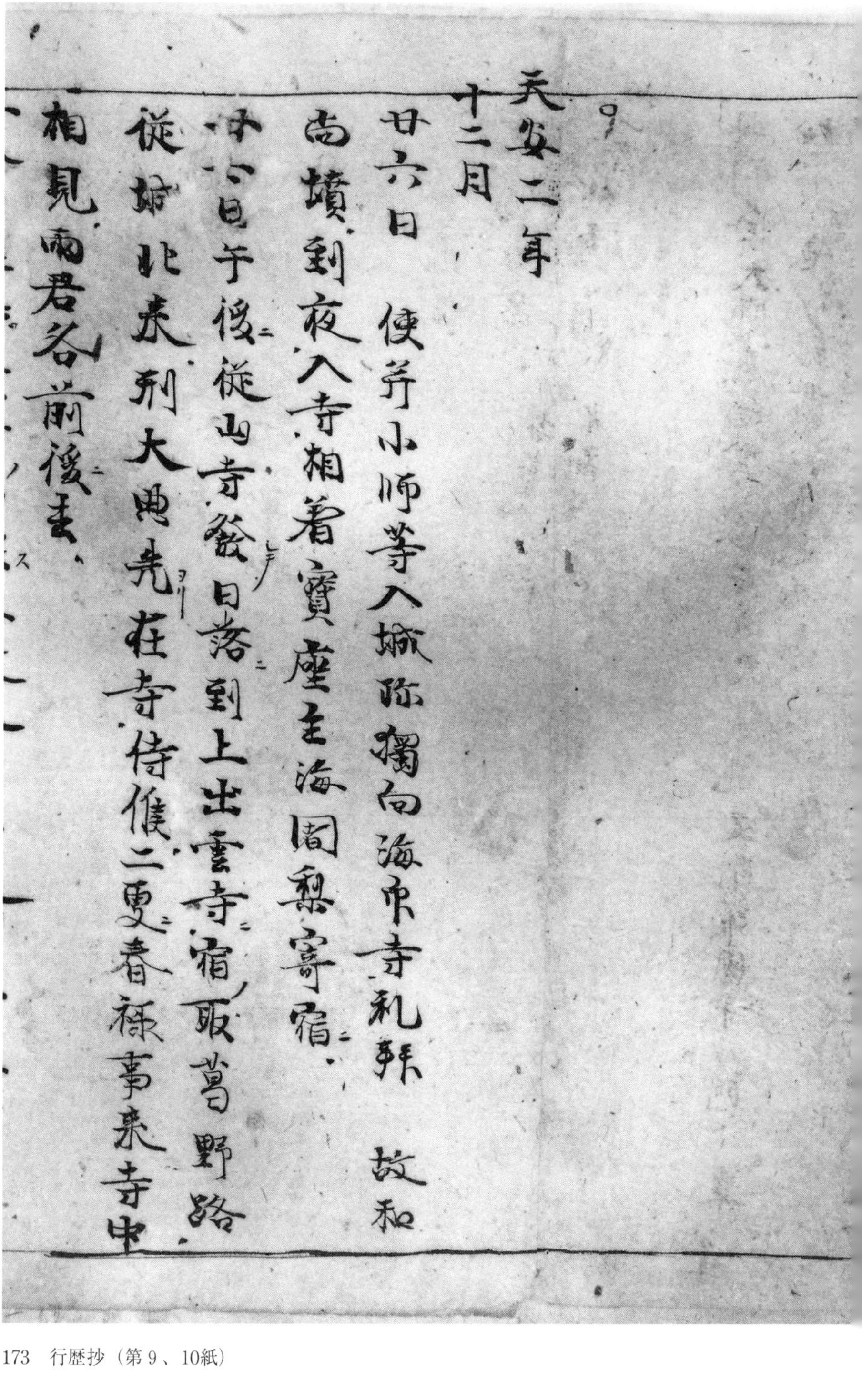
天安二年
十二月
廿六日　使幷小師等入城際獨向海印寺礼拜　故和
尚墳到夜入寺相看寶座主海闍梨寄宿
廿七日午後從山寺發日落到上出雲寺宿取葛野路
從城北表刑大典先在寺侍候二更春禄事来寺中
相見兩君各前後去

173　行歴抄（第9、10紙）

相見両君各前後ニ、
廿八日辰時脩行由報ス太政大臣右大臣右大弁并
仁座主晩間大政ニ遣家令大夫存問兼有粮料等、
續有右大臣差右京少進充利萬侶存問、又有右大
弁主報書、 廿九日侍ニ 家令使近晩来参
来正月四日奉見 大政大臣主 右大臣主、
十六日召入 内對龍眼并将両部曼荼羅像楨着
殿上ニ 御覧、 仁座主前在内見、次二大臣右大弁
右大将 宗叡師兄同見曼荼其二像便留 大政御
消書司了、 便出内裏更見 大政右両大臣、當日帰来、
廿日両處施物、

十九日従出雲寺發、静法和尚共祖送於粟田山口、逢法明并将管飯迎共到山階店東頭路南、喫飯、二人従此帰京、飯後共詣暉法師行到滋賀粟園、相看梵釋寺満大徳為都師等従此更行到弘法寺相看慈叡闍梨便参詣　大比叡大神宮奉幣帛惣謝入唐前後之事、廻弘法寺宿

廿日衝雨入寺山王定心院玄覺禅和房

廿一日院衆各設飯於客房共食

廿二日雨住

廿三日従中堂赴礼拜経蔵　文殊堂　法華三昧及

廿三日從中堂赴礼拜經藏　文殊堂　法花三昧及
講堂　戒壇　惣持院　從山王院參淨土院拜謝先
大師靈　次拜謝故別當大徳墳　從淨土院過
至西塔肥前々講澄愷和上院　次詣中
大師墳　後大師墳便還礼謝　寅上靈叔後西塔
大徳墳及言謝　秀和上靈　已後至寶幢院拜見
惠亮大徳便喫飯々後　大徳送到講堂法花三昧
又至愷和上院暫坐喫茶　呈求法録一遍看過　出院歸
別山王院安置圓敏禪師房
三月一日差人於比叡神宮轉金剛經一百餘卷

以前行歴略記如前

天安三年正月廿三日比丘圓珍記

件行歴記之抄以實相房本頼覺書了

于時永萬四年六月十九日廿日之間也

本ハ三巻也此ハ只須之要抄也

と云被示之　頼覺

天養元年六月　九十兩ヶ日間於西八条
法印　御房　御東宿廊賜御本馳筆書寫
〻了　宛如一眼〻龜値浮木孔感涙

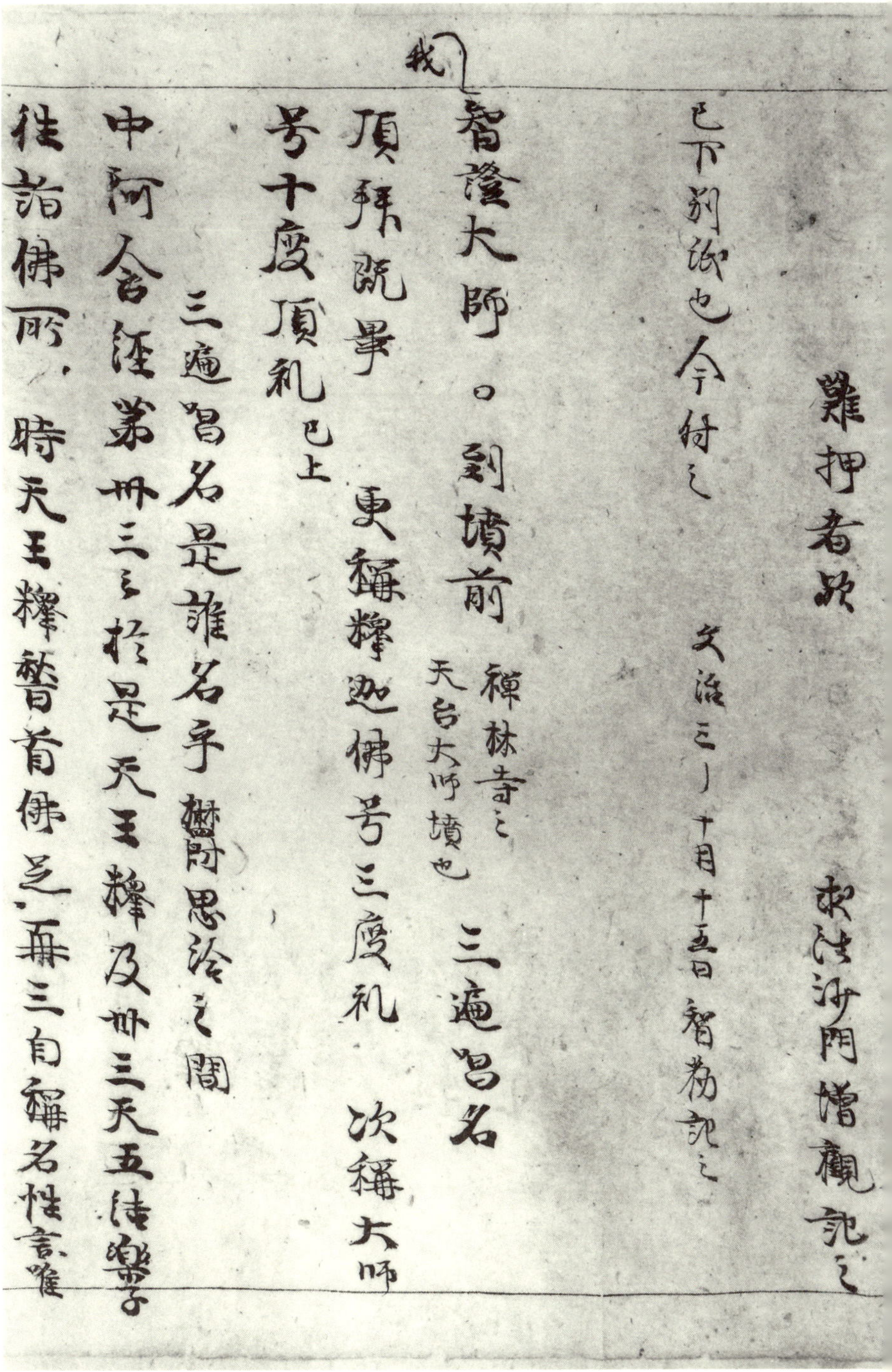
難押者歟　求法沙門僧觀記之
已下別紙也今付之　文治三丿十月十五日 智務記之
我
智證大師〇到墳前　禪林寺之天台大師墳也　三遍唱名
頂拜既畢　更稱釋迦佛号三度礼　次稱大師
号十度頂礼已上
三遍唱名是誰名乎鬱附思洽之間
中阿含經第卅三云於是天王釋及卅三天五結樂子
往詣佛所。時天王釋稽首佛足。再三自稱名性言唯

179　行歴抄（第11、12紙）

中阿含經第卅三〻於是天王釋及卅三天五結樂子
往詣佛所，時天王釋稽首佛足再三自稱名性言唯
大仙人我是天王釋、我是天王釋　世尊告曰如是
如是拘翼　云〻
此文豈不堪散累灢哉（欝）
眼亂瞪相障不啓返解恩〻甚代〻
不可賜返妙

七月九日

新補紙 ┐

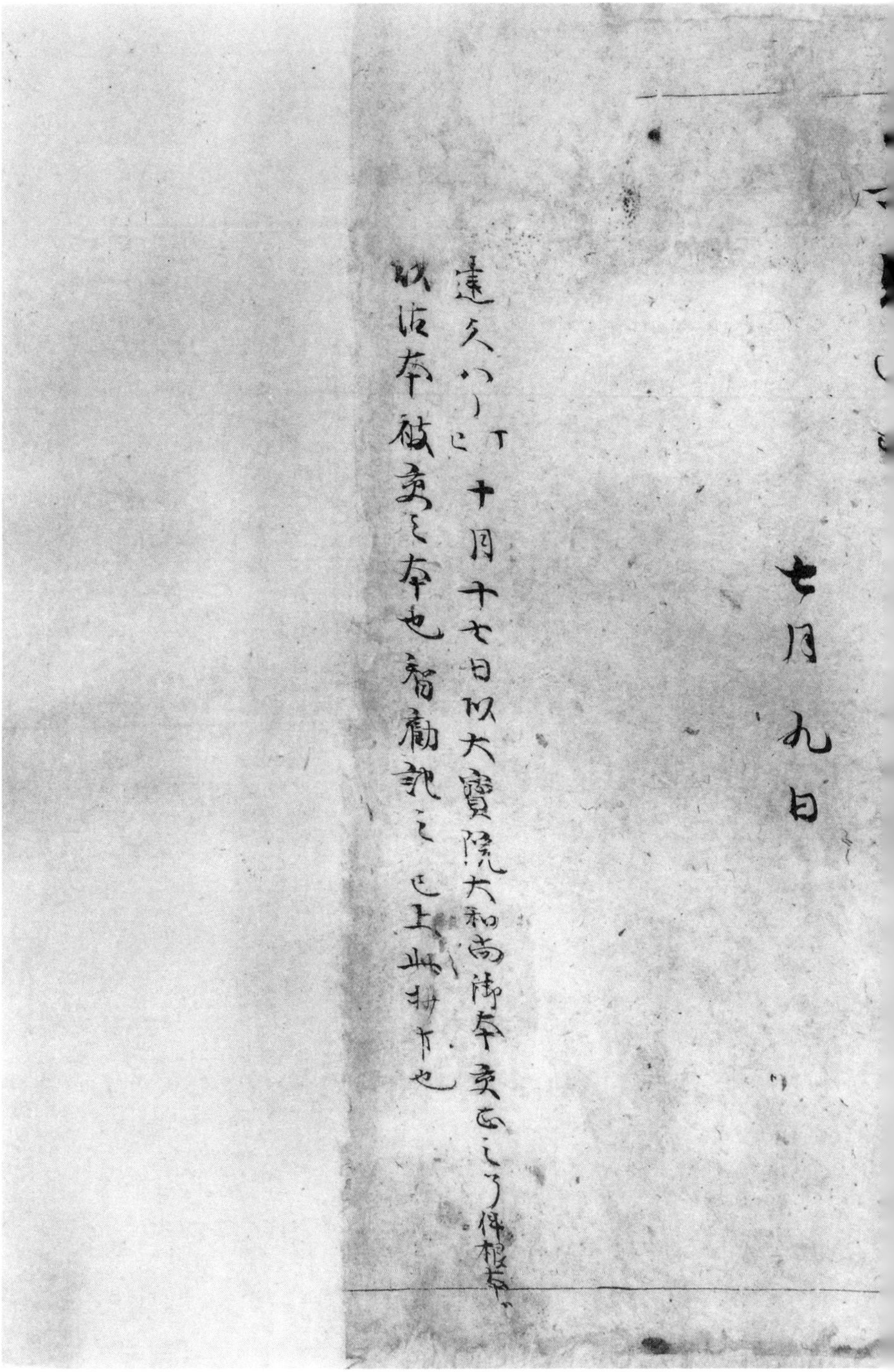
七月九日

建久八丁巳 十月十七日以大寶院大和尚御本交正之了 件根本ハ

以沽本被交之本也 智勧記之 已上此册下也

 行歴抄（第12紙、新補紙）

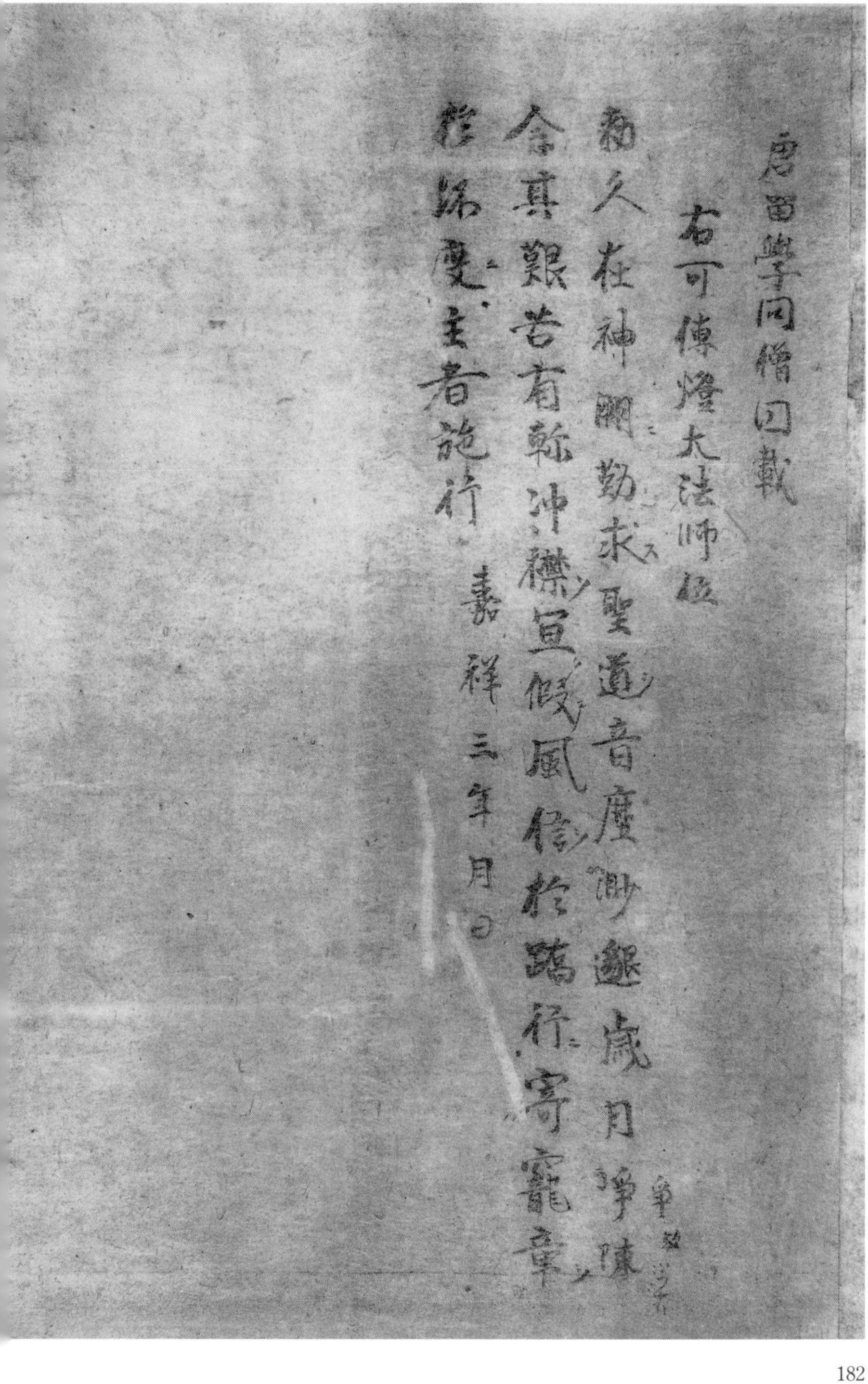

唐留学問僧円載
右可伝燈大法師位
勅久在神州勤求聖道音塵渺邈歳月淨陳
今真艱苦有轗沖襟宜假風信於路行寄寵章
於綿覆主者施行
嘉祥三年　月　日

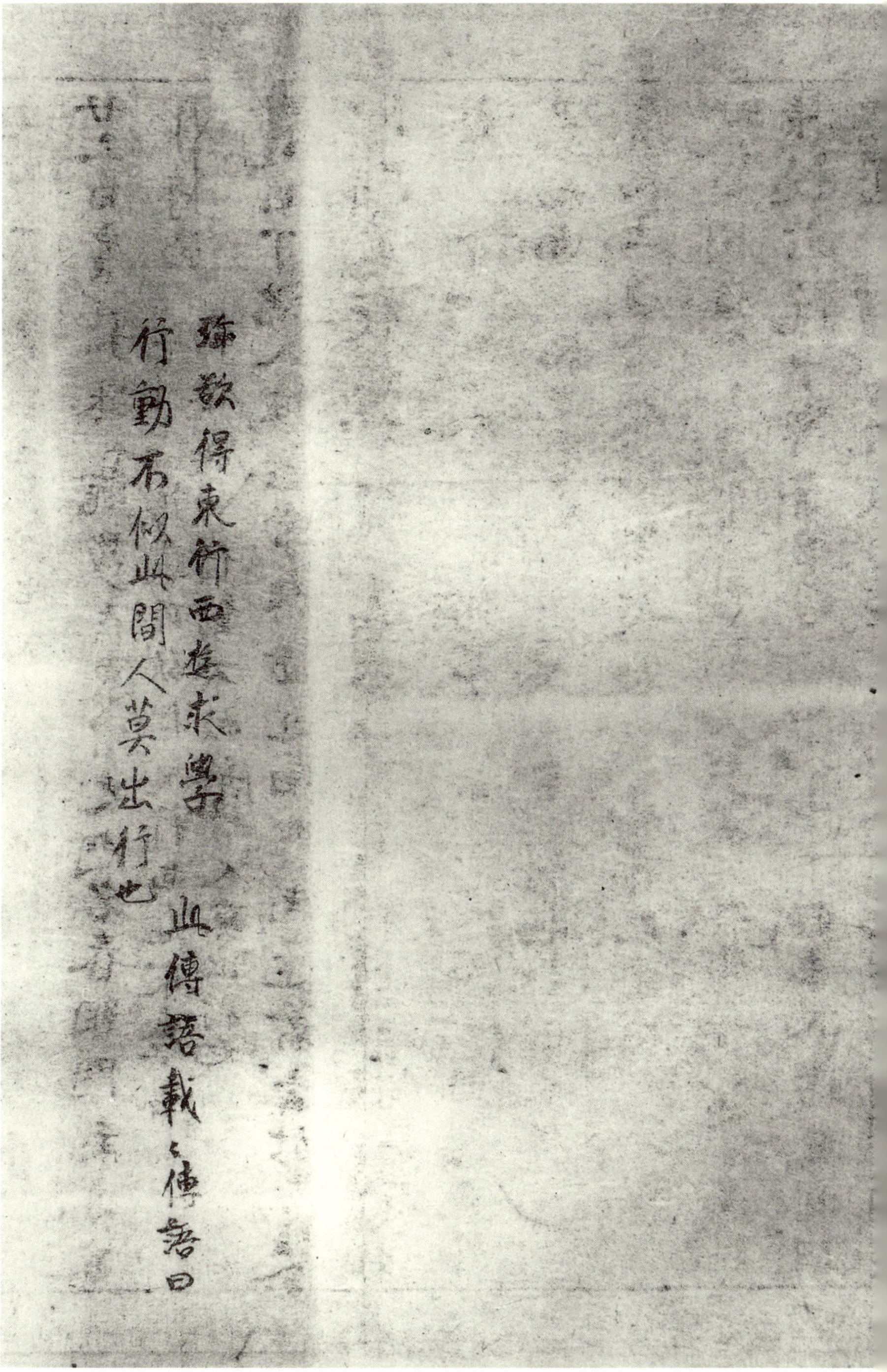

殊欲得東行西遊求學　此傳語載々傳語曰
行動不似此間人莫出行也

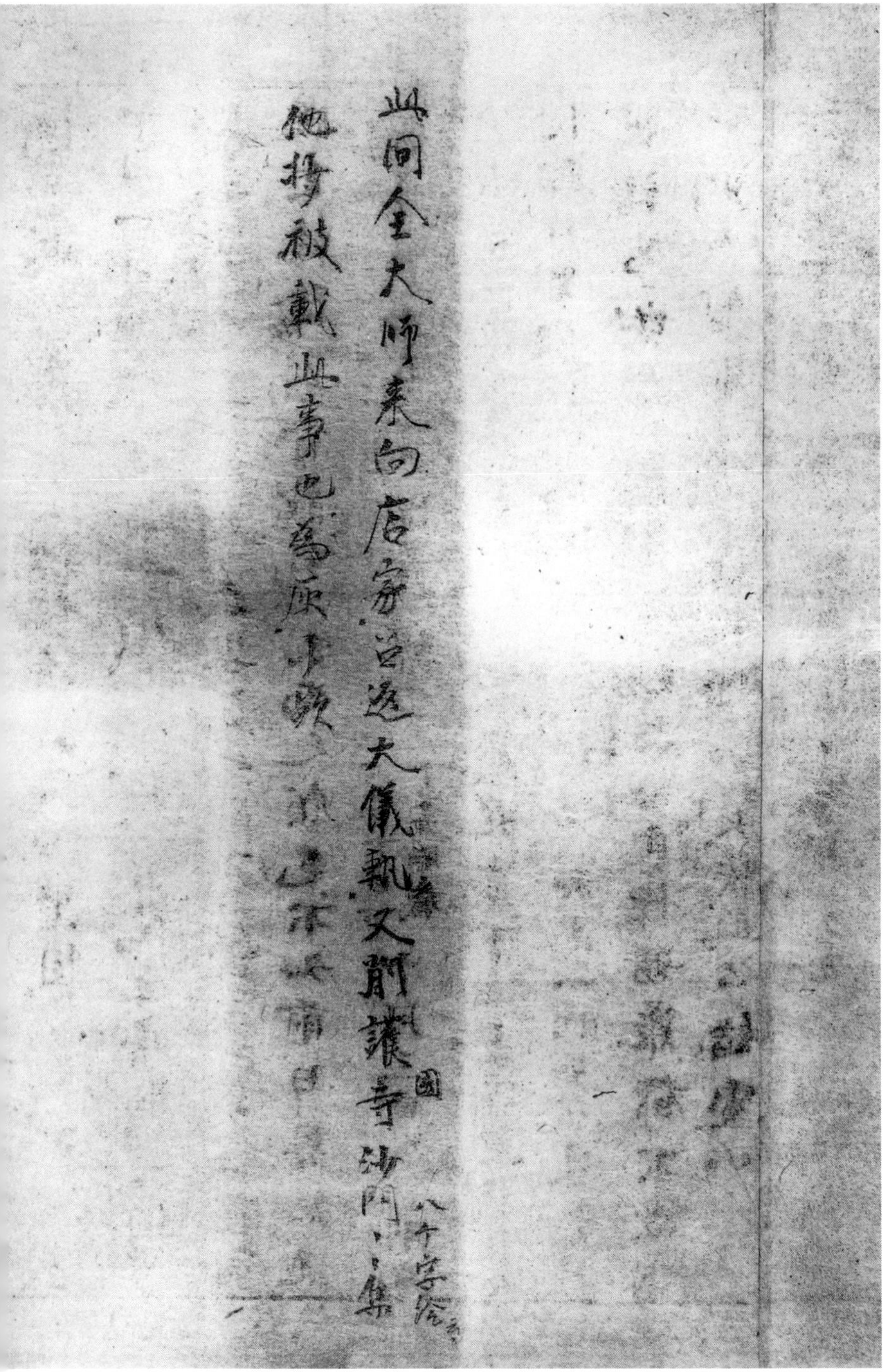

此同金大師来向唐家益送大儀軌又罰讓國寺沙門□□集　八十字銘

他將被載此事也為原中蹟

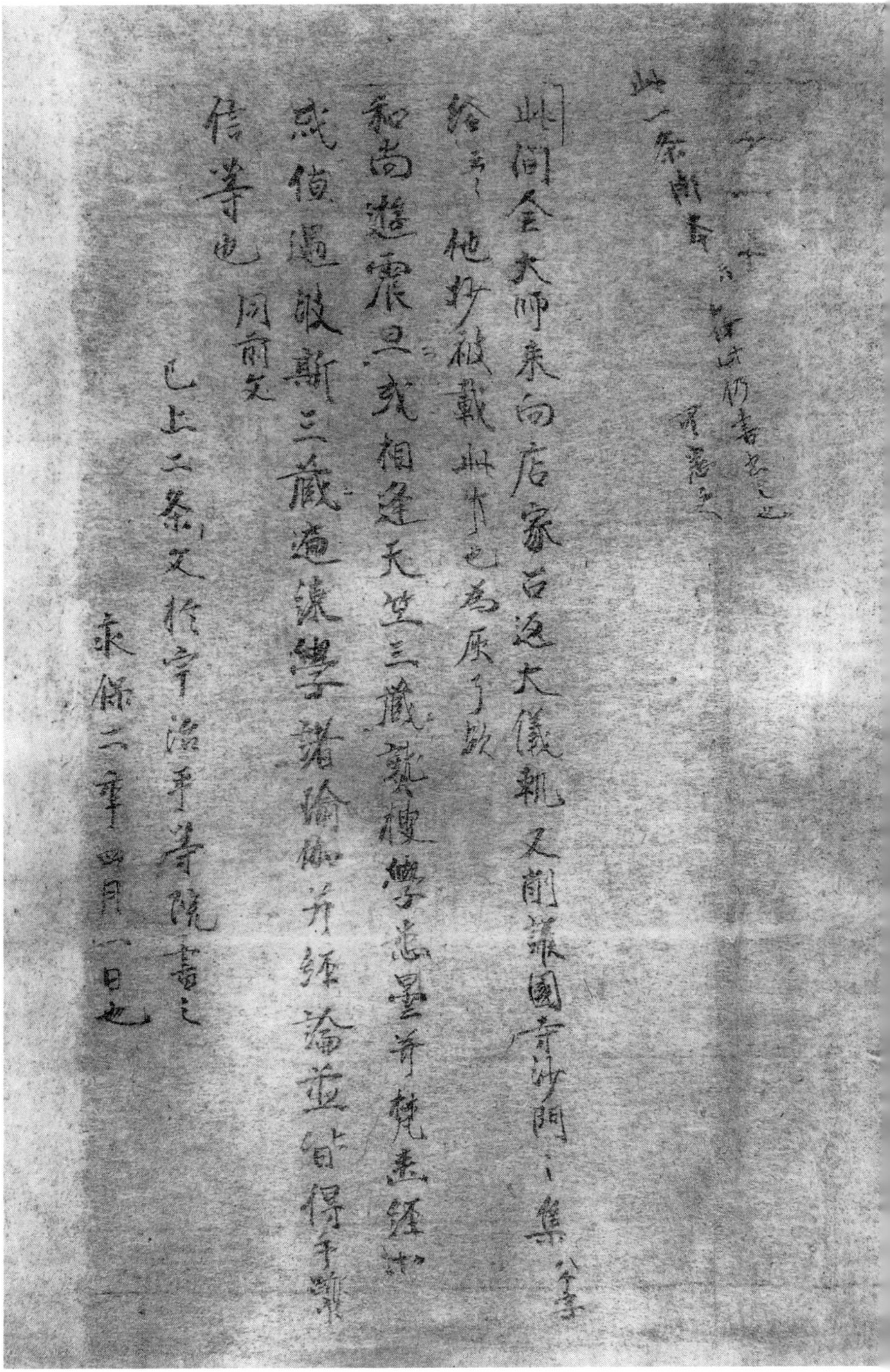

此一条断簡在之、以法印仍書之也　賢意記之

此間金大師来向唐家、言復大儀軌、又聞議國青沙門ヽヽ集 八字

給云々　他抄被載此中也、為展了歟

和尚遊歴巳或相逢天竺三蔵、親授學悉曇并梵書經

或値遇般斯三蔵、適諸學諸論并經論並皆得年號

信等也　同前文

已上二条文、於宇治平等院書之

永保二年四月一日也

185　行歴抄（裏書3、5、4）

蔵本五巻大小不同一紙也此記如何〻〻〻勘加之
御本无此紙也

同十一日重對竟了

裏書 8　　　　　　　　　　　　　　裏書 9

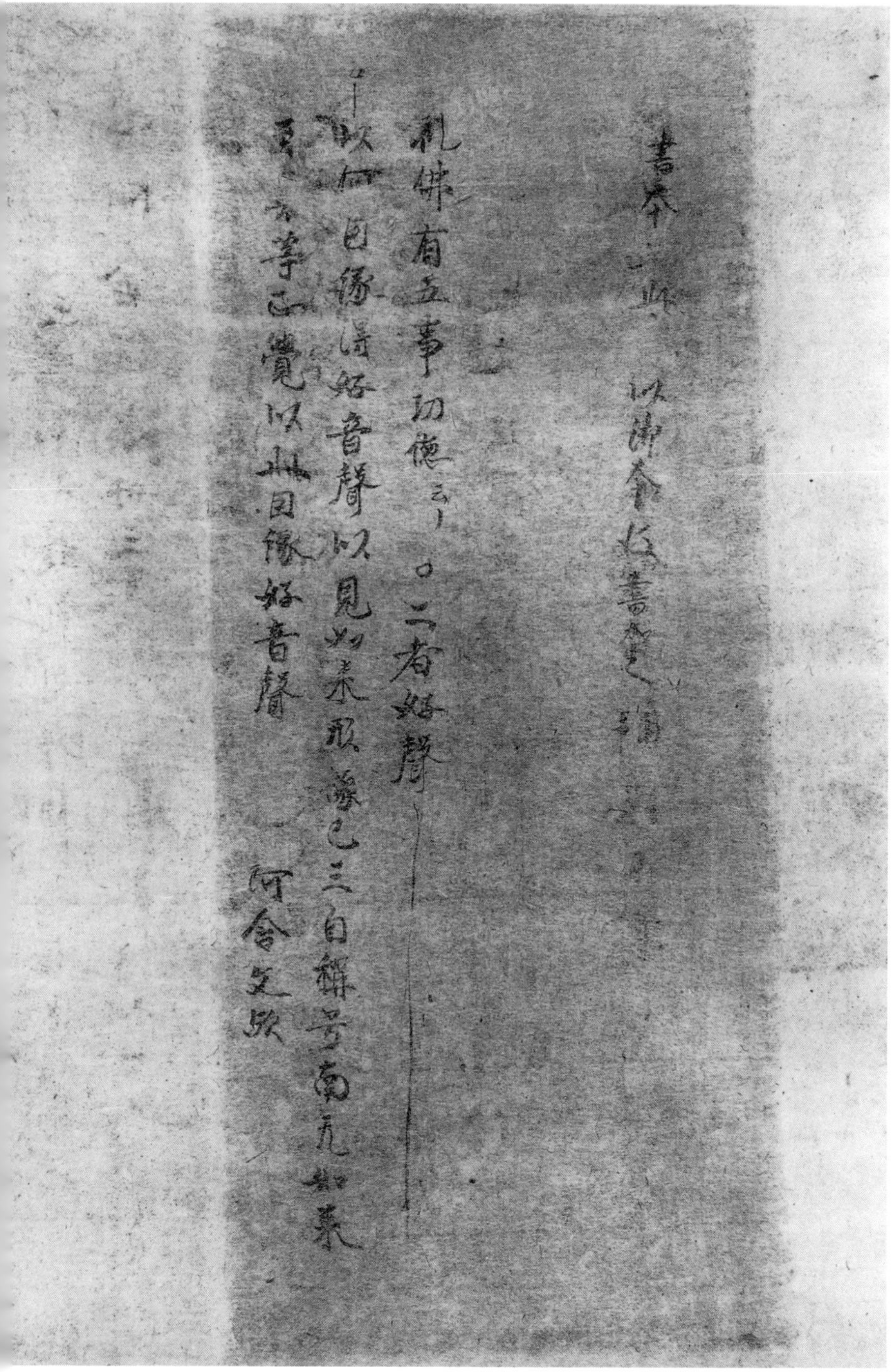
書本ニ此　以御本校書加之
礼佛有五事功徳云々　○二者好聲
二以何因縁得好音聲以見如来形像已三自稱号南无如来
至真等正覺以此因縁好音聲
阿含文歟

四

重要文化財

八家祖師入唐求法年紀　一巻

（一切経附第五函一二九号）

「1裏

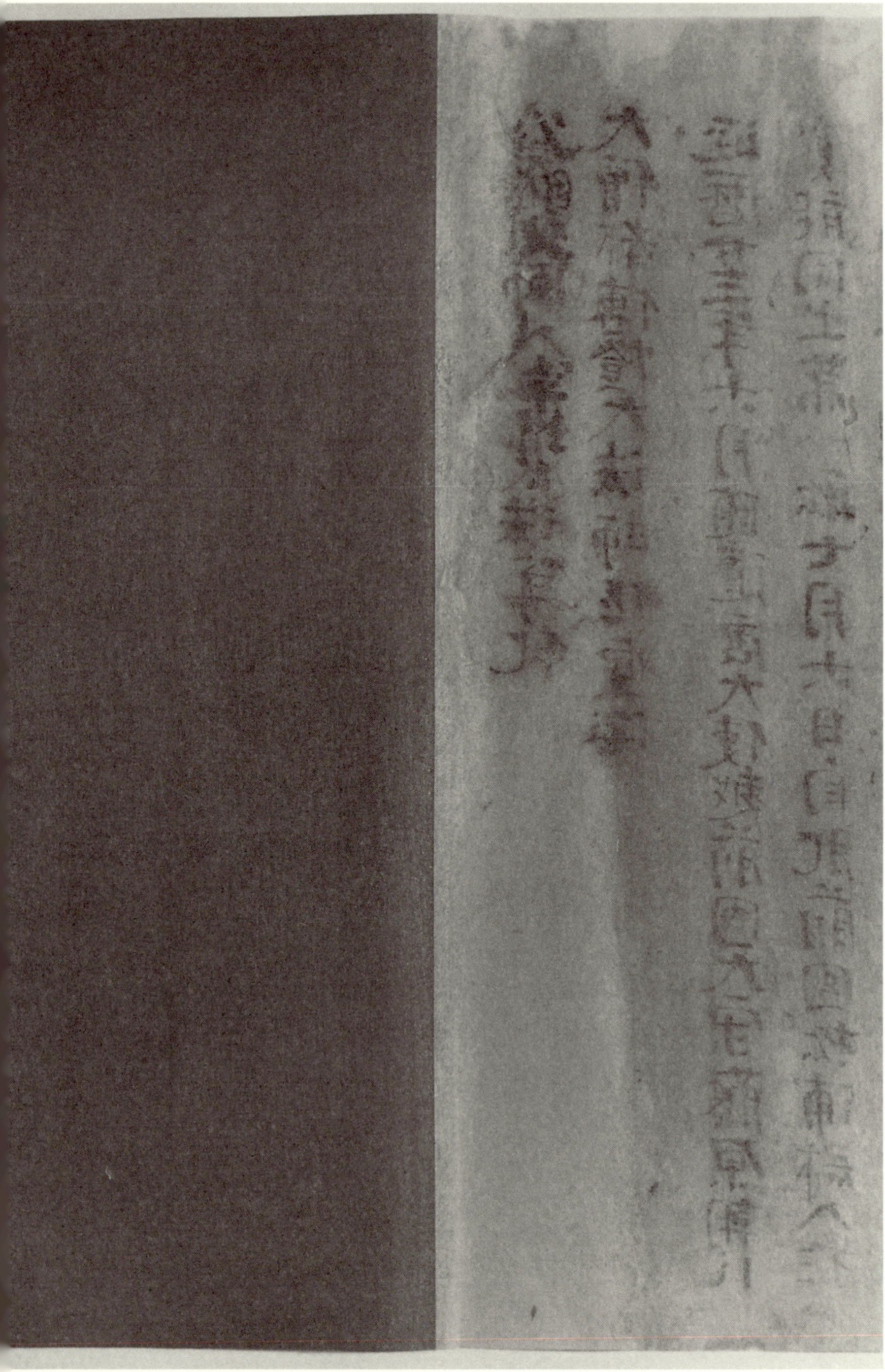

表紙

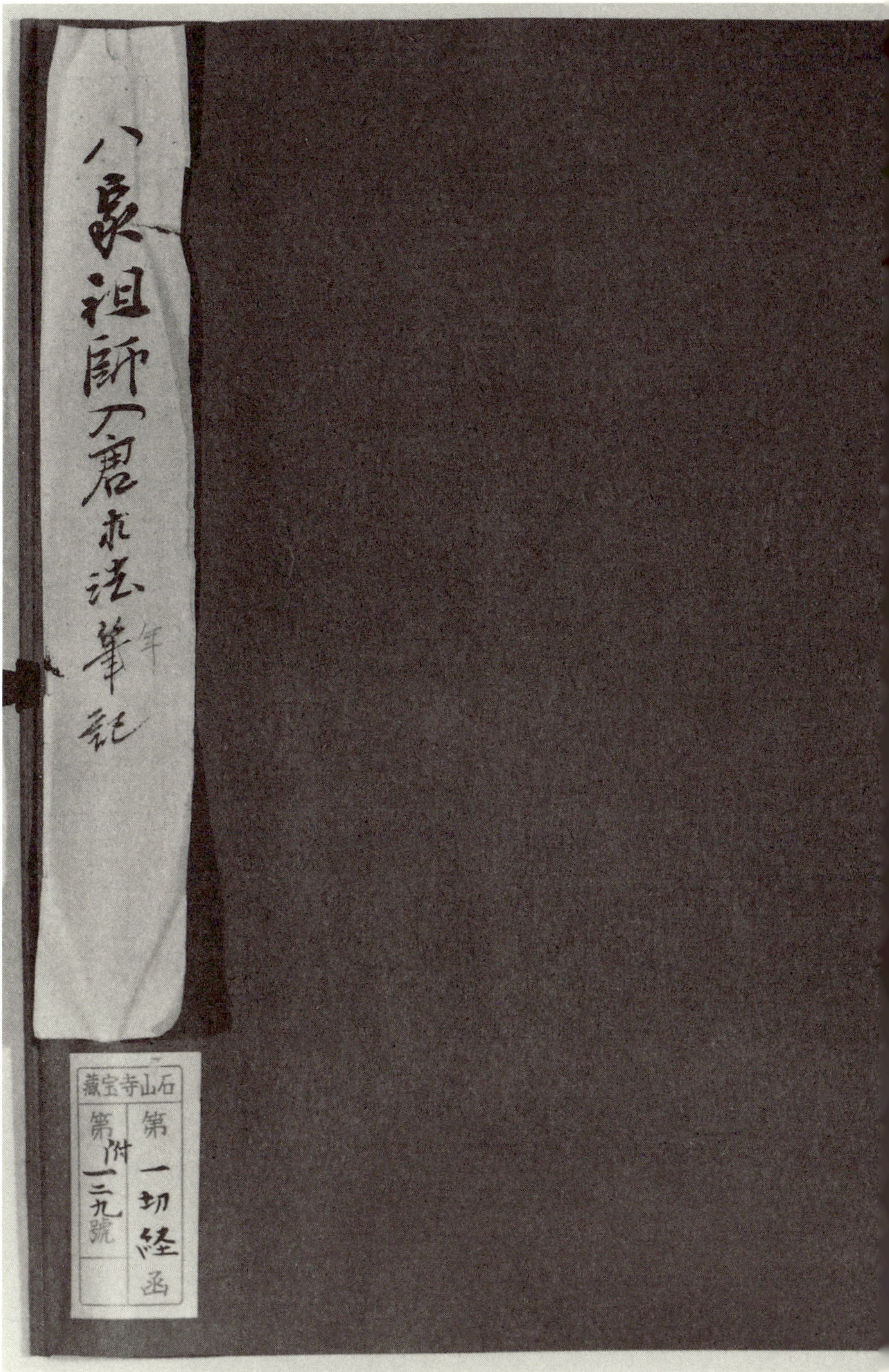
八家祖師入唐求法年紀
石山寺宝蔵
第 一切経 函
第 附一二九號

191　八家祖師入唐求法年紀（表紙、第１紙裏）

公家祖師入唐求法年紀
大僧都傳燈大法師位空海
延暦廿三年六月隨遣唐大使越前國大守藤原朝臣
賀能同上第一船七月六日自肥前國松浦郡入於
大唐八月十日到福州著岸十二月下旬到長安城安
置宣陽坊官宅大唐貞元廿年也同廿一年後改為永貞元
二月十日准勅留住西明寺永忠和尚故院周遊諸寺
訪擇師依華遇青龍寺三朝國師内供奉惠果阿
闍梨以為師主六月上旬入學法灌頂壇臨大悲胎藏

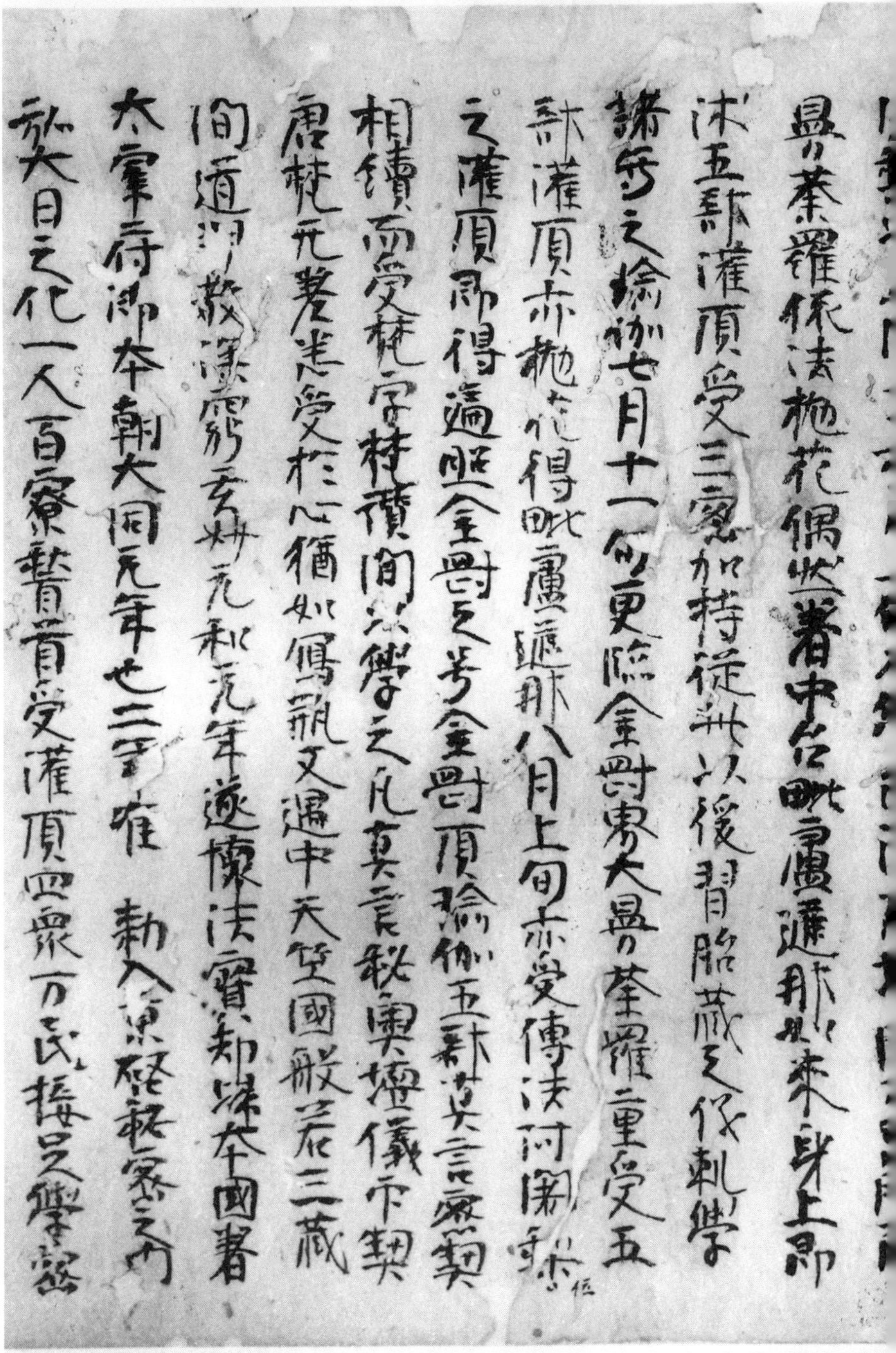
曼荼羅依法抛花偶然著中台毘盧遮那如来身上即
沐五部灌頂受三密加持従此以後習胎蔵之梵字儀軌學
諸尊之瑜伽七月十一日更臨金剛界大曼荼羅重受五
部灌頂亦抛花得毘盧遮那八月上旬亦受傳法阿闍梨位
之灌頂即得遍照金剛之号金剛頂瑜伽五部真言密契
相續而受梵字梵讃間以學之凡真言秘奥壇儀印契
唐梵无差悉受於心猶如寫瓶又遍中天竺國般若三蔵
問道和尚掇深窮玄妙元和元年遂懐法寳却帰本國者
大唐二侍御本朝大同元年卅二年在　勅入京経秘密之内
於大日之化一人百寮讃貴受灌頂四衆万民接足學密

193　八家祖師入唐求法年紀（第1紙）

欽大日之化一人百寮賛首受灌頂四衆万民接足學密

藏密藏之宗是日始興灌頂之法此時二月五 弘仁十二年

十月廿日皇帝御書賜傳燈大法師位天長元年任小僧都

同年六月六日補造東寺別當 四年轉大僧都 或説七年轉大僧都云々

承和二年三月廿一日入定生年六十二 夏臘四十一 年臘有異説多同云々

天安元年十月廿七日贈大僧正位

貞觀六年三月廿七日贈法印大和尚位

延喜廿一年十月廿七日依權大僧都法眼和尚位觀賢上表

賜謚弘法大師

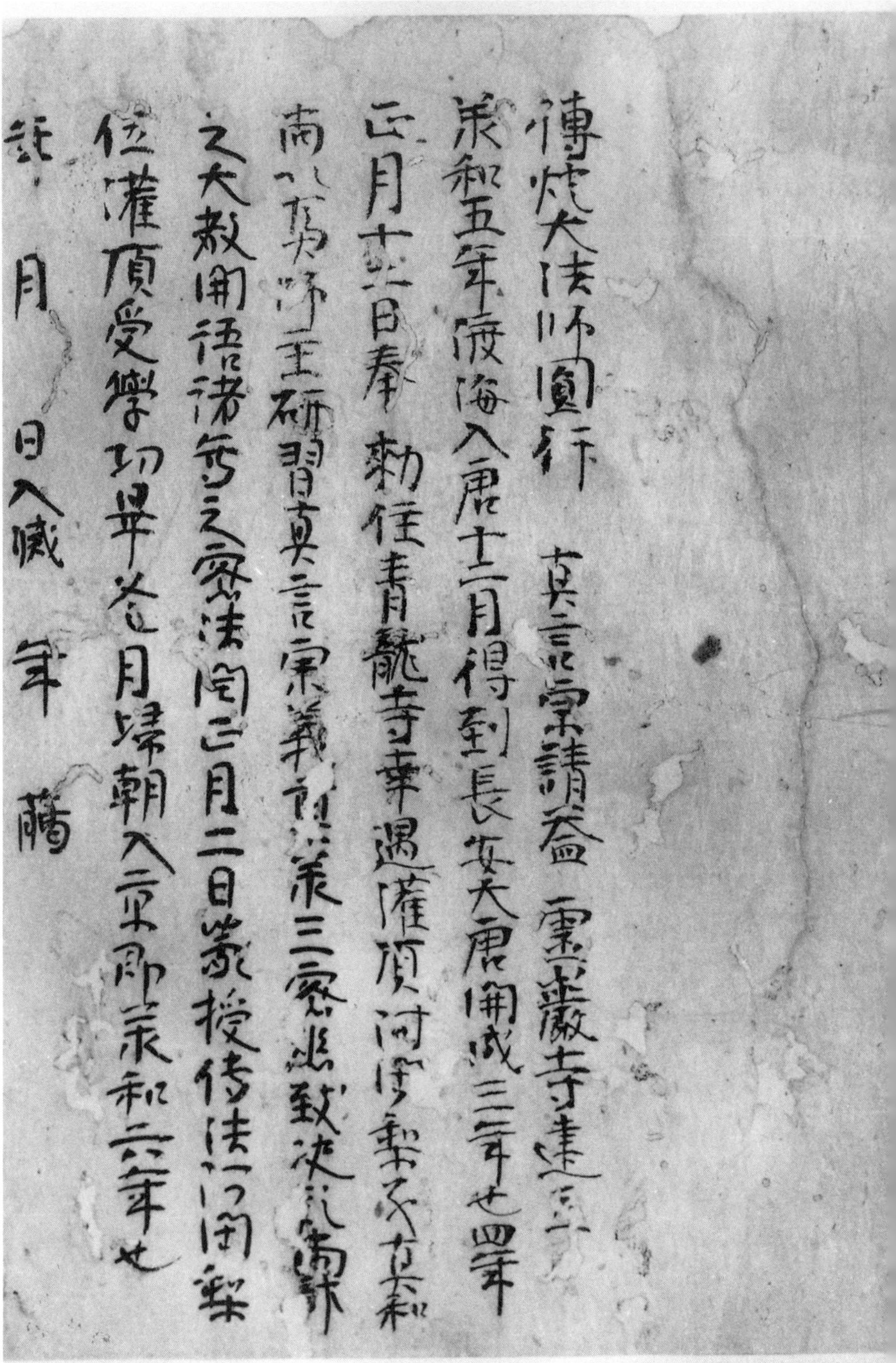
傳燈大法師圓行　真言宗請益　靈巌寺建立
承和五年渡海入唐十二月得到長安大唐開成三年也四年
正月十六日奉　勅往青龍寺遇灌頂阿闍梨義真和
尚以為大[illegible]王研習真言宗義頗兼三密悉致決疑蘊
之大教開悟諸佛之密法閏三月二日蒙授傳法阿闍梨
位灌頂受學功畢冬月歸朝入京即承和六年廿
[illegible]　月　日入滅　年　臈

195　八家祖師入唐求法年紀（第１、２紙）

年　月　日入滅　年　臈

小僧都法眼和尚惠運　安祥寺惠運云

承和九年五月五日在筑前國博太津頭上大唐商客李
處人船到肥前國松浦郡　八月廿四日午後解纜過海六
箇日夜著溫州樂城縣大唐會昌二年也到三長於城過

[illegible]

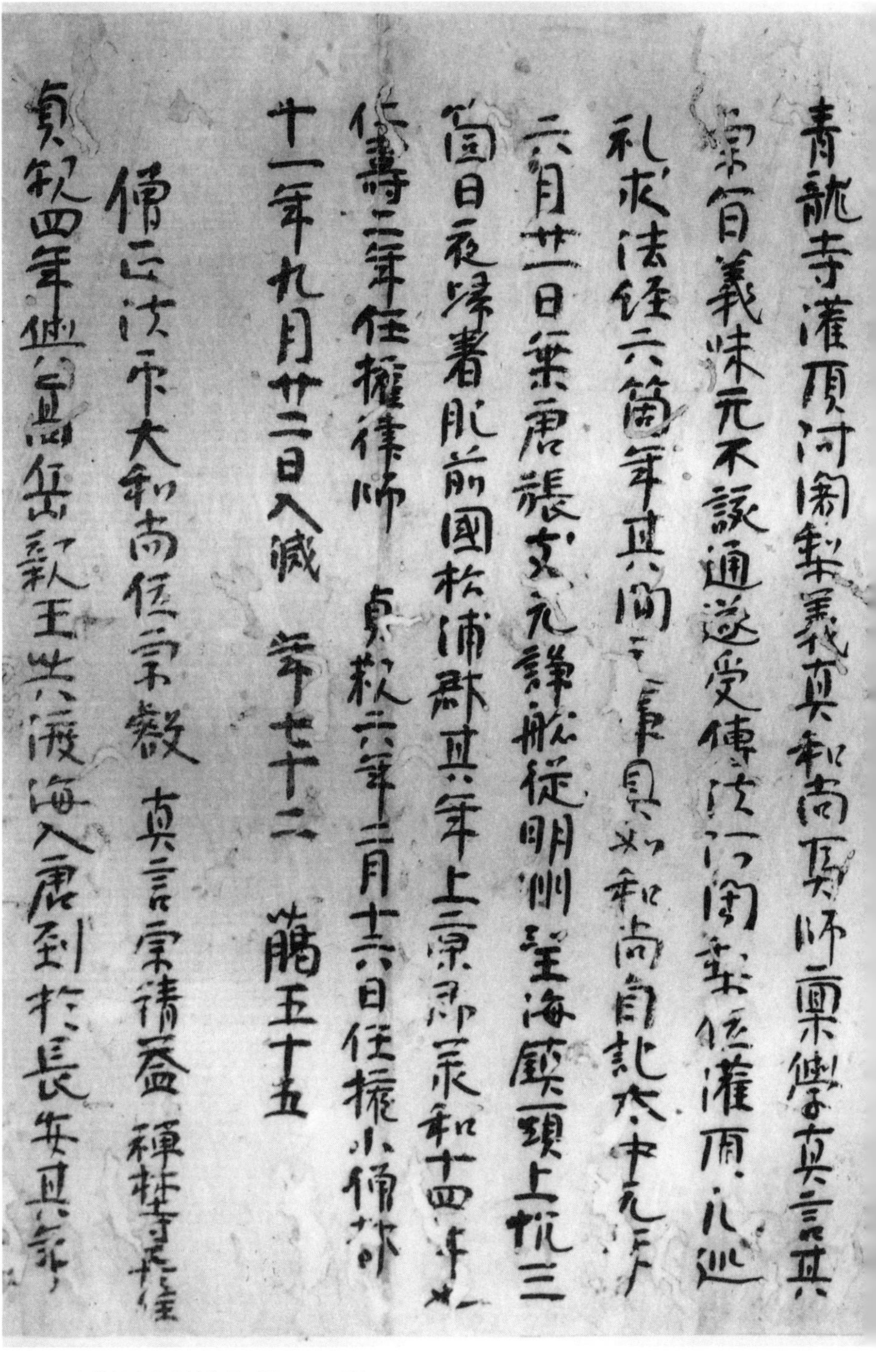

青龍寺灌頂阿闍梨義真和尚為師稟學真言其
宗旨義味元不謬通遂受傳法阿闍梨位灌頂八巡
礼求法経六箇年其間ニ真如和尚自記大中元年
六月廿一日乗唐張支信元静船従明州望海鎮頭上帆三
箇日夜帰着肥前國松浦郡其年上京承和十四年一
仁寿二年任権律師　貞観六年二月十六日任権小僧都
十一年九月廿二日入滅　年七十二　臈五十五
僧正法印大和尚位宗叡　真言宗請益　禅林寺大住
貞観四年随高岳親王共渡海入唐到於長安其年

197　八家祖師入唐求法年紀（第2、3紙）

傳燈法師大和尚位宗叡　真言宗請益　禪林寺大住

貞觀四年與高岳親王共渡海入唐到於長安其寺

大唐咸通三年也初遇汴州行闍梨玄慶和尚習金剛

界大法受灌頂次隨青龍寺行闍梨法全和尚學胎

藏界大法盡其殊旨并受灌頂更寺慈恩寺造玄

興善寺惠輪等行闍梨兼習秘奧詢求幽賾遇至

洛陽便入聖善寺三藏舊院求法又得咸通六年到明

州海邊李延孝同舟解纜三日夜間歸著本國十月

十二日到東寺本朝貞觀七年也或說貞觀八年歸朝云々　同十一年云々

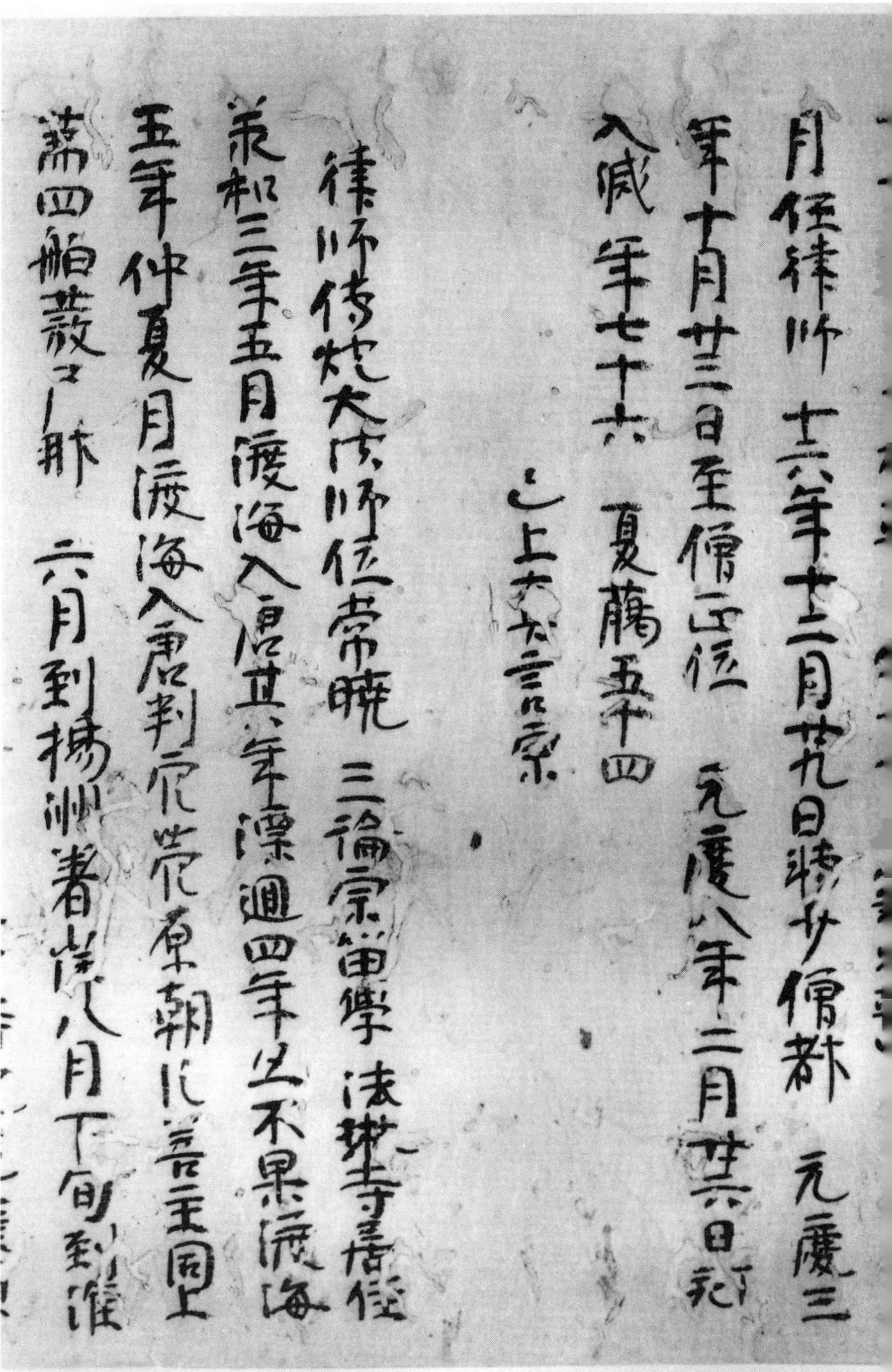
月任律師　十六年十二月廿九日轉少僧都　元慶三
年十月廿三日至僧正位　元慶八年二月廿六日記
入滅　年七十六　夏臈五十四
已上六大言宗
律師傳燈大法師位常曉　三論宗留學　法琳寺居住
承和三年五月渡海入唐　其年漂廻　四年亦不果渡海
五年仲夏月渡海入唐　判官菅原朝臣善主同上
第四舶發之ノ那　六月到揚洲着岸　八月下旬到淮

199　八家祖師入唐求法年紀（第3紙）

五年仲夏月渡海入唐判官長岑宿禰高名
第四船載之舫　六月到楊州著岸八月下旬到淮
南城廣陵館十二月住栖靈寺大悲持院遇灌頂
阿闍梨文璨和尚為師主隨學密教兼往花
林寺三教講論大德元照座主邊問本宗義顯
密法門相兼習學　六年二月十九日遂受阿闍梨
位灌頂　廿一日權勅離楊州赴本朝遂着本國
承和六年也　承和十年任律師或說貞觀六年二月十六日補權律師
貞觀八年十一月卅日入滅年　齡

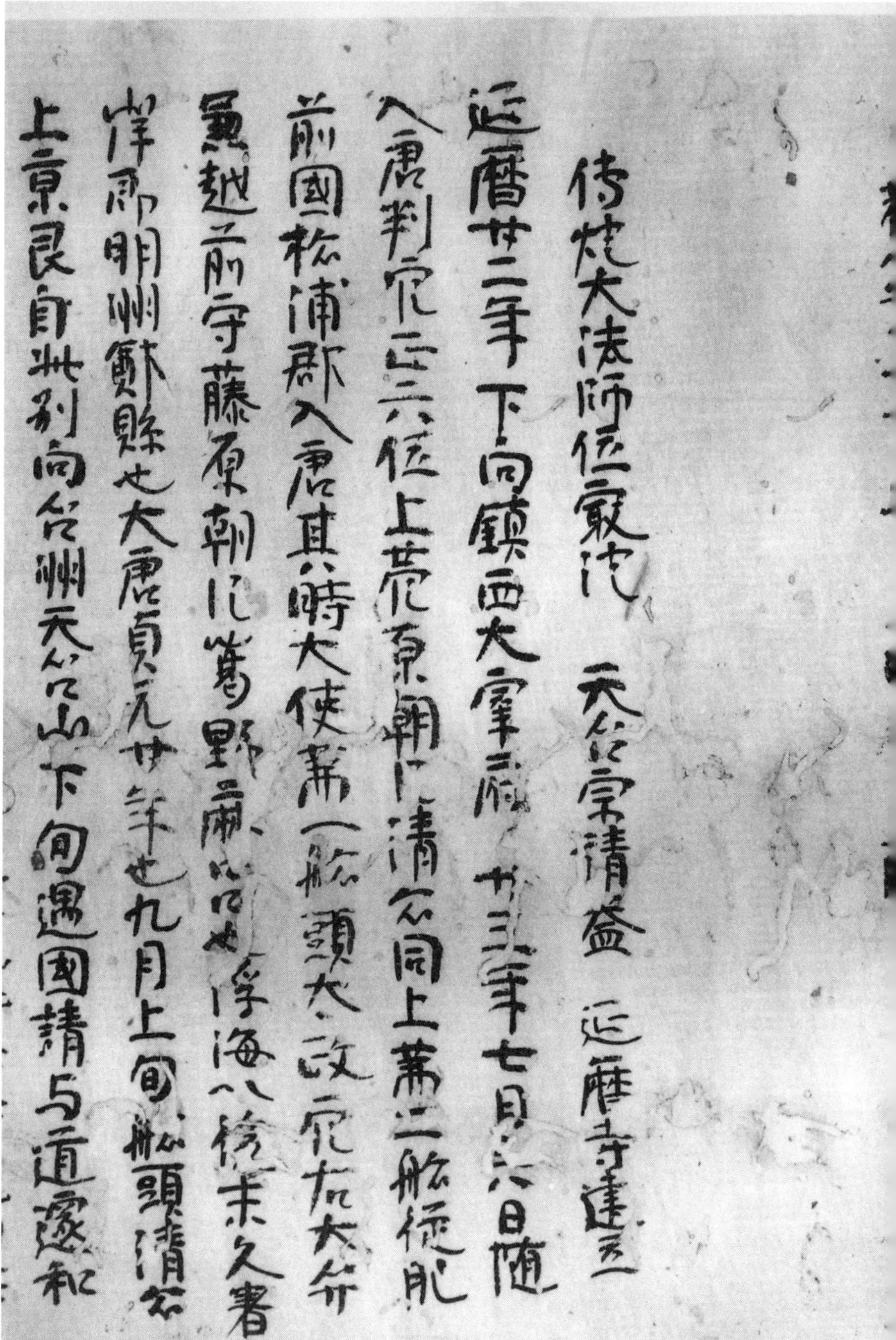
傳燈大法師位最澄　天台宗請益　延暦寺建立
延暦廿三年下向鎮西大宰府　廿三年七月六日隨
入唐判官正六位上菅原朝臣清公同上第二船從肥
前國松浦郡入唐其時大使第一船頭大政官右大弁
兼越前守藤原朝臣葛野麻呂也浮海八境未久着
岸明州鄮縣也大唐貞元廿年也九月上旬船頭請公
上京良自此別向台州天台山下向遇國清寺道邃和

201　八家祖師入唐求法年紀（第３、４紙）

岸即明州鄮県也大唐貞元廿年也九月上台州…
上京良首批判向台州天台山下向遇國請与道邃和
尚稟習天台宗廿四年四月到越府龍興寺遇内供
奉順暁阿闍梨入灌頂壇受三部悉地法五月十八日
上大使葛野麻呂船却帰本國六月著于長門國
即使上京其時延暦廿四年也帰朝之後始興天台宗
弘仁十三年二月廿四日賜伝燈大法師位手詔宸筆
六月四日入滅年五十六臈三十七貞観八年二月廿七
日賜法印大和尚位八年七月十三日依相應上奏
賜謚伝教大師

5ㄱ

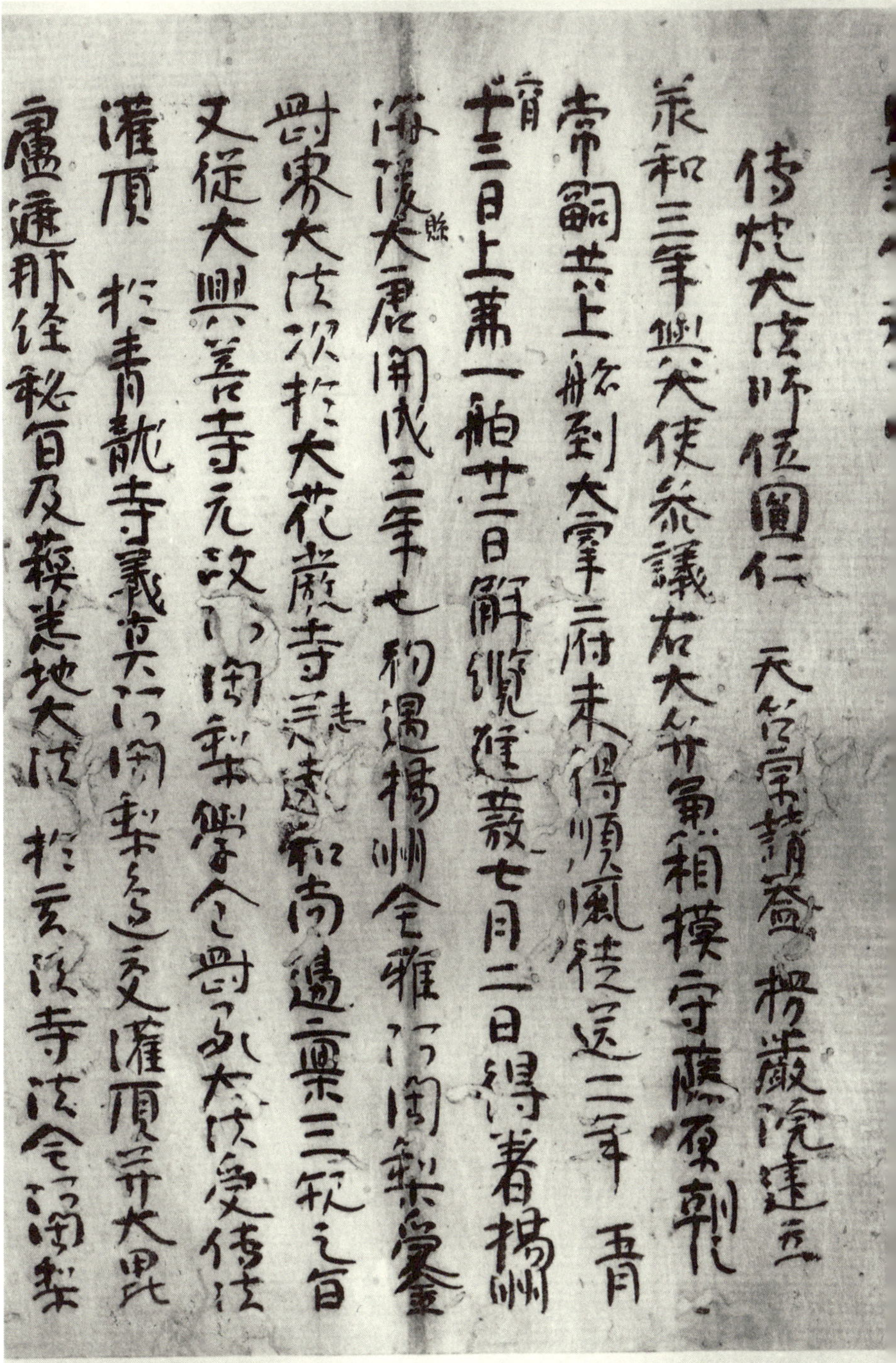

傳梵大法師位圓仁　天台宗請益　楞厳院建立一
承和三年與大使參議右大弁兼相模守藤原朝臣
常嗣共上舩到大宰府未得順風待送二年　五月
十三日上第一舶廿二日解纜發七月二日得著揚州
海陵縣大唐開成三年七月遍巡揚州全雅阿闍梨學金
剛界大法次於大花嚴寺志遠和尚邊三藏三教之旨
又從大興善寺元政阿闍梨學金剛界大法受傳法
灌頂　於青龍寺義真阿闍梨邊受灌頂并大毘
盧遮那經秘旨及蘇悉地大法　於玄法寺法全阿闍梨

203　八家祖師入唐求法年紀（第4、5紙）

灌頂　於青龍寺義真阿闍梨邊受灌頂并大毘
盧遮那經秘旨及蘇悉地大法　於玄法寺法全阿闍梨
一所學胎藏大法等受傳法灌頂　於青龍寺南天竺
寶月三藏邊重習悉曇又於右街醴泉寺僧宗
穎所研習止觀之敎　自大中元年乘商人船九月
歸著大宰府即承和十四年也　嘉祥元年春入京即
登東山矣　同年六月十七日授傳燈大法師位　仁壽
四年四月三日為延曆寺座主　貞觀六年正月十四日入滅
年七十一臈四十九　同年贈法印大和尚位　八年七月十二
日依弟子相應奏賜謚慈覺大師

小僧都法眼和尚位圓珍　天台宗　薗城寺居住
仁寿元年四月十五日辞京向大宰府　三年八月九日従大唐
商人欽良暉進發過海十五日著福州連江県於大唐大中
七年也於開元寺遇中天竺三蔵般若怛羅受梵字
悉曇章兼授金剛界胎蔵両部教并梵夾経等八年
遇沙門良諝稱授宗旨　九年十二月於青龍寺法全
阿闍梨受両部大法　十一月授両部大教阿闍梨位後
於大興善寺恵輪阿闍梨邊受両部大曼荼羅秘旨
十二年六月八日還遇商人李延孝過海同上一船　十七日至

205　八家祖師入唐求法年紀（第5紙）

於大興善寺惠輪阿闍梨遂受学了大曼荼羅秘旨
十二年六月八日遇商人李延孝過海同上一舟 七日至
肥前国松浦郡 其時天安二年也
貞観元年入京矣 十年任延暦寺座主 十一年叙法眼
寛平二年任少僧都 三年十月廿九日入滅 年七十八
臘五十九 延長五年十二月廿七日贈法印大和尚
位并賜諡智證大師 依智称 素養也
已上八家入唐求法年紀等依遍智院命旨粗録
記之
永久二年冬月也 羊僧聖賢

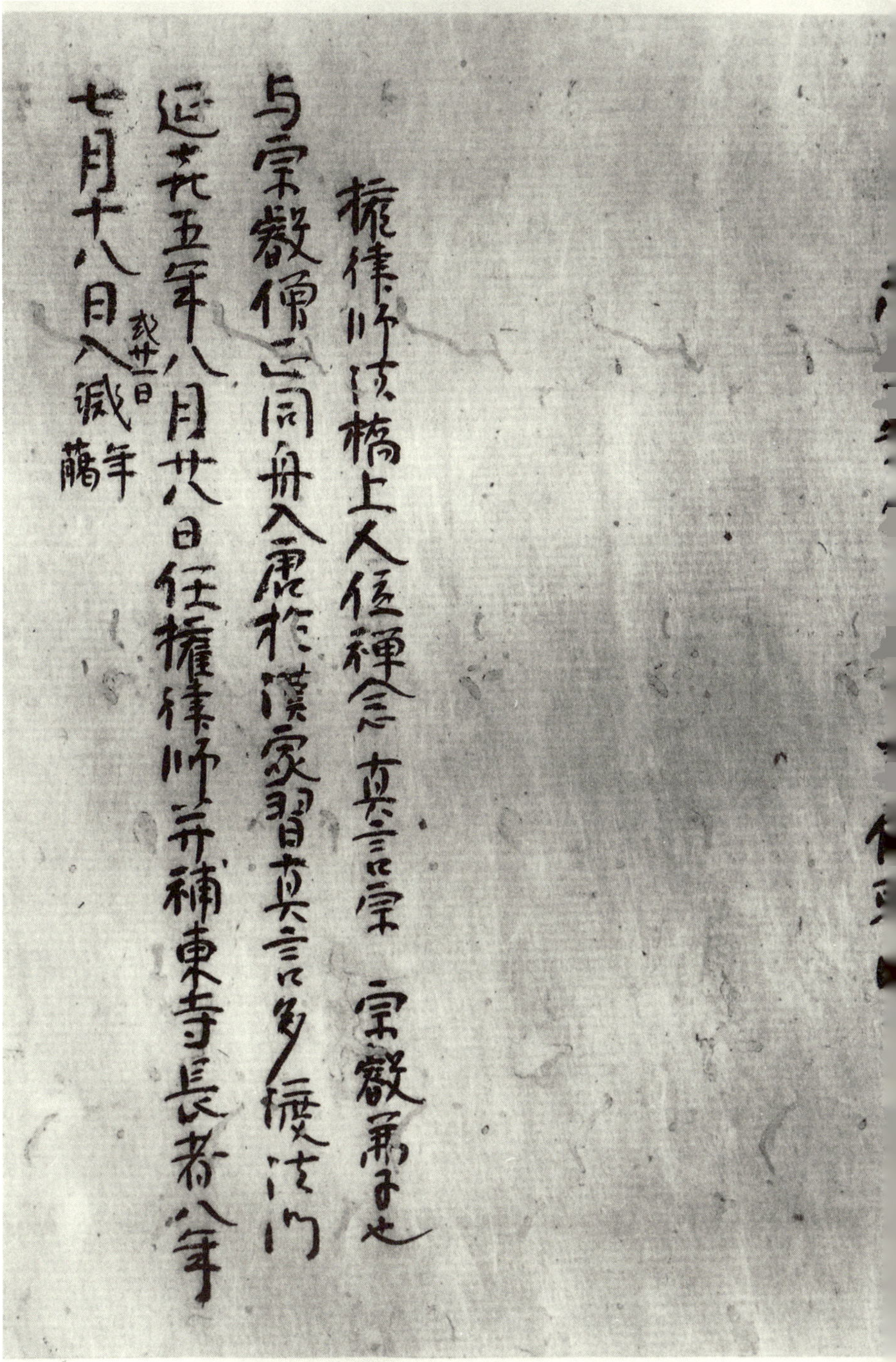

權律師法橋上人位禪念 真言宗 宗叡弟子也
与宗叡僧正同舟入唐於漢家習真言多授法門
延喜五年八月廿日任權律師并補東寺長者八年
七月十八日或廿日入滅 臈年

207　八家祖師入唐求法年紀（第５、６紙）

延喜五年八月廿八日任権律師并補東寺長者八年
七月十八日入滅或廿日年藹
比三丈ノ

重要文化財

五　南岳贈大僧正伝　一巻

（校倉聖教第二九函四号）

┌1裏

表紙

石山寺宝藏
第二几函
第四號

211　南岳贈大僧正伝（表紙、第１紙裏）

見返し┐

1┐

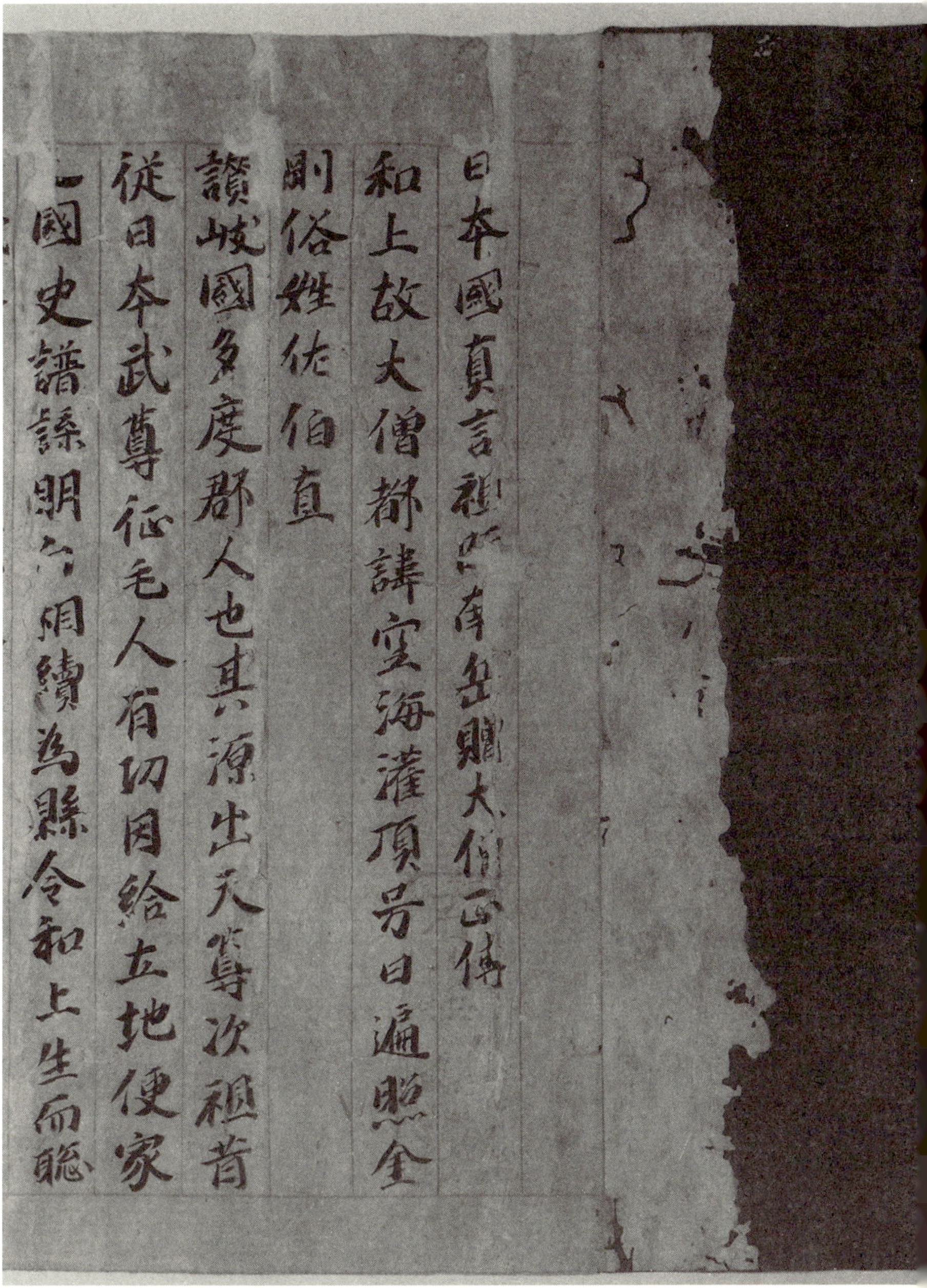
日本國真言祖師南岳贈大僧正傳
和上故大僧都諱空海灌頂号曰遍照金
剛俗姓佐伯直
讃岐國多度郡人也其源出天尊次祖昔
従日本武尊征毛人有功因給土地便家
一國史譜諜明之綢續為縣令和上生而聰

213　南岳贈大僧正伝（見返し、第１紙）

日本國眞言祖師贈大僧正傳
和上故大僧都諱空海灌頂号曰遍照金
剛俗姓佐伯直
讃岐國多度郡人也其先天尊次祖昔
従日本武尊征毛人有功因給土地便家
之國史譜諜明之綿續為縣令和上生而聡
明識人事五六歳後隣里閒号神童年始
十五随外舅二千石阿刀大足受論語孝
經及史傳等兼學文章入京時遊大學

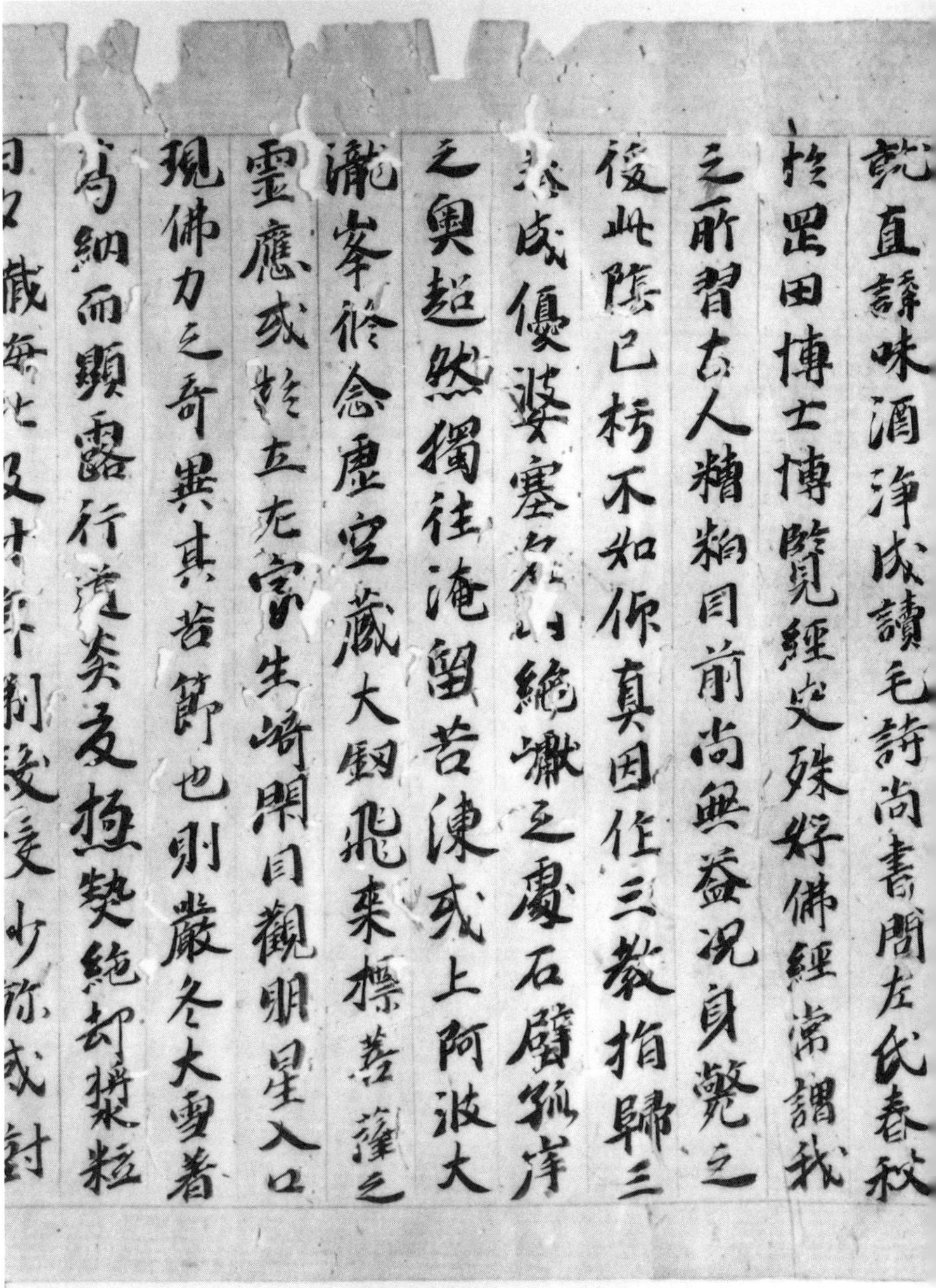
訖直誦味酒浄成讀毛詩尚書問左氏春秋
於罡田博士博覽經史殊好佛經常謂我
之所習古人糟粕目前尚無益況身斃之
後此隨已朽不如仰真因住三寳指歸三
□成優婆塞□□絶巘之處石巖孤岸
之奥超然獨往淹留昔諫或上阿波大
瀧峯脩念虚空藏大劔飛來標菩薩之
靈應或於左宕生崎開目觀明星入口
現佛力之奇異其苦節也則嚴冬大雪着
□納而顯露行道炎夏抱熱絶却粮粒
日又歳毎比及廿年剃髪受沙彌戒討

215　南岳贈大僧正伝（第１紙）

日夕懺悔比及廿年剃髮授沙彌戒對
像禱曰我入佛道每求知要三乘五乘十
二别部心裏有疑未以爲決作願諸佛示
我至懇一心祈請夢有人曰大毗盧遮那
經是汝所求也即覺悟歡喜求得一部
披帙遍覽凡情有滯所質問更爲發願
入唐學習天感至情去延曆末年銜命渡
海即還上都長安青龍寺内供奉大德
惠果阿闍梨沐五部灌頂學胎藏金剛
兩部秘奥法及貴毗盧遮那金剛頂等

二百餘巻經并諸新譯經論唐梵両得以
大同二年歸我上國自茲已降帝經四朝、
奉為　國家建壇修法五十一度息風降
雨霊驗其數上自一人下至四民被授灌
頂者蓋以數万人也灌頂風自我師始
真言教此時而立夫師々相授嫡々傳來
者高祖大毗盧遮那如來授金剛薩埵金
剛薩埵傳于龍猛菩薩龍猛菩薩下至
大唐玄宗粛宗代宗三朝灌頂國師特
進試鴻臚卿大興善寺三藏大廣智不

217　南岳贈大僧正伝（第１、２紙）

空阿闍梨六葉焉慧果則其上足法化也
凡討付法至于和上相傳八代也和上記曰
彼阿闍梨曰我命向盡待汝已久今果
來吾道東矣故吳殷纂云今有日本沙
門來求聖教皆所學知瀉瓶云云又去
弘仁七年表請紀國南山殊為入定處作
一兩草庵去高雄舊居移入南山其
峯絶遠遙障人煙和上住時頻有明神
衛護常語門人吾性狎山水疎人事忽是浮
雲之人遂年待終必為此窟東太上皇有

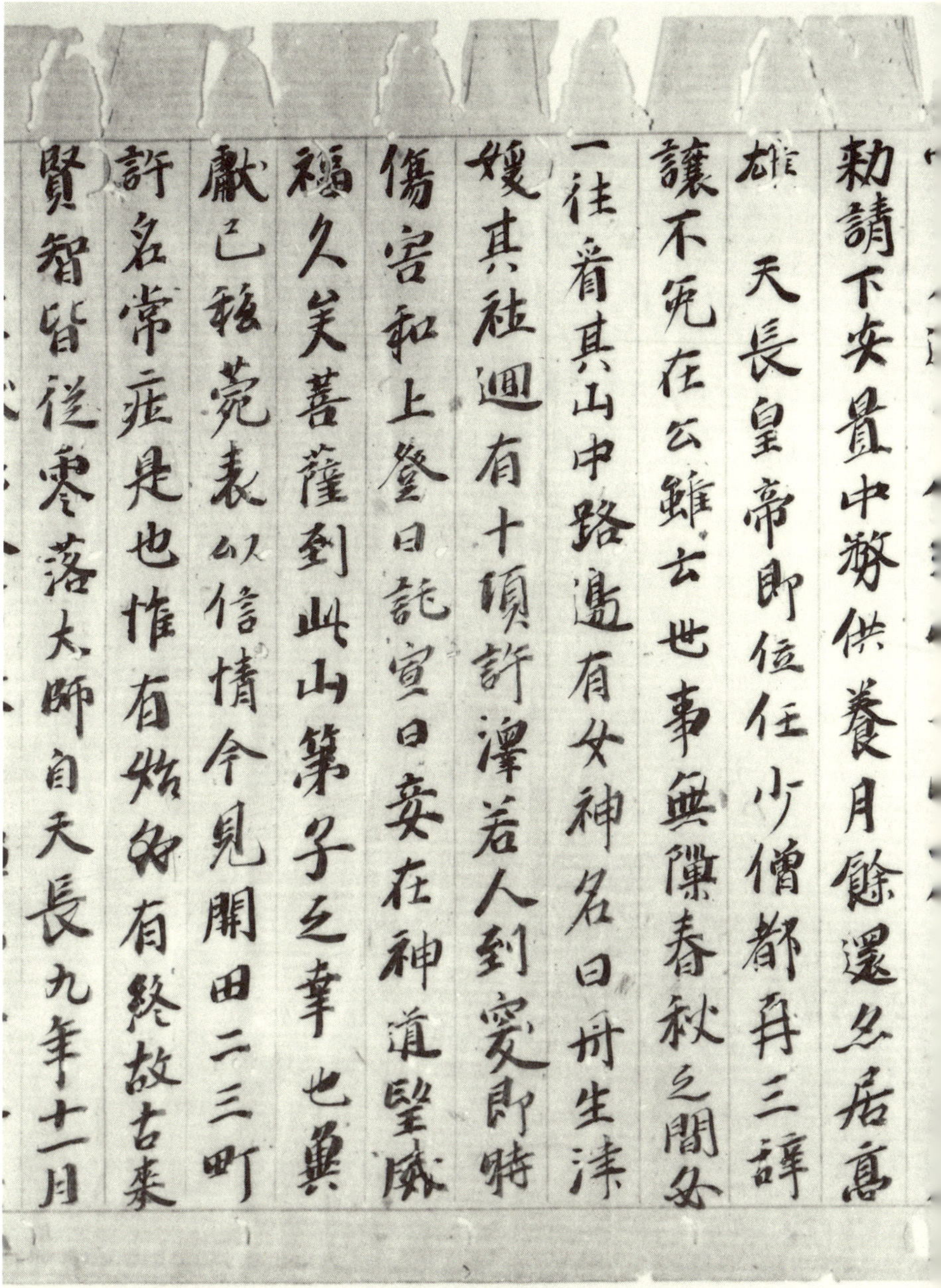

勅請下安置中務供養月餘還忽居高
雄　天長皇帝即位任少僧都再三辭
讓不免在公雖云世事無隙春秋之間必
一往看其山中路邊有女神名曰丹生津
媛其社迴有十頃許澤若人到處即時
傷害和上登日託宣曰妾在神道望威
福久矣菩薩到此山弟子之幸也異
献已發菀表以信情今見開田二三町
許名常莊是也惟有始必有終故古來
賢智皆從零落太師自天長九年十一月

219　南岳贈大僧正伝（第２、３紙）

[illegible]
十二日深猒世味常務坐禪弟子進曰老
舊唯飲食非此忽穩眠今已不然何事有
之報曰命也有涯不可旋留唯待盡期
若知時至在先入山兼和元年五月晦日
召請弟子等語生期今不幾汝等好住
慎守佛法吾永歸山九月初自定葬處
二年正月以來却粒水漿或人諫之曰
此身易腐更可以見爲養天厨前列
甘露日進之辛之辛不用人間味至于
三月二十一日後夜右脇唱滅諸弟子等一

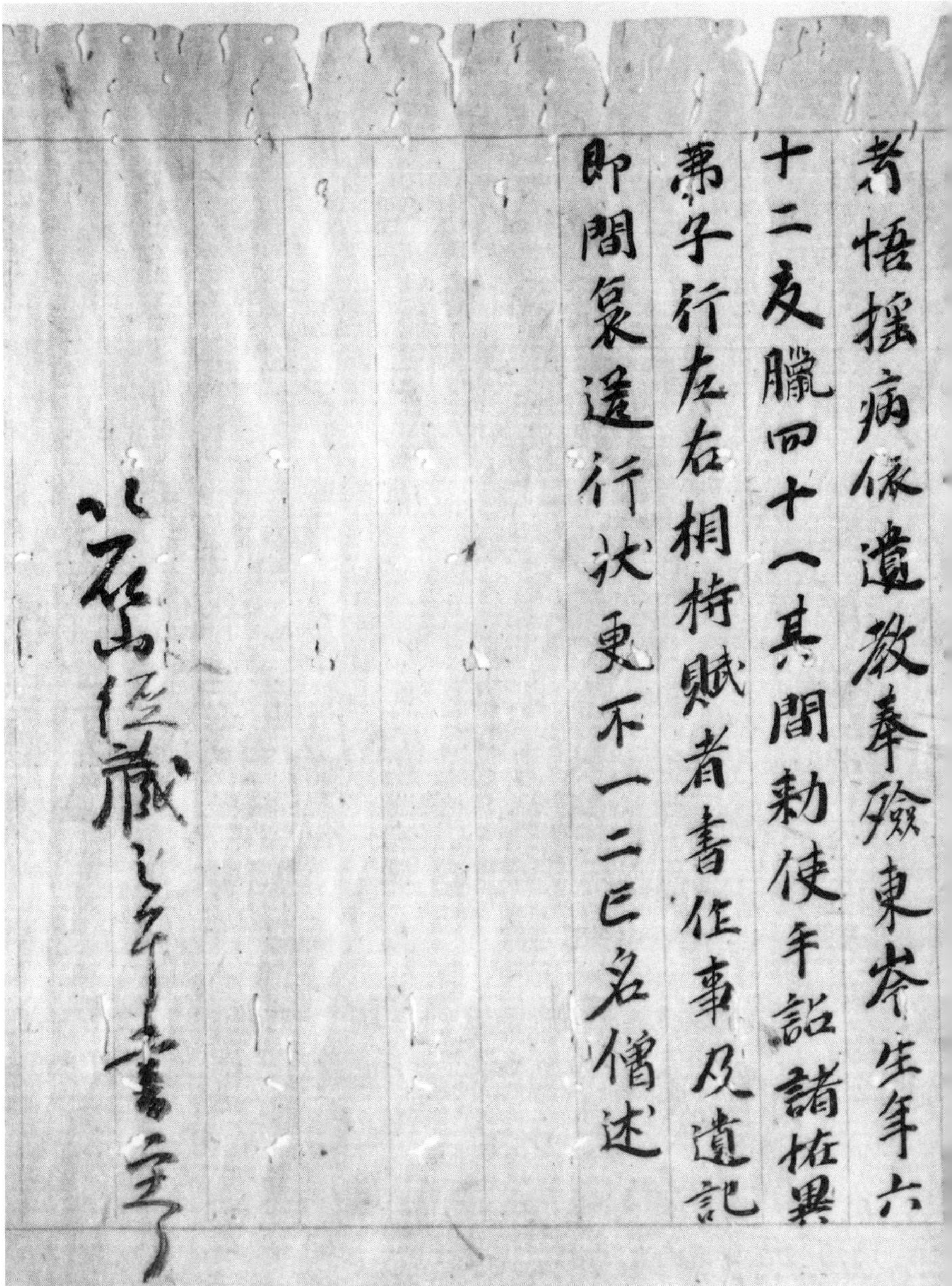

者悟搖病依遺教奉殯東岑生年六
十二夏臘四十一其間勅使弔詔諸佐異
弟子行左右相持賦者書作事及遺記
即閒裒遂行状更不一二已名僧述

 南岳贈大僧正伝（第３、４紙）

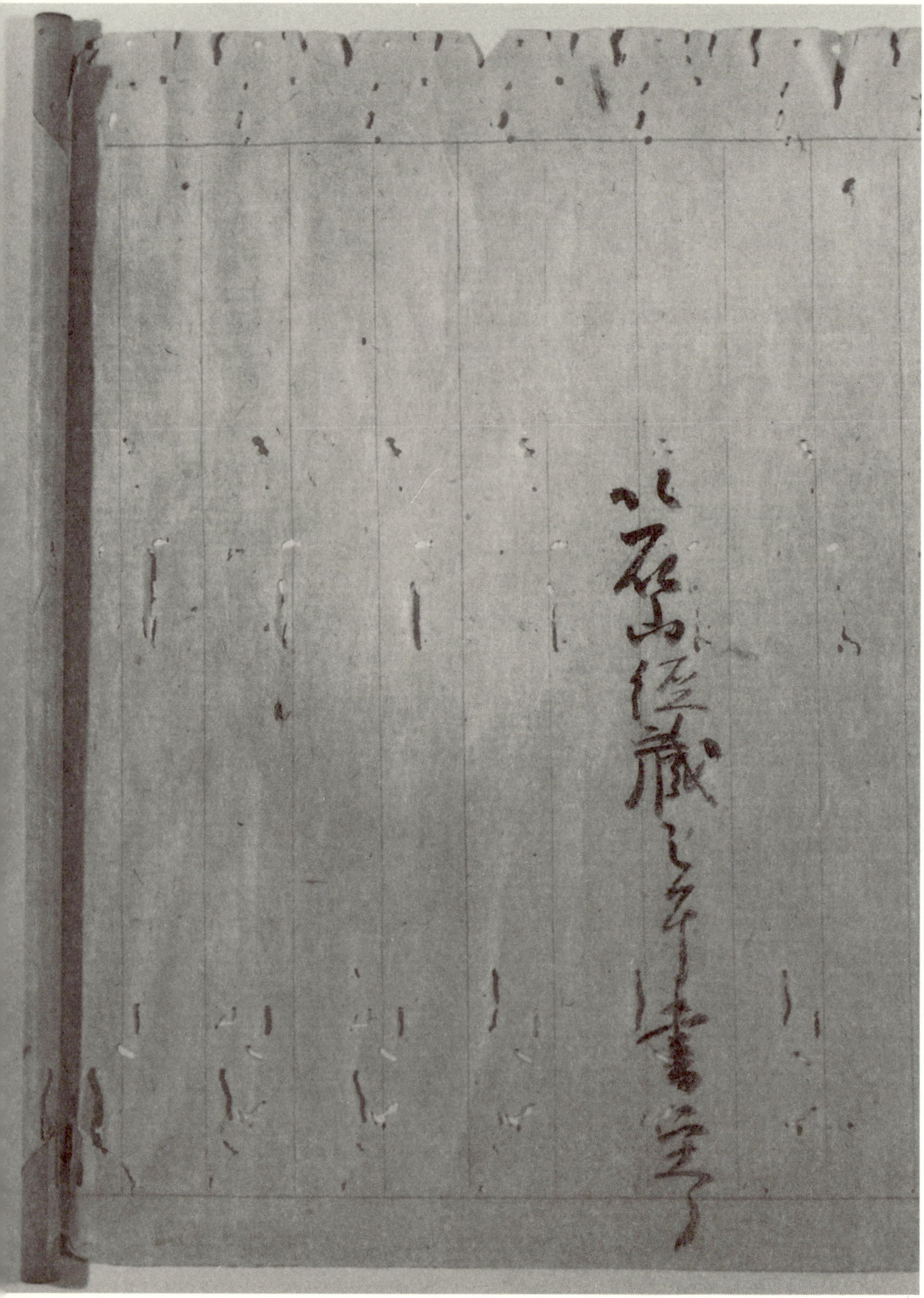

花山院蔵之本書写了

解説

一　叡山大師伝（重書第一一号）

渡辺晃宏
舘野和己

一　はじめに

『叡山大師伝』は、伝教大師最澄の伝記である。数ある最澄の伝記の中でも、その生涯にわたる最も基本的かつ信頼するに足る史料である。ここで紹介する石山寺本は、平安時代中期の書写にかかる良質の写本として名高く、昭和二十八年（一九五三）三月三十一日に重要文化財に指定されている。後述のように、既に全文の翻刻や校合の形で数種の内容紹介がなされ、全体にわたる写真も公開されている。そして、その特徴として、a.『叡山大師伝』の写本のうち平安時代中期に書写されたその最古のものであること、b. 唯一錯簡のない写本であること、c. さまざまな訂正が加えられていること、などが指摘されている。

今回新たな翻刻を行うにあたっては、こうした研究の現状に鑑みて、文字だけでなく、全体にわたって加えられている朱の区切り点・返り点、部分的に見られる朱のヲコト点（順暁和尚点）の他、多数見られる墨書・朱書による書写過程の書き直しや校合の痕跡についても紹介し、石山寺本の体裁をより忠実に伝えるように努めた。

以下、石山寺本に関する従来の研究、石山寺本の書誌データ、墨書・朱書による校合、誤字・脱字、朱区切り点・ヲコト点等、の順で記述し、最後に若干の考察を行うこととする。

二　石山寺本『叡山大師伝』をめぐる従来の研究

石山寺本『叡山大師伝』に直接関わる主な研究としては、これまでに次のようなものがある。

①大屋徳城「石山寺所蔵旧鈔叡山大師伝に就いて」(『叡山学報』第七輯、一九三三年一一月)

②薗田香融「最澄の山林主義―余論　叡山大師伝の錯簡及び流伝について」(『顕真学苑論集』第四七号―『梅原勧学古稀記念論文集』―、一九五五年一一月)

③中西随功「『叡山大師伝』諸本概説・校訂・和訳と註・石山寺本写真」(仲尾俊博『山家学生式序説　付叡山大師伝(石山寺本)』所収、一九八〇年七月、永田文昌堂刊)

④佐伯有清『伝教大師伝の研究』(一九九二年一〇月、吉川弘文館刊)

①は全体の翻刻を行ったものではないが、前述のcの特徴について、版本に見られない石山寺本の訂正箇所を一〇二箇所にわたって克明に整理したもので、石山寺本の価値を明らかにした研究の嚆矢として重要である。

②は、①に既に指摘があった石山寺本以外の諸本の錯簡を再確認し、『叡山大師伝』の諸本の系統を初めて明らかにした研究である。これによって、石山寺本のみが錯簡を免れた良質な写本であり、その諸本における位置付けが明確になった。

③は石山寺本の全容を初めて写真で紹介しつつ、原本通りの組版で翻刻し、かつ諸本との全面的な対校を行い、さらに詳細な訳註を施したものである。石山寺本の全貌を世に出した点で貴重な研究であるが、問題点もいくつかあった。写真が今一つ鮮明でないこと、写真の継目のみが目立ち本来の紙継目との区別がつかず、しかもその表示がないこと、註釈は詳細ではあるがなお不充分な点を残すことなどである(なお、これに先立つ『叡山大師伝』訳註の先駆的研究としては、本多綱祐『訳註叡山大師伝』一九六八年四月がある)。

④は石山寺本を底本として、③ではまだ不充分なところのあった訳註をさらに全面的かつ詳細に展開したもので、『叡山大師伝』の研究の現在までの到達点といえるものである。但し、石山寺本の紹介としてはこれにもいくつかの問題点がある。本文の組版が石山寺本と異なるのは『叡山大師伝』としての信頼できるテキストの完成を目指したという研究の意図からして当然のことであるが、例えば石山寺本の特徴である原本における訂正箇所については必ずしも忠実に註記しているわけではなく、また校異の詳細も③に譲って割愛した部分が多いなど、残念ながら石山寺本の実状は必ずしも正確には伝えられていない憾みがある。

この他、石山寺本以外の写本や『叡山大師伝』そのものを扱った研究の蓄積は厚いが、その詳細については、④の佐伯有清氏の研究の他、小山田和夫氏の研究史整理を参照されたい（「『叡山大師伝』研究の現状とその問題点の整理」『立正大学文学部論叢』第九六号、一九九二年九月、「『叡山大師伝』撰述の意図をめぐる研究の回顧と展望」『立正大学文学部論叢』第一〇〇号、一九九四年九月）。

三　書誌データ

石山寺本『叡山大師伝』の現状は、全三〇紙からなる巻子本である。縦二八・五糎、全長一四六五・六糎、書写行数は六六八行に及ぶ。料紙は楮紙、本文に続く後補の紙に記された識語（「昭和廿九年十二月依文化財保護法／修理了　現住鷲尾光遍代／文部技官田山信郎記」）によれば、昭和二十九年（一九五四）十二月に修補を終えており、全面に裏打ちが施されている。表紙はこの時補われた新補の紺地瑞雲文緞子表紙、軸も新補の墨漆朱頂軸が付けられている。全面の朱区切り点・返り点の他、部分的に朱ヲコト点・朱送り仮名・朱訓仮名・朱註記が加えられている。また、朱書・墨書による校合が多数見られるのが、石山寺本の大きな特徴となっている。

料紙は、①第一紙から第二三紙と、②第二四紙から第三〇紙とで若干趣が異なる。

石山寺本『叡山大師伝』の書誌データ

	a	b	c	d	e	備　　考
第１紙	48.5	28.3(29.4)	24.1	2.1～2.4(2.8)	22(21*)	最終行広し
第２紙	49.0	28.4(29.4)	24.2	2.1～2.3(3.3)	22	最終行広し
第３紙	49.1	28.4(29.4)	24.2	2.1～2.3(2.6)	22	最終行やや広し
第４紙	48.7	28.5(29.4)	24.2	2.1～2.3(2.45)	22	最終２行を等分
第５紙	49.1	28.4(29.4)	24.2	2.1～2.3(2.5)	22	最終行やや広し
第６紙	49.2	28.5(29.4)	24.3	2.1～2.2(2.6)	22	最終３行を按分
第７紙	49.1	28.4(29.4)	24.3	2.0～2.4(2.6)	22	最終２行を等分
第８紙	48.9	28.4(29.4)	24.3	2.1～2.3	22	界線斜めに走る
第９紙	49.3	28.4(29.4)	24.3	2.1～2.3(2.65)	22	最終３行を按分
第10紙	49.4	28.4(29.4)	24.2	2.1～2.4(2.5)	22	最終２行を按分 界線斜めに走る部分あり
第11紙	49.0	28.4(29.4)	24.3	2.1～2.4	22	
第12紙	48.8	28.4(29.4)	24.2	2.1～2.3	22	
第13紙	48.9	28.4(29.4)	24.2	2.1～2.3(2.4)	22	縦界天界に届かぬもの多し，最終行やや広し
第14紙	48.9	28.4(29.4)	24.2	2.1～2.3	22	
第15紙	48.9	28.4(29.4)	24.2	2.1～2.3	22	界線斜めに走る部分あり
第16紙	48.8	28.4(29.4)	24.3	2.1～2.3	22	界線斜めに走る部分あり
第17紙	46.4	28.4(29.4)	24.2	2.1～2.3	21	界線斜めに走り下が開く部分あり
第18紙	40.0	28.4(29.4)	24.2	2.1～2.3	18	
第19紙	48.8	28.4(29.4)	24.2	2.1～2.3	22	
第20紙	48.7	28.4(29.4)	24.3	2.1～2.4	22	
第21紙	48.8	28.4(29.4)	24.3	2.1～2.3	22	
第22紙	48.8	28.4(29.4)	24.2	2.1～2.4	22	
第23紙	46.5	28.4(29.4)	24.2	2.2～2.3	21	
第24紙	50.0	28.4(29.4)	24.2	2.55～2.75	19	界線斜めに走る部分あり
第25紙	51.6	28.4(29.4)	24.2	2.55～2.75	19	
第26紙	50.4	28.4(29.4)	24.1	2.6～2.8	19(25)	第５行より追い込み 界線斜めに走る部分あり
第27紙	50.6	28.4(29.4)	24.2	2.5～2.75	19(27)	
第28紙	50.6	28.4(29.4)	24.2	2.55～2.7	19(27)	
第29紙	50.5	28.4(29.4)	24.2	2.55～2.7	19(26)	
第30紙	50.3	28.3(29.4)	24.1	2.6～2.8	19(25)	界線斜めに走る部分あり

a：紙横長（継目から継目まで）（㎝）
b：紙縦長（㎝）（　）内は裏打ち後の法量
c：界高　（㎝）
d：界幅　（㎝）（　）内は紙奥の行の界幅の最大値
e：行数　（　）内は書写行数
　＊第１紙には別に行間補筆１行あり

料紙①は、縦約二八・四糎、横約四八・九糎（現状では裏打ち修理が施されているため、縦が上下に若干長く約二九・四糎）の楮紙である。上端は断ち切られていることが明瞭な箇所が数箇所あり、本来の縦の長さはもう少し長かったようである。天地に各一条の横界線（界高約二四・二糎）を引き、界幅二・〇糎から二・四糎、一紙二二行になるように縦界線が引かれている。最終行とその前行ないし前々行で界幅の調整がとられることが多く、界幅がやや広くなる傾向がある。また、一部縦界線が斜めに走る料紙がある。特に第八紙は下で奥の方向に著しく振れており、第一〇・一五・一六・一七紙にも奥の数行にこの傾向がある。一方、第一二・一三紙では逆に下で端方向に界線が振れる傾向がある。なお、完存する料紙の第一行の右側と最終行の左側、すなわち両端には縦界線は引かれていない。

第一七・一八・二三紙は、現状では行数が二二行に満たない。これらの行数の足りない料紙のうち、第一七紙は末尾の行の左、第一八紙は最初の行の右にも縦界線が引かれているので、第一七紙と第一八紙の間で第一七紙側で一行、第一八紙側で四行の計五行が書写過程で裁ち落とされているようである。また、第二三紙も最終行の左に縦界線が引かれており、不足分の一行が裁ち落とされているものと思われる。しかも、第二四紙第一行第一字の「論」は第二三紙奥にもかかっているから、全体の書写完成後の裁ち落としではなく、書写過程で最終行を切断してその後書き継いだことが明白である。

他の二〇紙については、特別不自然なところはなく、糊離れがあったかどうかは別として、当初の貼り継ぎ状況を保っているものと思われる。一行の字数は一九字から二二字程度を標準とし、初めは比較的ゆったりと収めているが、後ろにいくほど字数が増える傾向がある。

一方料紙②は、縦約二八・四糎、横約五〇・六糎の楮紙で、料紙①よりはやや厚手で色もやや白っぽい黄白色を呈する。天地に各一条の横界線（界高約二四・二糎）を引き、界幅二・五糎から二・八糎、一紙一九行になるように縦界線が引かれている。料紙①にも見られたように、第二四・二六・三〇紙で縦界線が下で左に振れる傾向がある。なお、第二六紙の五行め以降は、縦界線を無視して記すようになる。但し、一行の字数は変えておらず、一行一九字から二二字程度であり、①②の料紙の違いによる界幅の違いと一行の字数とは無関係である。第三〇紙末尾には余白がほとんどないから、あるいは料紙の残りを勘案して行間のみ詰めて書くようにしたのかも知れない。

四　墨書・朱書による校合

石山寺本『叡山大師伝』には墨書・朱書による校合の結果が多数残されている。また、それ以前の当初の書写の段階における重書や擦り消しによる訂正の痕跡も多い。これらは同時に書き加えられたのではなく、書写及び何回かの校合の過程で順次記されていったものと考えられる。

本文の翻刻では、それらの一つひとつについて脚註を加え、かつ可能な限り本文にも表記するように努めたが、訂正・誤字・脱字、及び加点の状況（区切り点・返り点を除く）を、その意図を含めて以下一括して整理しておく（二13A→Bは、第二紙第一三行の文字Aが文字Bに訂正されていることを示す。但し、▒は原字不詳、×は余白のないこと、？は訂正意図不詳を示す。また、訂正の前後関係等の知見を※で示した）。

訂正

一8　此→比（重書）
一8　×→左脚神宮右脇忽然名香馥郁薫流巖阿於是衆人共（字間に墨圏点・一7と一8の行間に墨書）
※　区切り点→脱文補入
一11　▒→辯（一部擦り消し）
二6　歴→暦（一部擦り消し）
二6　四→六（右傍に朱書）
二7　×→遊（字間に墨圏点・上部欄外に墨書）

二7 遀→遀（右傍に朱書）
二10 斜→（斜）（左傍、及び上部欄外に朱書見せ消ち符「ト」）
二11 ▒→嗜（擦り消し）
二14 ▒→坎（偏擦り消し）
二15 ×→見（右傍に朱書）
三2 不詳（「成」脱に関連するか）（上部欄外に朱書見せ消ち符「ト」）
三8 ▒→韋（擦り消し）
三9 者→著（一部擦り消し）
三11 ▒→尊（一部重書）
三12 遮カ→塵（擦り消し）
三20 ×→不（右傍に朱書）
四11 例→列（右傍に朱圏点・上部欄外に朱書）
四17 僧衆→衆僧（右下に墨書転倒符「レ」）
四18 眉→媚（右傍に朱書見せ消ち符「ト」・上部欄外に朱書「媚歟」）
五10 大徳→大師（「徳」の右傍に墨書見せ消ち符「ミ」、続けて「師」を記す）
※ 書写過程で墨書見せ消ち・正しい字を続けて記す
五12 告→？（左傍に朱書見せ消ち符「ト」）
五13 ▒→閒（擦り消し）
五17 白牛→（抹消）（右傍に墨書見せ消ち符「ミ」、朱線で囲み抹消）
※ 墨書見せ消ち→朱線抹消か
五18 ▒→昇（一部重書）
六10 降カ→隆（一部重書）
六15 凝→激カ（左傍に細字墨書見せ消ち符「ト」）
六18 製→上（左傍に細字墨書見せ消ち符「ト」、右傍に朱書・上部欄外に朱書見せ消ち符「ト」）
六18 玄→云（一部擦り消し）
七1 ×→開（字間に朱圏点・右傍に朱書）
七5 城→域（一部重書）
七16 妙→如（右傍に墨書見せ消ち符「ミ」、続けて「如」を記す。また「妙」を朱線で囲み抹消）
※ 書写過程で墨書見せ消ち・正しい字を続けて記す→朱線抹消か
七19 感→威（右傍に朱書）
八1 證カ→澄（偏擦り消し）
八4 ▒→學（一部重書）
八7 證→論（旁擦り消し）
八11 ×→皇（字間に朱圏点・右傍に朱書）
八12 ▒→然（一部重書）
八16 證カ→澄（偏重書）
八19 令→今（重書）

八20　不詳（上部欄外に朱書見せ消ち符「ト」）
九5　▩↓秦（一部重書）
九5　▩↓度（一部重書）
九12　▩↓論（一部重書）
九12　傔↓？（右傍に朱書見せ消ち符「ト」、上部欄外
　　に朱書「ト」）
九18　摧↓催（右傍に朱圏点・上部欄外に朱書）
一〇1　（空白）↓象（朱書）
一〇1　▩↓顯（偏重書）
一〇2　⿰目責↓睛（旁擦り消し）
一〇9　▩↓雖（偏重書）
一〇13　（空白）↓渥（朱書）
一〇15　▩↓量（一部重書）
一〇18　▩↓充（一部重書）
一〇19　▩↓域（偏重書）
一〇19　▩↓跡（旁重書）
一〇19　期↓斯（朱線で囲み抹消、ついで旁を擦り消して
　　墨書）
　　※　朱線抹消↓擦り消し墨書訂正
一〇20　▩↓宰（一部重書）
一一1　通↓遍（一部擦り消し）
一一2　修ヵ↓侵（一部重書）
一一4　者↓著（一部加筆重書）
一一4　×↓州（下部欄外に続けて朱書）
一一5　欲↓願（左傍に朱書見せ消ち符「ト」・上部欄外
　　に朱書）
一一12　城↓域（一部重書、上部欄外にも細字墨書）
一一15　×↓刺（字間に朱圏点・右傍に朱書）
一一17　尚↓上（右傍に墨書見せ消ち符「ミ」、続けて
　　「上」を記す。また「尚」を朱線で囲み抹消）
　　※　書写過程で墨書見せ消ち・正しい字を続け
　　　て記す↓朱線抹消
一一18　永↓求（一部加筆重書）
一二4　×↓?↓遇（字間に朱圏点、右傍に朱書〈現状擦
　　り消し〉、上部欄外に朱書）
一二6　陪↓？（左傍に細字墨書見せ消ち符「ト」）
　　※　朱圏点・朱書↓上部欄外朱書
一二6　▩↓聞（重書）
一二8　峯↓？（左傍に細字墨書見せ消ち符「ト」）
一二8　文↓父（左傍に朱圏点・上部欄外に朱書）
一二9　合龍↓龕（朱線で合字・上部欄外に朱書）
一二19　圖↓？（右傍に朱圏点か）
一三2　×↓順（上部欄外に続けて朱書）
一三5　祇神↓神祇（右下に転倒符「レ」）
一三5　寡ヵ↓冥（重書）
一三8　×↓寂澄（字間に朱圏点、上部欄外に朱書）

一三10 狀→然（一部に加筆重書）
一三10 如→妙（旁重書）
一三13 沙→法（旁擦り消し）
一三16 乃→及（重書）
一三21 監→鑒（右傍に墨書見せ消ち符「ミ」、続けて「鑒」を記す。また「監」を朱線で囲み抹消）
※ 書写過程で墨書見せ消ち・正しい字を続けて記す→朱線抹消
一四3 不詳（上部欄外に朱圏点）
一四3 ▒→仰（旁重書）
一四9 毗盧那遮佛→毗盧遮那佛（右下に墨書転倒符「レ」）
一四10 ×→一（字間に朱圏点・右傍に朱書）
一四14 ×→戒（右傍に朱書・ヲコト点―朱書と同時か―付き）
一四15 ▒→消（原字の不完全な字体を朱書にて補うか）
一四16 不→（抹消）→不（右傍に墨書見せ消ち符「ミ」。その後この見せ消ちを朱線にて抹消）
一四16 攷→故（偏重書）
一四19 ▒→法（重書）
一四22 凴→憑（下半擦り消し）
一五3 生→唯（擦り消し）
一五19 ▒→荼（一部重書）
一五20 洲→州（偏擦り消し）
一五20 ×→廿（右傍に朱書）
一六1 ▒→雄（一部重書）
一六6 ▒→敎（一部重書）
一六6 ▒→敎（一部重書）
一六9 随→隨（右傍に朱書）
一六11 門→聞（朱書にて加筆）
一六14 ×→宗（右傍に朱書）
一六16 廣→塵（右傍に墨書見せ消ち符「ミ」、続けて「塵」を記す）
※ 書写過程で墨書見せ消ち・正しい字を続けて記す
一六16 ×→任（右傍に朱書）
一六20 字→學（冠重書）
一七4 ▒→欲（偏一部重書）
一七5 郡→群（旁擦り消し）
一七5 ▒→疇（旁擦り消し）
一七5 ▒→鼓（偏一部重書）
一七8 門→同（右傍に墨書見せ消ち符「ミ」、続けて「同」を記す）
※ 書写過程で墨書見せ消ち・正しい字を続けて記す
一七20 經→戒（右傍に墨書見せ消ち符「ミ」、続けて

「戒」を記す。また「經」を朱線で囲み抹消）
一七21　通↓（抹消）（朱線で囲み抹消）
※　墨書見せ消ち↓朱線抹消
一八2　▒↓符（一部擦り消し）
一八10　筑ヵ↓筑ヵ（上部欄外に細字墨書「ト筑」）
一八12　法妙蓮華經↓妙法蓮華經（「妙」の右下に墨書転
倒符「レ」）
一八13　以↓吒［託］（重書）
一八17　歎↓歡ヵ（左傍にやや離れて墨小圏点）
一九3　我↓義（字画を加筆）
一九4　靈↓雲（朱線で囲み抹消、右傍に朱書）
一九4　鹿・庶↓鹿（右傍に朱圏点・上部欄外に朱書）
一九4、5　覆靄↓靄覆（右下に墨書転倒符「レ」）
一九5　歎↓歡ヵ（左傍に細字墨書見せ消ち符「ト」）
一九6　倚↓（抹消）（朱線で囲み抹消）
一九6　寄↓（抹消）↓寄（右傍に墨書見せ消ち符「ミ」、
ついでこれを朱線で抹消）
※　墨書見せ消ち↓朱線抹消
一九11　令↓今（字画に重書）
一九19　▒↓贍（偏擦り消し）
一九20　横↓潢ヵ（右傍に朱書見せ消ち符「ト」）
一九21　磨↓摩（一部擦り消し）
二〇1　朽↓（朽ヵ）（左傍に細字墨書見せ消ち符「ト」）

二〇7　幟ヵ↓博（偏に加筆、旁擦り消し）
二〇7　×↓集（中間右傍に細字墨書）
二〇9　素↓索（字画加筆）
二〇9　流↓派（旁に重書）
二〇10　惟↓（抹消）（右傍に墨書見せ消ち符「ミ」）
二〇10　喜ヵ↓嘉（一部重書）
二〇11　朝↓嘲（偏加筆）
二〇16　▒↓弘（旁擦り消し）
二〇17　受↓（抹消）（右傍に墨書見せ消ち符「ミ」、続け
て「爰」を記す）
二〇19　戀↓（抹消）（右傍に墨書見せ消ち符「ミ」、続け
て「鸞」を記す）
※　（以上二点）書写過程で墨書見せ消ち・正
しい字を続けて記す
二一3　春ヵ↓奉（一部擦り消し）
二一4　▒↓徐（上部欄外に細字墨書、重書）
二一6　▒↓喰（一部重書）
二一6　今↓吟（偏加筆ヵ）
二一7　歎ヵ↓難（旁一部重書）
二一10　▒↓塔（偏重書）
二一12　×↓呼（字間右傍に細字墨書）
二一12　×↓告（字間に朱圏点・右傍に朱書）
二一13　▒↓法（一部重書）

二一13 无↓元（重書）
二一14 頂↓頃（朱筆重書）
二一15 ▒↓修（一部重書）
二一19 不詳（上部欄外に墨書見せ消ち符「ト」）
二一19 々↓？（左傍に離れて墨小圏点あり）
二一19 授↓相（旁擦り消し）
※「師々相授」とすべきを「師々授」と書いたため。書写過程における訂正
二二1 ▒↓劣（擦り消し）
二二1 戒↓式（一部擦り消し）
二二4 箇↓（抹消）（擦り消し）
二二10 興↓與（一部重書）
二二12 ×↓國（字間に墨圏点、右傍に細字墨書）
二二15 ▒↓伏（右傍に朱圏点・下部欄外に朱書、墨書重書）
※ 朱圏点・下部欄外朱書↓墨書重書
二二15 ▒↓允（左傍に朱圏点・上部欄外に朱書、墨書重書）
※ 朱圏点・上部欄外朱書↓墨書重書
二二15 聽↓聖（一部に朱書重書、墨書重書）
※ 朱書重書↓墨書重書
二二15 僧↓增（偏朱書重書、墨書重書）
※ 朱書重書↓墨書重書
二二18 訪↓謗↓？（字画を補筆、左傍に細字墨書見せ消ち符「ト」）
二三2 受↓愛（重書）
二三4 詈罵↓罵詈（右下に転倒符「レ」）
二三4 御木↓禦（朱線で合字・上部欄外に朱書）
二三5 ×↓文（字間に朱圏点・右傍に朱書）
二三7 ▒↓種（偏擦り消し）
二三13 㝵↓（象）（左傍にやや離れて墨小圏点）
二三14 啨↓（嘖）（左傍に細字墨書見せ消ち符「ト」）
二三16 州ヵ↓酬（擦り消し、上部欄外に細字墨書）
二三17 九↓七（擦り消し）
二三20 ▒↓取（偏擦り消し）
二四2 ▒↓邪（偏擦り消し）
二四4 ▒↓類（偏重書）
二四8 俓↓？（左傍に細字墨書見せ消ち符「ト」）
二四12 ▒↓釋（重書）
二四13 不詳（上部欄外に朱書見せ消ち符「ト」ヵ）
二四13 愛↓？（下部欄外に朱圏点）
二四14 秦↓奏（左傍に朱圏点・上部欄外に朱書）
二四16 算↓？（左傍にやや離れて墨小圏点）
二四16 隨↓墮（左傍に細字墨書見せ消ち符「ト」・加筆訂正）
※ 左傍の細字墨書見せ消ち符「ト」が加筆に

先行するか。

二五5　擇→釋（偏重書）

二五10　年→（抹消）（右傍に墨書見せ消ち符「ミ」）

二五11　佛法脉血→佛法血脉（右下に転倒符「レ」）

二六5　▩→勿（擦り消し）

二六5　▩→為（擦り消し）

二六5　▩→隆（一部擦り消し）

二六5　仏→佛（重書）

二六5　▩→法（偏重書）

二六7　心→子（擦り消し）

二六9　▩→法（一部擦り消し）

二六12　令ヵ→今（重書）

二六20　▩→小（重書）

二六20　▩→閒（一部重書）

二六23　×→是（字間に朱圏点、右傍に細字墨書）

二六25　▩→問（一部擦り消し）

二七1、2　行秋檀節→行檀秋節（右下に転倒符「レ」）

二七3　▩→久（重書）

二七5　×→自（字間右傍に細字墨書）

二七13　従→（抹消）（右傍に墨書見せ消ち符「ミ」、朱線で囲み抹消）

※　墨書見せ消ち→朱線抹消

二七21　×→聴（字間に朱圏点・上部欄外に朱書）

二七25　陵→凌（偏重書）（但し、意味的には訂正不要か）

二八4　秦→奏（一部擦り消し）

二八6　請望→望請（右下に墨書転倒符「レ」）

二八12　試應→應試（右下に墨書転倒符「レ」）

二八16　近→兵（擦り消し）

二八17　臣朝→朝臣（右下に墨書転倒符「レ」）

二八18　七→十（一部擦り消し）

※　書写過程における訂正。「十七」と書くべきを、初め「十」を脱したか

二八20　×→一（字間右傍に細字墨書）

二八20　▩→等（擦り消し）

二八25　雲→靈（一部重書）

二九3　×→寶ヵ（字間に朱圏点・上部欄外に朱書）

二九8　賻→？（左傍に細字墨書見せ消ち符「ト」）

二九9　×→布（字間に朱圏点・上部欄外に朱書）

二九10　安→居（擦り消し）

二九11　千→十（重書）

二九15　▩→祭（擦り消し）

二九20　副→嗣（旁擦り消し）

二九23　▩→賢（一部擦り消し）

二九24　×→中（字間に墨圏点・右傍に細字墨書）

二九26　件ヵ→伴（一部重書）

二九26　有ヵ→者（一部重書）

三〇4　之→定（右傍に朱圏点・上部欄外に朱書）
三〇5　×→夫（字間右傍に細字墨書）
三〇10　愛→爰（擦り消し）
三〇15　牖→牖（左傍に細字墨書見せ消ち符「卜」、左傍に朱圏点・上部欄外に朱書）

※　墨書見せ消ち符「卜」→朱圏点・上部欄外朱書
三〇20　▒→窮（一部重書）
三〇22　蕩→（抹消）（右傍に墨書見せ消ち符「ミ」）

次に、書き直しや校合の結果を示す石山寺本に見られるこれらのさまざまな訂正について、いくつかの類型に分けて整理しておく。

Ⅰ　墨書校合

A、墨書見せ消ち符「ミ」

（十六カ所。五10・17、七16、一一17、一三21、一四16、一六16、一七8・20、一九6、二〇10・17・19、二五10、二七13、三〇22）

文字の右傍に小さく「ミ」を記すもので、その文字を抹消することを示す。具体的に掲げると次のようになる（括弧内が見せ消ちされた文字。傍線を付したのは朱線囲みの抹消を伴う文字—後述）。

十大（徳）師、（白牛）白牛、猶（妙）如來、鋈和（尙）上、聖（監）鑒照明、（不）擇其人、永足於（廣）塵劫、（門）同月、二部（經）戒本、路次倚（寄）宿、惟（惟）、（受）爰上野國淨土院、（戀）鸞鏡、弘仁十一（年）載歳次庚子、右中辨（從）從伍位、文（蕩）藻嘉聲

これらが見せ消ちされた理由は、①単純な衍字（白牛、惟、從。いずれも行替の際に発生）、②類似の語句の誤記（大德—大師、和尙—和上、二部經—二部戒本、年—載〈これは、あるいは見せ消ち符の位置を誤ったもので、訂正の意図としては、載—歳か〉）、③字形の類似による誤記（妙—如、監—鑒、廣—塵、門—同、倚—寄、

受―爰、戀―鸞、蕩―藻）、④内容から誤記と判断したもの（（不）擇其人）となる。①のような行替の際の衍字の例が多数存在することからみて、これは石山寺本の元になった本そのものの誤記を転写したものではなく、石山寺本の書写の際の誤記とみてよかろう。しかも、②や③のように誤写を地の文で即座に訂正している（例えば、一六16では、「永足於塵劫」と書くべきところ、「塵」を「廣」と書き誤ったため、正しい文字「塵」を続けて記し、誤字「廣」に見せ消ちを付している）ので、見せ消ちは書写の過程で付されたものであって、校正の過程で付されたものではないと判断される。

なお、墨書見せ消ち符「ミ」によって抹消された文字には、朱線囲みによる抹消（K）を伴うものが六例ある（傍線を施したもの）。後述するように、見せ消ちを伴わない朱線による抹消もあるから、朱線による抹消は墨書見せ消ち符「ミ」とは別の段階、おそらく校合に伴うものであろう。

また、墨書見せ消ち符「ミ」のうち、後に朱線を引いて抹消されているものが二例ある。一つは「不擇其人」（一四16）で、書写過程で不要とみた「不」の文字に墨書見せ消ちを付したが、校合段階で復活させている。もう一つは「路次倚寄宿」（一九6）で、見せ消ちは「寄」に付けられているが、後にこれを朱線で抹消しており、しかもその一方で直上の「倚」が朱線で囲み抹消されている（K）。これは本来「寄宿」と書くべきところを「倚」と書き誤ったため、続けて「寄」と書き直したが、誤って見せ消ちを「寄」に付けてしまった。後の校合でこれを発見し、見せ消ちを抹消し、本来抹消すべきであった「倚」を朱線で囲んで抹消したのであろう。すなわち、墨書見せ消ち符「ミ」（A）は朱線囲み抹消（K）に先行することがわかる。

B、細字墨書見せ消ち符「ト」

a 左傍にあるもの

（十二カ所。六15・18、一二6・8、一九5、二〇1、二二18、二三14、二四8・16、二九8、三〇15）

左傍にやや離れて左側の界線の際に細字で小さく記される。基本的には「ト」と記すだけで、具体的な訂正は伴わない。墨書による重書訂正の例（二四16。隨→墮）や右傍に朱書で訂正を加えている例（六18。製→上）があるが、これらは墨書見せ消ち符「ト」とは別に、後に加えられた可能性が高い。

また、三〇15は、墨書見せ消ち符「ト」とともに、訂正すべき文字の左傍に朱圏点を施した上で、上部欄外に正しい文字を朱書している。この二つの訂正が併存する例はこれだけであり、順序としては墨書見せ消ち符「ト」が先行するとみてよいであろう。

b上部欄外にあるもの

（二カ所。一八10、二一19）

いずれも訂正意図は不詳であるが、これら上部欄外の墨書「ト」も左傍の墨書「ト」と同類とみてよいと思われる。なお、一八10は、「ト」と訂正すべき文字を記す（本文中の文字と「ト」とともに記された文字とで若干字体に相違があるのは不信であるが、書き誤りか）。

以上、ａ・ｂ二種類の見せ消ち符「ト」がいつ書かれたかについては、朱圏点による訂正に先行すると考えられること、本文の文字と類似した線の細い文字で小さく書かれていて、筆致が墨書見せ消ち符「ミ」や転倒符「レ」と類似していることなどからみて、これらと同時、すなわち書写の過程で書写した本人によって加えられたとみてよかろう。抹消すべきことが明瞭な文字には見せ消ち符「ミ」を、文字の順序の訂正のみで済むものには転倒符「レ」を付したが、文字そのものの訂正を要するものには見せ消ち符「ト」だけを記して実際の訂正はこの段階では行わなかったのである。

Ｃ、墨書転倒符

（十一カ所。四17、一三5、一四9、一八12、一九5、二三4、二五11、二七2、二八6・12・17）

文字の右下にやや丸みを帯びた「レ」を小さく書くもので、その文字を直上の文字の前に置くべきことを示す。具体的に挙げると次のようになる。

僧衆→衆僧、祇神→神祇、毗盧那遮佛像→毗盧遮那佛像、法妙蓮華經→妙法蓮華經、覆霤→霤覆、詈罵→罵詈、佛法脉血→佛法血脉、行秋檀節→行檀秋節、請望→望請、其試應→其應試、

藤原臣朝→藤原朝臣

これらはいずれも単純な誤字の訂正か、あるいは脱字を後から下に補ったものであろう。細目に小さく書く筆致はAの墨書見せ消ち符「ミ」とよく似ており、これも書写過程で付されたものと考えられる。

D、上部欄外の細字墨書

（三カ所。一一12、二一4、二三16）

上部欄外の細字墨書に対応する本文の文字には、いずれも重書（一一12、二一4）ないし擦り消し（二三16）による訂正が加えられている。前後関係は厳密には確定できないが、本文文字の微細な重書や擦り消しと類似しているので、書写過程で本文の文字を加筆訂正し、後にこれを欄外に記した可能性もある。

E、字間右傍に細字墨書

（六カ所。二〇7、二一12、二六23、二七5、二八20、三〇5）

Dが文字の訂正であるのに対し、Eは文字の補入であり、同時期の校合の結果であろう。二六23のみ字間に朱圏点を伴う。なお、二一12は、細字というよりは中間右傍にやや寄せて記す例である。

F、字間に墨圏点＋右傍に細字墨書

（二カ所。二二12、二九24）

右傍の細字墨書はEと同筆であり、一連のものであろう。墨圏点を付すか否かの違いは、同時に両様の書式を

とったことによるのか、あるいは時期差であるのか判然としないが、墨圏点も細字補入の文字と同筆と考えられ、書写過程における校合を示すものであろう。

G、字間に墨圏点十上部欄外墨書

（一カ所。二一7）

圏点・文字とも右の墨書訂正とはやや異なるが、文字はHに近い。

H、字間に墨圏点十行間墨書

（一カ所。一8）

脱行を補うもので、石山寺本の訂正としては最も大規模なものである。本文と同筆と考えられるが、後述の朱区切り点・返り点は、行間補入部分には打たれておらず、しかも区切り方からみても補入部分と無関係に打たれていることは明らかである。したがって、行間補入が書写過程のものであるとすれば、朱区切り点・返り点も書写過程で打たれたことになる。なお、訂正の規模は異なるがGとよく似ており、G・Hは一連の校合を示すものであろう。

I、左傍墨圏点

（四カ所。一八17、二一19、二三13、二四16）

いずれも圏点を付すのみで、訂正は加えられていない。時期は不詳であるが、墨圏点は、見せ消ち符「ミ」・転倒符・細字墨書・細字墨書見せ消ち符「ト」などとよく似た筆致の細字で記されており、これらと同時に書写過程で付されたものと考えられる。

J、墨書重書

（二二15に四カ所）

これは太く塗り潰すように上書きされており、朱書による校合に遅れて書かれたものであろう。

Ⅱ　朱書校合

K、朱線囲みによる抹消

（十カ所。五17、七16、一〇19、一一17、一三21、一七20・21、一九4・6、二七13）

十例中七例（五17、七16、一一17、一三21、一七20、一九6、二七13）は墨書見せ消ち符「ミ」による抹消（A）を伴う。このうち、一九6は朱線囲みで抹消された文字自体は墨書見せ消ちを伴わないが、これが墨書見せ消ち位置を誤ったことに由来すると考えられることについては前述した通りであり、やはり墨書見せ消ちと関連するものといってよい。一〇19は、現状では墨書見せ消ちによる抹消を伴わないが、本来墨書見せ消ちが施されていた可能性を捨てきれない。これは、「期」の旁「月」を擦り消して「斤」と墨書して全体を「斯」に訂正しており、旁の擦り消しの際に右傍見せ消ちも一緒に擦り消された可能性が考えられるからである。この例は墨書と朱書による重層的な訂正の過程がよくわかる例としても貴重で、前述のように墨書見せ消ち（A）は朱線囲み抹消（K）に先行する（一九6）から、①右傍に墨書見せ消ち符「ミ」（A）、②文字を朱線囲みにより抹消（K）、③旁を擦り消して訂正、という三段階の訂正過程がわかる。

墨書見せ消ちのあった箇所全部に朱線囲み抹消があるわけではなく、また墨書見せ消ちのなかった箇所にも朱線囲み抹消のある例がある。

なお、一九4は朱線囲み抹消に加えて、右傍に訂正して正した文字が記されている唯一の例であり、朱筆による訂正は朱線囲み抹消（K）よりも遅れると考えられる。

L、字間に朱圏点十右傍朱書

（六カ所。七1、八11、一一15、一四10、二一12、二三5）

なお、二六23は、字間の朱圏点と右傍は細字墨書が併存するが、これは細字墨書による補入が既にあったため、後に朱圏点のみ加えたのであろうか。但し、右傍の細字墨書によるに補入で朱圏点を伴うのはここ一カ所のみであり問題が残る。

M、字傍朱圏点＋欄外朱書

a左傍に朱圏点＋上部欄外に朱書

（四カ所。一二8、二二15、二四14、三〇15）

二二15は、このあと墨書により重書して「允」に訂正されている。三〇15は先行する墨書見せ消ち符「ト」と併存する例である。

b右傍に朱圏点＋上部欄外に朱書

（四カ所。四11、九18、一九4、三〇4）

c右傍に朱圏点＋下部欄外に朱書

（一カ所。二二15）

この例もaの二二15の例と同様、後に墨書により重書して「伏」に訂正されている。

さて、これらの朱書の場所は基本的には上部欄外を原則としており、既に別の訂正で上部余白がない場合に限り、下部欄外をも用いており、位置の違いに本質的な差違はない。朱圏点を文字の左右いずれに付すかは適宜選択されているようである。これらの朱圏点＋欄外朱書という訂正が、墨書見せ消ち符「ミ」「ト」、などより遅れることについては前述した。

この他、右傍朱圏点のみあるものが一例ある（一二19）が、これは朱圏点自体が擦り消されているようであり、訂正を中途で止めたものであろう。当初の意図としては、bないしcと同類であろう。

N、字間に朱圏点十上部欄外朱書

（六カ所。一二4、一三8、二四13、二七21、二九3・9）

朱圏点の位置はMと異なるが、これは文字の補入の場合は字間、訂正の場合は字傍に記したためであり、本質的な違いはない。M・Nは同時に行われた校合結果を示している。

なお、欄外朱書のみのものが二点ある（一一4、一三2）。これは行頭ないし行末の文字に続けて補ったので、敢えて朱圏点を付さなかったもので、Nの変形と考えることができよう。

O、字傍に朱書見せ消ち符「ト」十欄外朱書

a左傍に朱書見せ消ち符「ト」＋上部欄外朱書

（一カ所。一一5）

b右傍に朱書見せ消ち符「ト」＋上部欄外朱書

（一カ所。四18）

なお、朱書見せ消ち符「ト」のみのものが九カ所ある（二10・五12…左傍、九12・一九20…右傍、二10・三2・八20・九12・二四13…上部欄外）。これらには、二10や九12のように字傍と上部欄外の二カ所に「ト」が併存するものもあるが、いずれも訂正された文字は記されていない。墨書見せ消ち符「ト」にほとんど墨書の訂正が加えられていないことからみると、厳密にはa・b含めて朱書見せ消ち符「ト」と欄外朱書が同時期のものでない可能性も残る。また、M・NとOの前後関係も不詳とせざるを得ない。

P、字間に朱線十欄外朱書

（二カ所。一二9、二三4）

字間に朱線を引き一字であることを示した上で、上部欄外に訂正された文字を朱書で記すものである。欄外に朱書する点からみて、M・NないしOと同時期の校合である可能性が高い。

Q、右傍に朱書

a 訂正

（六カ所。二6・7、七19、一二4、一六9、一九4）

このうち、一九4は「靈」→「雲」の訂正であるが、「靈」に朱線囲みの抹消が施されている。これは朱線囲みの抹消が先行するとみてよかろう（同時の可能性もなくはない）。なお、一二4は擦り消されている（字間朱圏点＋上部欄外朱書との前後関係は不詳）。

b 補入

（六カ所。二15、三20、一四14、一五20、一六14・16）

このうち、一四14で右傍に朱書された「戒」は、同筆のヲコト点（順暁和尚点）を伴う。したがって、他のヲコト点も校合の過程で加点された可能性が高い。

なお、Qbは、朱圏点の有無を除くとLと同形態であり、QはLと同一の校合に基づく可能性がある。

R、本文の空白部分に朱書

（四カ所。一〇1・13、一四15、一六11）

一四15と一六11は文字の一部を朱書で加筆したものであるが、一応同類と捉えておく。

S、朱書重書

（一カ所。二二15）

これは朱書訂正の最後の段階で書かれている。墨書重書はさらに遅れる。R・SはQと類似しており、一括した校合作業の結果の可能性が考えられる。

この他全体にわたって、重書・擦り消しによる文字の訂正が多数見られる。これらは、基本的には書写の過程における細かな訂正痕跡と捉えることができよう。

以上を訂正の意図によって類型化すると次のように整理できる。

【墨書校合】

抹消…見せ消ち符「ミ」（A）

訂正…①字傍に見せ消ち符「ト」（B）

②左傍墨圏点（I）

③上部欄外細字墨書（D）

④重書（J）

補入…①転倒符（C）

②字間右傍に小書（E）

③字間に圏点＋右傍に細字墨書（F）

④字間に圏点＋上部欄外墨書（G）

⑤字間に圏点＋行間墨書（H）

【朱書校合】

抹消…朱線囲み（K）

訂正…①字傍に朱圏点＋欄外朱書（M）

②字傍に朱書見せ消ち符「ト」＋欄外朱書（O）

③字間に朱線＋欄外朱書（Ｐ）
④右傍朱書（Ｑａ）
⑤重書（Ｓ）
補入…①字間に朱圏点＋右傍に朱書（Ｌ）
②字間に朱圏点＋欄外朱書（Ｎ）
③空白部分に朱書（Ｒ）
④右傍朱書（Ｑｂ）

これらの校合の順序は、大きく分けて、墨書校合→朱書校合とみることができる（但し、Ｇ・Ｈ・Ｊは朱書校合よりさらに遅れる）。そして、厳密な前後関係は不詳ながら、それぞれいくつかのまとまりに分けられるが、その前後関係については、区切り点、ヲコト点を含めて後述する。

五　誤字・脱字

石山寺本『叡山大師伝』に単純な誤字・脱字が多数見られることについては、既に大屋徳城氏以来指摘されるところである。現在、誤字・脱字と判断される箇所は、右に述べた墨書・朱書校合によってもなお訂正されずに残ったものであり、最初の書写直後にはさらに多くの誤字・脱字があったことになる。

煩を厭わず、校合が加えられていないが誤字・脱字と判断される箇所を列記すると、次のようになる（誤字においては、（　）内が正しい文字。脱字においては「　」内が本来あるべき文字。なお、己―已―巳、未―末、弟―第など、ほとんど同字体で用いられる軽微なものは割愛した。ここで誤字として取り上げたものの中にも、城―域、傳―傅、與―興など字体は異なるが、書写者が通用させてしまっている可能性のあるものもある。また、脱字は原則として明らかに脱字と判断されるものに限った。脱字の可能性にとどまるものについては、本文の註記にのみ記したので、参照されたい）。

誤字

三16　其足淨戒（具足淨戒）
四4　起信論疏等花嚴五教等（起信論疏幷花嚴五教等、あるいは等、衍）
五2　万僧齊（万僧齋）
五6　龍像（龍象）
五11、12　有縁厚領（有縁厚顧）
六10　共起（苦起）
六14　龍像（龍象）
六21　慶載（慶戴）
八1　最澄言（最澄）（言、衍）
九9　闍澤語（闍譯語）
九9　音緒（意緒）
九12　少杜（少壯）
一〇12　内省庸菲（内省膚菲）
一〇13　拜躍（抃躍）
一〇17、18　又又春宮（又春宮）（又、衍）
一一19　照察舟誠（照察丹誠）
一二6　添陪末席（忝陪末席）
一三3　第四付屬傳受（第四付囑傳受）
一三4　今佛法永々不絶（令佛法永々不絶）
一三19　神送桯（神送樫）
一四9　一副（一幅）
一四9　一副（一幅）
一四9、10　一副（一幅）
一四13、14　內待（內侍）
一四15　深縁（深綠）
一四19　天笠（天竺）
一四19　從（徒）
一五4　謹勤（謹勒）
一五7　一副（一幅）
一五7　一副（一幅）
一五19　十有餘其（十有餘基）
一六18　受付屬於金口（受付囑於金口）
一七6　肯索（睿索）
一七12　仲等經論（件等經論）
一七20　諳安（諳案）

一八9　可不義歟（可不美歟）
一八9　可不義歟（可不美歟）
一八11　大槃若經（大般若經）
一八13　吒宣（託宣）
一八15　吒宣（託宣）
一八16　齊殿（齋殿）
一八16　奉上和尚（奉上和上）
一九2　瑞靈（瑞雲）
一九12　不歡異（不歎異）
一九12　吒宣（託宣）
一九13　忽難時（急難時）
一九13、14　忽難時（急難時）
一九14　吒宣（託宣）
一九21　大宗帝（太宗帝）
二〇8　或爭字或競輪（或爭學或競論）
二〇11　隨地（墮地）
二〇16　所建（所逮）
二〇21　知識例（知識列）
二一1　陬訪（諏訪）
二一1　吒宣（託宣）
二一7　誓昌一廣濟（誓置廣濟）
二一8　義濃境內（美濃境內）
二一9　過義濃（過美濃）
二一19、20　智者授灌頂灌頂授章安章安授智威（智者授灌頂灌頂授智威―授章安章安を衍とみる、または智者授灌頂章安章安授智威―灌頂授を衍とみる）
二一21　次義眞八（次義眞也）
二二1　顯少乘下劣行（顯小乘下劣行）
二二4　羯磨金異（羯磨全異）
二二7　銀鈞（銀鉤）
二二17　仰請寺（仰諸寺）
二三6　傳奕（傅奕）
二四2　傳奕（傅奕）
二四10　豈朽哉（豈朽哉）
二四16　例言之詰（倒言之詰）
二五17、18　此實手手詔（此實手詔）（手、衍）
二六6　我鄭重訖生（我鄭重託生）
二六13　又遺試文云（又遺誡文云）
二六21　域下一文銭（城下一文銭）
二七2　納等布（納寸布）
二七3　付屬（付囑）
二七7　圓仁（圓信）
二七12　先異相（告異相）
二七16　元許（允許）
二八2　延歴寺（延曆寺）
二八2　大政官（太政官）

二八3　大政官（太政官）
二八13　大政官（太政官）
二八23　暫停不朝（暫停不載）
二九14　太宰大貳（大宰大貳）
二九16、17　藤主殿頭成三（藤主殿頭成―三を衍とみる、
または藤主殿頭三成）
二九23　索衆（索衆）
三〇4　道沼（道紹ヵ）
三〇14、15　人備（人倫）
三〇16　巖岸松木（巖崖松木）

脱字

一14　工。年十二（工「巧等」。年十二）
三2　死日獄薪（死日「成」獄薪）
三9　石女擔轝（石女擔轝「罪」）
四8　鑒眞和上將来也（鑒眞和上「所」將来也）
五9　賢玉光證（賢玉「歳光」光證）
六10、11　傳燈之基（傳燈之「大」基）
六12　和朝臣入鹿（和「氣」朝臣入鹿）
八9　折於經文（折於經「之」文）
一一6　廿九月（廿「年」九月）
一一22　二百歳（二百「餘」歳）
一二19　三部三昧（三部三昧「耶」）
一三2　又付本國供奉大德（又付「日」本國供奉大德）
一三2、3　弟子寂澄（弟子「僧」寂澄）
一五14、15　延曆廿三歳在甲申（延曆廿三「年」歳在甲申）
一五22　學聽悟者（學「生」聽悟者）
一六1　有於清瀧峯高雄寺（有「勅」於清瀧峯高雄寺）
一六9　恐墮落（恐「一宗」墮落）
一六14　三論三人（三論「宗」三人）
一七2　大醫王（大醫王「也」）
一七7　无表（「无量」无表）
一七11　衆生機（衆生「之」機）
一七14　十二律（十二律「呂」）
一九8　大悲之願（大悲之願「海」）
二一8　黜有便（黜「陟」有便）
二一22　既菩薩僧（既「有」菩薩僧）
二二2　上表文（上表文「云」）
二二10　比叡山（比叡山「寺」）
二三1　招妄語十重之宏疊（招妄語「於」十重之宏疊）
二四13　无愛（无愛「憎」）
二六24　大釋迦（大「師」釋迦）
二六25　問訊求聲（問訊求聲「聞」）

二七20　比叡山（「於」比叡山）
二八2　賜寺（賜寺「額」）
二八3　六月十日（六月十「一」日）
二八14、15　下知治部（下知治部「省」）
二八26　法華惑四巻（法華「去」惑四巻）
二八27　依憑一巻（依憑「集」一巻）
二九13　太中大夫參議國（太中大夫「伴」參議國）
三〇10　開道於城外（開「直」道於城外）

これらを通覧すると、内侍—内待、件—仲、美濃—義濃、延暦寺—延歴寺、天竺—天笠など、単純なしかも普通ならあまり書き誤るとは考えにくい誤字が多く見られる。これは校合によって訂正されているものを含めると、さらに多くを指摘することができ、妙法蓮華経、盧遮那佛、神祇などの語順を誤り、ましてや最澄を書き誤り、その著作『佛法血脈』の語順を誤るなどに至っては、凡そ最澄の伝記に似つかわしくない誤りということもできる。第二一紙四行七字めの「吹」から一五・一六行あたりにかけては極端に字体が乱れ（第二一紙は訂正箇所も一四カ所と最も多い）、この間かなり書写に疲労をきたした様子が見て取れるなど、相当急いで書写された可能性が考えられる。そのためにこそ念入りに校合を行ったのだということもできよう。また、右に挙げたごく単純な誤るはずのない誤りが散見されるのは、書写を急いだという理由とともに、石山寺本の底本が、かなり崩した読み取りにくい字体で書かれ、石山寺本の書写者は、それをかなり忠実かつ丁寧に写し取ったという事情が想定できよう。

誤字・脱字の多さはけっして石山寺本の瑕瑾ではなく、むしろ石山寺本が『叡山大師伝』成立にかなり近い時期の、古様を伝える優れた写本であることの証左といえるのではなかろうか。

六　朱区切り点・ヲコト点等

石山寺本『叡山大師伝』には、全面にわたって朱の区切り点が加えられている。文字の右下・真下・左下の三種が見られ、形状はいずれも現在の読点状を呈するが、真下のものは特に円形を呈することも多い。右下のものは現在の句点（。）、真下のものは現在の読点（、）、左下のものは返り点の「二」ないし「レ」に相当する。

区切り点は概ね妥当な位置に打たれているが、明らかな誤りもあり（本文に註記した）、また不足する箇所も見られる（訓読上是非とも必要な箇所は、編者の判断により原区切り点との区別をつけて補った）。ことに第二九紙あたりの最澄の教えを受けた官人を列挙した部分では、全く無意味な点を打っている部分が目立つ。

朱ヲコト点（順暁和尚点）は次の三一箇所計五三文字に見られる。順暁和尚点は、一〇世紀に石山寺においてのみ用いられたヲコト点であり、石山寺本『叡山大師伝』の成立年代を考える上で貴重な素材となる。

一〇4・12・16・17、一二8（但し擦り消さる）、一四14・17・18、一五10・21、一七18、一八10・15・16、一九17・18、二〇1、二二2・13、二三8・17、二六9、二八14、二九21、三〇8・9・13・15・18・19・22

朱訓仮名は、次の二箇所計三文字に見られる。

一〇3、三〇6

また、次の七箇所には朱の送り仮名が見られる。

一〇4、一四17・18、一七18、二二13、二三17、三〇22

さらに、次の二箇所には文字の意味内容についての朱註記がある。

一11、三〇6

これらの朱点の加点時期について検討しておきたい。参考となるのは次のような箇所である。

①一8　行間に墨書で補われた部分には、区切り点は打たれていない。すなわち、区切り点↓墨書校合H

②一〇13　「渥」を朱書で補った部分の区切り点は、空白の上の文字「榮」の右下ではなく、「渥」の右下に打たれている。すなわち、朱書校合R↓区切り点

③一四14　「寶」の左下の区切り点は、右傍の朱書で「戒」（ヲコト点を伴う）を補う前に打たれている。すなわち、区切り点↓朱書校合Q

④一四14　右傍の朱書「戒」のヲコト点は、「戒」と同筆で校合で補うのと同時に打たれている。すなわち、朱書校合Qとヲコト点は併行する

⑤二四13　「愛」の右下の区切り点は、真下の朱圏点を意識してやや離して打っているように見られる。すなわち、朱書校合N↓区切り点か

⑥二七5　「畢」の右下に打たれるべき区切り点は、「畢」と「今」の中間右傍に細字墨書で補われた「自」の右肩に打たれている。すなわち、墨書校合E↓区切り点

さて、これらの知見と前述の校合の所見から、書写・校合・加点の過程を整理すると、概ね表のようになる。基本的には、書写↓墨書校合↓朱書校合↓区切り点・ヲコト点加点＋朱書校合↓墨書校合という経過で本文が整えられたことがわかる。このうちCはAとの字体の類似から(Ⅰ)の段階、Kは本文の文字自体に手を加える朱書校合は(Ⅲ)の段階にはないことから(Ⅳ)の段階とした。(Ⅲ)のM・N・PとOの前後関係は厳密には判断できない。また、(Ⅳ)のL・Q・R・Sには、②に示したRと区切り点加点の関係などのように、厳密には前後関係のあるものがあるが、基本的には加点作業に伴う一連の過程の中の時間差として把握できるものと判断した。

区切り点加点後に第一紙第七・八行の行間に補われた部分も本文と同筆であるから、これら(Ⅰ)〜(Ⅴ)の過程は、実際にはそれほど時日をおかずに一連の作業で行われたと考えられる。ただ、区切り点・ヲコト点が底本のそれ

を踏襲したものか、新たに加点したものかは判断する材料がない。

書写・校合・加点過程	抹消	訂正	補入	朱筆・墨筆の別
(Ⅰ)最初の書写過程。重書擦り消し多数	A	B・I	(C)	墨書
(Ⅱ)書写後の校合		D	E・F	墨書
(Ⅲ)再度の校合		M・P・O	N	朱書
(Ⅳ)区切り点・ヲコト点加点に伴う校合	(K)	Qa・S	Qb・R・L	朱書
(Ⅴ)その後の校合		J	G・H	朱書

七　若干の考察

校合の過程は右のように明らかになったが、校合が加えられながら、その意図が明らかでなかったB及びIの訂正について、その意図を推察しておく必要があろう。これらは、右の考察によれば、最初に加えられた書写過程における校合の結果であり、石山寺本の文字に何らかの誤りがあるとみるのが自然だからである。

まず、Bについて一つひとつ検討しておこう。

Ba

①凝（六15）　佐伯有清氏が翻刻しているように（意改か）、「澂」への訂正を意図したものであろう。

②製（六18）　後に右傍に朱書「上」が加えられているが、これが本来の訂正意図かどうかは不詳である。「上」の他、「奉」の可能性もあろう。

③陪（一二6）　訂正意図不詳。諸本には「倍」（浄の意）とするものがあるが、意味的には別の文字への の

訂正であろう。あるいは直上の「忝」を添と書いた誤字に関わるものか。

④峯（一二8）「峰」への訂正は考えにくいから、あるいは「嶺」への訂正を意図するものか。

⑤歎（一九5）「歎異」はすぐれていると感心するの意であり、格別訂正を要するとは考えにくいが、「歡異」に作る箇所もあり、また「歎」の左傍に圏点を付す例もあるので、書写者は「歡異」を正しいと認識していたか、あるいは底本に「歡異」とあった可能性が高く、「歡」への訂正を意図したものであろう。

⑥杇（二〇1）「杇」は、こて、の意であり、佐伯有清氏が翻刻しているように（意改か）、「朽」への訂正を意図したものか。

⑦謗（二二18）意味的には「誹謗」でよく、二二21にも同じ字体の「謗」があるが、二二22の「謗」に比べると、旁がやや窮屈に詰まって書かれており、字体が正しくないことを指摘するものか。但し、字画の墨色からみて、「訪」の旁に加筆して「謗」に訂正したと見られ、見せ消ち符「ト」を記した後に訂正されている可能性もある。

⑧啨（二三14）旁を「責」に作れば「譴責」の「責」に通じ佐伯有清氏が翻刻するように（意改か）、「嘖」への訂正を意図したものか。

⑨俓（二四8）「徑」への訂正を意図したものか。

⑩墮（二四16）初め「隨」と書き、後に字画を加えて「墮」に訂正されている。この加筆は墨書見せ消ち符「ト」より遅れるもので、見せ消ち符「ト」は「隨」と書いた当初の段階で「墮」への訂正を意図して付けられたものであろう。

⑪賻（二九8）「贈」に作る本もあるので、「贈」への訂正の意図か。但し、意味からは「賻」のままで

⑫牖（三〇15）　後に左傍に朱圏点を施し上部欄外に朱書があるように、また佐伯有清氏が翻刻しているように（意改か）、「牖」への訂正を意図したものであろう。
よい。

B b

⑬一八10上部欄外　「筑紫」と訂正する意図は明らかで、「筑」の「工」の部分を「さんずい」に作るを誤りとみたものであろう。

⑭二一19上部欄外　佐伯有清氏の指摘するように、灌頂と章安が同一人物であることを知らずに書写したことによるもの。

次にⅠについて

⑮歎（一八17）　「歡」への訂正を意図したものであろう。⑤参照。

⑯々（二一19）　訂正意図不詳。

⑰写（二三13）　「象」への訂正を意図したものであろう。

⑱算（二四16）　訂正意図不詳。

これらの訂正は、校合の最も初期の段階で加えられているのに、その後の墨書・朱書校合でも具体的な訂正はされていない。これらはなぜ訂正符号のみで実際の訂正に至らなかったのであろうか。この点については臆測に頼るしかないが、これらが比較的容易にわかる訂正であることと関係があるのではなかろうか。また、石山寺本が浄書本であるならば、この訂正は不完全と言わざるを得ないが、これを元に浄書本が作成されたと考えれば、これはこれで決定稿としての意味を充分もったのではなかろうか。その意味では、石山寺本とは別に浄書本が作成された可能性が高いと考えられる。

最後に石山寺本以外の現行諸本との関係を考えておきたい。現行諸本と石山寺本との最も大きな違いは、錯簡の有無である。錯簡の起きている箇所を石山寺本によって示すと、第八紙一五行め冒頭の「千載之外」から第九紙一一行め第一字の「可」までの約一八行が、「千載之外」の前の一八行をはさんで、一九行前の第七紙一八行末尾の「以」とその上の「謝」の間に紛れ込んでいるのである。つまり、本来は、石山寺本に見るように、（あ）第七紙一八行末尾の二字めの「謝」まで―（い）第七紙一八行末尾の「以」から第八紙一四行末尾までの約一八行―（う）第八紙一五行め冒頭の「千載之外」から第九紙一一行め第一字の「可」までの一八行―（え）第九紙一一行め第二字以降、という順序であった。しかし、（い）（う）いずれも約一八行であることから考えると、これらはある段階でそれぞれ一枚の料紙に記されていたが、何らかの事情で糊離れが生じた際にこれを逆の順序で復旧してしまったため、（あ）―（う）―（い）―（え）の順序になってしまった、つまり料紙一枚分がそっくり前後入れ違えになってしまったのであろう。

その際もう一点注目したいのは、錯簡が生じた（い）と（う）がいずれも石山寺本の行間で切れており（い）（う）は行間で切れ、（あ）―（い）、及び（う）―（え）も一字ずれるだけである）、糊離れを起こした写本が石山寺本と極めて近い字配りを示していたと考えられることである。一紙の行数は二二行の石山寺本とは異なっていたようであるが、錯簡の生じた写本が石山寺本と近接した関係にあったことを示している。但し、（あ）以前の本文一四九行は一紙一八行で割り切れる数字ではない（五行余る）ので、一紙一九行の料紙が含まれていたのであろう。石山寺本の底本に元々欠けていた文字が異本で補われている場合があるけれども、諸本が石山寺本の校正ミスをそのまま引き継いでいる箇所もある（第二五紙一一行の弘仁十一載）ので、石山寺本が全体の祖本に近い位置付けの写本であることは確かであろう。

〔付記〕翻刻は渡辺・舘野が共同でこれにあたり、解説の執筆は渡辺が担当した。

凡例

一、翻刻は原則として正字体を用いたが、原本の字体と正字体が大きく異なる場合など、原本の用字を尊重して正字体を用いなかった場合がある（「㝡」「与」「礼」「珎」「弥」「祢」「塩」「随」など）。

一、残画から文字を推定できる場合には、〔　ヵ〕で示した。

一、他の写本で当該文字が復元できるが、残画からの推定が不可能な場合には、（　）で示した。

一、誤字・脱字等については、誤脱の明らかなものに限り本文に註記した。誤脱と断言できないものは、註においで指摘するに止めた。なお、己—已—巳、未—末、弟—第、弥—祢など、字体が似ていて通用させている可能性のあるものは、誤字としては註記しなかった。また、一応誤字として取り上げたものの中にも、城—域、傳—傅、與—輿など、字体は異なるが、書写者が通用させてしまっている可能性のあるものもある。

一、区切り点等は次のように表記した。

　右傍の点（句点）は「。」

　中央の点（読点）は「。」

　左傍の点（返り点）は「‐」

一、編者が加えた句点は「.」、読点は「、」、並列点は「・」で表記した。

一、点を除く朱書は『　』で表記し、朱圏点は「◎」、墨圏点は「○」とした。

一、ヲコト点は、それによって示される読み仮名を、文字の右傍に平仮名で示し、補筆は（　）で括って示した。仮名の書き込みは、字体にかかわらず片仮名で示した。

一、原本に多数見られる文字の訂正等については、釈文として表記したものも含めて、脚註を付した。

一、脚註は一紙ごとの通し番号とした。

叡山大師伝

(1)

叡山大師傳　　　釋一乘忠撰

大師諱㝡澄。俗姓三津首。滋賀人也。(1) 先祖後漢孝獻帝苗裔。(2) 登萬貴王也。輕嶋明宮御宇天皇御世遠慕皇化レ同歸聖朝。仍矜其誠款レ賜以近江國滋賀地。自此已後改姓賜三津首也。父百枝。身帶敬順レ心懐□□（仁讓）□□〔内外カ〕倶學。閭□□□（里爲鏡）□〔矣カ〕。礼佛誦經レ常以爲業。私宅成寺レ精□〔勤カ〕修行.(3) 常□□（念無）子レ□〔祈カ〕願在懐。爲 (4) ○左脚神宮右脇忽然名□〔香カ〕馥□〔郁カ〕薫流巖阿於是衆人共得男子レ登山擇地レ□〔已カ〕經數日矣。〔×此カ〕(5) (6) 比至叡岳レ ○異求覓香源。幸得驗地レ創造草菴。今呼神宮禪院レ是也。期一七日レ至心懺悔。四日五□〔更カ〕□（夢）感好相レ而得此兒。產生之時内外胥『敬也』悦盛陳餚饍。適生孩子知語レ辯色。(7)

---

(1)「也」と「先」の中間中央にも区切り点あり。

(2)「裔」と「登」の中間中央の区切り点の右側、すなわち両文字の中間右傍に区切り点擦り消し痕跡あり。

(3)「行」の右下の区切り点は現状では残らないが、これは虫喰いによるもので、本来区切り点があったと考えられる。

(4) この行○以下、次行の○印の位置に挿入すべく、同筆にて行間に墨書後補。行頭表記の本文の行数には数えないこととする。

(5)「比」、原字「此」の上に重書訂正。

(6)「岳」と「異」の中間左傍に返り点があるので、「叡岳に至る比」と読んだことがわかり、この返り点は（4）の脱文補入以前のものであることが判明する。このことは、補入の一行に区切り点・返り点が全く見られないこととも軌を一にし、書写・訂正・加点・後補

憶持諸事。長大之後向人談吐無有所爽。隣里嗟異父母□〔覆カ〕□（諱）。不欲人知矣。□〔年カ〕七歳學超同列、志宗佛道。村邑小學謂爲師範。粗練陰陽・醫方・工〔巧等脱カ〕。年十二投近江大國師傳燈法師位行表所、出家修學。表見器骨、亦知意氣。敎以傳燈。令習學唯識章疏等。年十五補國分僧闕。年廿進具也。父百枝語言。我昔祈願三寶、夢得好相、有遇賢子。意樂既滿、心悦亦足。但先悔過、期□（日）未滿。汝追修行、當補先缺。卽奉敎誘於睿岳左脚神宮禪院、修行懺悔。未歷數日、忽自於香爐中出顯佛舍利一粒。大如麻子。又經少時、於

(2)

灰中金華器一合子。大如菊花。卽盛舍利、宛如舊器。頂戴礼拝供養恭敬。多有神異。後依他縁、數缺礼敬。裹懸倉宇、經歷數月。纔望暇時、憶念舍利。取嚢、開見。既已漏失。戀慕啼泣如鵠林朝。幸聞古人言、所懸倉下掘土求覓・（1）至心誓願出現土中。歡喜頂

が同一人の手でそれほど時期をおかずに行われたことを示す（解説参照）。

（7）「辯」、「言」の部分は原字を擦り消して訂正。原字不詳。

（1）現状では区切り点はないが、これは虫喰いのためか。

戴无有懈倦。以延暦〔×歷〕(2)『六』(3)四年｣觀世間无常榮衰有限｣

遊 慨正法淩〔陵〕(4)遲蒼生沈淪。○(5)心弘誓｣遁(6)身山林。其年七月中旬、出離憒丙之處｣尋求寂靜之地。直登睿岳｣卜居草菴。松下巖上、與蟬聲｣爭梵音之響。石室草

『卜』 堂、將螢火｣競斜(7)『卜』陰之光。柔和善順心不卒暴。自性無有服餝□(之)□〔好ヵ〕｣亦絕嗜(8)味之貪。披忍衣而覆法界。則無人不愛樂。入法空而悲動植。則無趣不悦豫。善權方便之力、如慈石吸鐵。蘭若不動之心、如帝珠鑒物。所以檀林條柯、衆鳥所集｣滄海坎(9)德諸湊無背。凡諸門徒見行貴心｣『見』(10)志增貴。不憚寒熱｣不憂飢饉。共結山林之深志｣皆慕利生之宏基。奉爲四恩｣毎日讀誦法華・金光明・般若等大乘經。一日不闕｣無有懈怠。得衣服時、施与前人｣特無慳悋｣亦無嫉恚。且坐禪之隟自製願文。其詞云悠々三界純苦無安也。擾々四生、唯患不樂也。牟尼之日久隱、慈尊之月未照。近於三灾之危｣沒於五濁之深。加以風命難保｣露體易消。草

---

(2)「暦」、「歷」の「止」の部分を擦り消して「日」とし、「暦」に訂正。

(3)「六」、「四」の右傍に朱書。

(4)「淩」、佐伯有清氏は、偏を「氵」ではなく「阝」の草体とするが、本写本中にはそのような例はなく、文字としては「氵」と読みとるべきか。

(5)この墨圏点は、上部欄外の墨書「遊」をここに挿入すべきことを示す。

(6)「遁」、原字はしんにょうに「有」。右傍にしんにょうに「有」の文字の朱書あり。

(7)「斜」、左傍に朱書見せ消ち符「卜」あり。上部欄外の朱書見せ消ち符もこれと對應するものであろうが、上下二カ所に書いた理由は不詳。

(8)「嗜」、原字を擦り消して訂正。原字不詳。

(9)「坎」、土偏は原字の偏を擦り消して訂正。原字の偏は不詳。

(10)「見」、「心」と「志」の中間右傍に朱書。

堂雖無樂﹂然老少散ゝ曝於白骨。土室雖闇迮﹂而

(3)

貴賤争宿於魂魄。瞻彼﹂省己﹂此理必定。仙丸未服﹂遊『卜』(1)魂難留。命通未得﹂死辰何定。生時不作善﹂死日〔成脱カ〕獄薪。難得易移﹂其人身矣。難發易忘﹂斯善心焉。是以法皇牟尼假大海之針妙(2)高之線﹂喩況人身難得。古賢禹王惜一寸之陰半寸之暇﹂歎一生空過。無因得果﹂無有是處。無善免苦﹂無有是處。伏尋思己行迹﹂無戒竊受四事之勞﹂愚癡亦成四生之怨。是故未曾有因縁經云。施者生天。受者入獄。提韋(3)女人四事之供表未〔末〕利夫人福。貧著〔×者〕(4)利養五衆之果ゝ顯石女擔轝〔罪脱カ〕。明哉善惡因果。誰有慚人不信此典。然則知善因﹂而不畏苦果﹂釋尊(5)遮闡提。得人身徒不作善業﹂聖敎嘖空手。於是愚中極愚ゝ狂中極狂ゝ塵(6)禿有情ゝ底下寂澄ゝ上違於諸佛﹂中背於皇法﹂下闕於孝礼。謹随迷狂之心﹂發三二之願。以无所得﹂而爲方便﹂爲无上第一義﹂發金剛不壞

---

(1) 上部欄外の朱書見せ消ち符「卜」、この行下文で「成」を脱するに関連するか。

(2) 「妙」と「高」の中間左傍に朱区切り点擦り消し痕跡あり。

(3) 「韋」、原字を擦り消して訂正。原字不詳。

(4) 「著」、原字「者」の一部を擦り消して訂正。

(5) 「尊」、字画の一部に重書による訂正あり。

(6) 「塵」、しんにょうの原字を擦り消して訂正。原字は「遮」か。

不退心願我□〔自カ〕未得六根相似位以還不出假・(7)其一　自未得照理心以還不才藝。其二　自未得其〔具〕足淨戒以還不預檀主法會。其三　自未得般若心以還不著世間人事緣務。除相似位。其四　三際中間所修功德獨不受己身。普廻施有識悉皆令得无上菩提。其五　伏願解脫之味獨不飲。安樂之果獨〔不〕證。(8)法界衆生同登妙覺。法界衆生同服如味。若依此願力至六根相似位若得五神通時必不取自度不證正位不著一切。願必所引導。

(4)

今生无作无緣四弘誓願。(1)周旋於法界遍入於六道淨佛國土成就衆生盡未來際恒作佛事。時有內供奉禪師壽興者。纔見此文同結金蘭。六和無缺一山在限。於是大師隨得披覽起信論疏等〔衍、又は幷カ〕花嚴五教等。猶尚天台以爲指南。每見此文不覺下淚慨(2)然。無由披閱天台敎迹。是時邂逅值遇知天台法文所在人。因玆得寫□〔取カ〕。圓頓止觀。法華玄義。幷法華文句。(ママ)疏・四教義。維摩疏等。

(7)　現状では区切り点なし。虫喰いによるもので、本来は右傍に区切り点があったか。

(8)　「不」、「獨」と「證」の中間右傍に朱書。

(1)　「願」と「周」の中間左傍に朱返り点擦り消し痕跡あり。

(2)　「涙」と「慨」の中間中央に朱区切り点擦り消し痕跡があり、「慨」字上に朱線状に延びる。区切りを「下涙」の下から「慨然」の下に訂正したもの。

此(3)是故大唐鑒眞和上將來〔所脱カ〕也。適得此典、精勤披閲。義理奥賾弥卬弥高。随攢随堅。本佛本懷同開於三乘之門戸、内證内事等付一乘之寶車。以延暦十六『列』年、天心有感、預供奉例◎(4)。以近江正税、充山供費。中使慰問山院無絶·(5)於是發弘法之心、起利生之願。時告談弟子經弥等。我思寫一切經論章疏記等。凡在弟子各奉敎喩、随梵網之敎、依涅槃之文、一心同行助寫一切經、者叡勝・光仁・經豐等。大師随寫随讀。晝夜精勤披覽新經粗悟義理。是時山家本自無備、不能盡部卷矣。唯願七大寺々別僧衆レ(6)鉢別受一匙之飯、充『媚歟』經生之供。卽差使經藏・妙證等、謹勤願文、眉〔『ト』〕(7)於諸寺。時有大安寺沙門聞寂者。道心堅固住持爲懷。見書知志、赴應至願。卽於其寺別院龍渕寺、助爲此願。尒時衆僧傾鉢、添供、經生捨功、成卷。又有東國□〔化カ〕主道忠禪師者。是此大唐鑒眞和上持戒第一弟子也。傳法

---

(3)「此」と「是」の中間右傍に朱区切り点擦り消し痕跡あり。

(4)「例」の右傍に朱圏点あり。上部余白の朱書「列」と対応し、「例」を「列」に訂正するもの。

(5)「絶」と「於」の間、現状では区切り点なし。これは虫喰いによるもので、本来中間右傍に区切り点が存したか。

(6)「衆」の右下に転倒符「レ」あり。「衆僧」と訂正するもの。

(7)「眉」、原字「眉」に作る。佐伯有清氏は、「眉」は「看」の異体字とする。右傍の朱書見せ消ち符「ト」は、上部欄外の朱書「媚歟」に対応す。

(5)

利生常自爲事。知識遠志レ助寫大小經律論二千餘卷。纔及滿部帙レ設万僧齊〔齋〕レ同日供養。今安置叡山藏レ斯其經也。十七年冬十一月始立十講法會。年々無闕。後々豈絶哉。爲傳法事レ常自思惟。國有七大寺。々有六宗。々有博達之人。々有強弱之智。雖知卑小草菴レ不能容龍像〔象〕。而莊嚴一會之小座レ屈請十箇之大德。講演三部之經典レ聽聞六宗之論鼓。是以廿年十一月中旬、於比叡峯一乘止觀院、延請勝猷・奉基・寵忍・賢玉〔歳光脱カ〕・光證・觀敏・慈誥・安福・玄耀等十箇大德。其請書詞云。叡山寂澄稽首和南、十大德師(1)足下。(2)寂澄發起奉傳法華深心大願也。誠願蒙(3)有縁厚領〔顧〕レ欲敷天台敎迹。(4)釋若許遍告〔卜〕(5)答此文署寶号。然則淨行之願不空此閒(6)レ普賢之誓有實沙界。有縁善友百年之後、詣知足院レ一面之始悟无生忍。不任住持佛法之至レ陳請以聞。時諸大德赴應此請レ各講一

---

(1)「德」、右傍に墨書見せ消ち符「ミ」あり。「大德」を「大師」に訂正するもの。
(2)「下」と「寂」の中間中央に、朱区切り点擦り消し痕跡あり。中間中央を中間右傍に加点し直したもの。
(3)原本アキママ。諸本には闕字なし。
(4)「釋」、諸本にはなし。衍、あるいは「敎迹釋」と読むべきか
(5)「告」の左傍の朱書見せ消ち符「卜」、訂正意図不詳。
(6)「閒」、原字を擦り消して訂正。原字不詳。

軸。振法鼓於深壑、賓主徘徊三乘之路。飛義旗於高峯、長幼摧破三有之結。猶未改歴却之轍、混白牛[7]白牛於門外。豈若昇[8]初發之位、悟阿荼於宅內。各結芳志、座終而去矣。時有國子祭酒吏部郎朝議大夫和氣朝臣弘世幷眞綱等。生自積善傳燈(ママ)、爲懷。宿縁所追、奉侍大師。靈山之妙法、聞於南岳、摠持之妙悟、闢於天台。慨一乘之擁滯、悲三諦之未顯。以廿一年正月

(6)

十九日、延善議[1]・勝猷[2]・奉基・寵忍・賢玉・安福・勤操・脩圓・慈誥・玄耀・歳光[3]・道證・光證・觀敏等十有餘大德、於高雄山寺、講演天台妙旨。卽祭酒請大師文云。弟子弘世稽首和南比叡大忍辱者禪儀。此高雄法會厚蒙恩誨、勤勵鈍根。憑仰　聖德、欲果此事。然今度會者非唯世間常修功德之事。委曲之趣元來所照。故仰望　仙儀、專爲此會之主。伏乞大慈必垂哀憐、夏始明日降臨高雄預加指撝。相待　聖容是深所憑。種々之事可奉

---

(7) 「白牛」、右傍に墨書見せ消ち符「ゞ」あり。また、文字全体を朱線で囲んで抹消す。

(8) 「昇」、「升」の部分は原字に重書。原字不詳。

(1) 「善」と「議」の中間中央に朱区切り点擦り消し痕跡があり、「議」字上に線状に残る。「延善」「議勝」と区切り始めた後、区切り点の誤りに気付いて擦り消したか。

(2) 「勝」と「猷」の中間中央に朱区切り点擦り消し痕跡あり。「猷」字上に線状に残る。(1)参照。

(3) 「光」と「道」の中間中央に朱区切り点擦り消し痕跡あり。「道」字上に線状に残る。

面量定。更不一二。又批云。千載永例今度可始。自非奉面」每事多疑。乞必降垂興隆佛日。(4)卽赴祭酒請〔苦〕」共起傳燈之基」〔大脱カ〕始開佛乘之直道。時主上聽師資之芳志宣揚之洪基」　勅治部大輔正五位上和〔氣脱カ〕朝臣入鹿。口宣昔者給孤須達降能仁於祇陁之苑。求法常啼聞般若於尋香之城。是以和氣朝臣延二六之龍像〔象〕」設一乘之法莚」演暢天台法華玄義等。所以慧日增□〔光カ〕」禪河凝〔激カ〕ト(5)流。一乘之玄猷始開域内」三學之軌範遂被於人天。像季傳燈古今未聞。隨喜法莚」稱歎功德。時諸法師等蒙(6)『ト』(7)勅使口宣」製『上』(8)ト謝表云〔×玄〕(9)。沙門善議等言。今月□〔廿カ〕九日治部大輔正五位上和氣朝臣入鹿奉　宣」口勅。聞(10)法華新玄疏講説於山寺」隨喜於一乘。釋侶祇奉　慈誥」喜懼交懷。凡在緇徒不勝慶載〔戴〕。善議等聞如來西現隨衆生之機」而演敎。聖法東漸依緣感之時而流化。是以

(4)「隆」、「生」の部分、重書訂正あり。原字不詳。あるいは「降」と書きかけたか。
(5)「凝」、左傍に細字墨書見せ消ち符「ト」あり。「凝」が「激」の誤りであるためか。
(6)「蒙」の下、次行冒頭の「勅」に関わる闕字一字分あり。
(7)見せ消ち符「ト」、上部欄外に朱書。あるいは(8)の「製」から「上」への訂正に関わるか。
(8)「上」、「製」の右傍に朱書。また、左傍に細字墨書見せ消ち符「ト」あり。
(9)「云」、「玄」の字画の一部を擦り消して訂正。
(10)「聞」と「法」の中間右傍に朱区切り点擦り消し痕跡あり。

(7)

始演花嚴之説レ頓度菩薩之衆。次◎『開』(1)阿含之敎レ漸濟聲聞之徒。復啓般若之理レ以示人法之空。後弘法華之妙レ分別權實之趣。遂摠三乘之輩レ共載一圓之車。若乃漢明之年敎被震旦レ磯嶋之代訓及本朝也。　聖德皇子者靈山之聽衆衡岳之後身。請經西隣レ弘道東域〔×城〕(2)。智者禪師者亦共侍靈山レ降迹台岳レ同悟法華三昧レ以演諸佛之妙旨レ者也。竊見天台玄疏レ者摠括釋迦一代之敎レ悉顯其趣レ無所不通。獨逾諸□〔宗カ〕レ□〔殊カ〕示一道。其中所説甚深妙理七箇大寺六宗學生昔所未聞レ曽所未見。三論・法相久年之諍、渙焉氷釋、照然既明。猶披雲霧レ而見三光矣。自聖德弘化以降于今レ二百餘年之間、所講レ經論其數多矣。彼此爭理レ其疑未解。而此寂妙圓宗猶未闡揚。蓋以此間群生未應圓味レ歟。伏惟　聖朝レ久受如來之付レ深結純圓之機。一妙義理始乃興顯六宗學衆初悟至極。可謂レ此界含靈而今而後、悉載妙圓之舩レ早得濟於

---

(1)「次」と「阿」の間に朱圏点、右傍に朱書「開」あり。「開」字を補入するための追記。『開』は第六紙にかかる。

(2)「域」、原字「城」の字画の一部に重書して訂正。

彼岸。譬猶妙〔ミ〕(3)如來成道卌年之後乃說法華、悉令三乘之侶共駕一實之車也。善議等幸逢休運、乃閲奇詞自非深期何託　聖世、哉。不任慶躍之至、敢奉表陳謝以聞。輕犯　感〔威〕(4)嚴、伏增戰慄。謹言。又同年九月七日主上見知天台教迹特超諸宗。南岳後身聖德垂迹、卽便思欲興隆靈山之高跡、建立天台之妙悟。　詔問和祭酒祭酒告和上。和上与祭酒、終日與議(5)　弘法之道。故上表

---

(8)

云。沙門寂澄言。最澄(1)言〔衍カ〕早預玄□〔門カ〕、幸遇昌運。希聞至道、遊心法莚。每恨、法華深旨尚未詳釋。幸求得天台妙記、披閲數年。字謬行脫未顯細趣。若不受師傳、雖傳不信。誠願差留學(2)生・還學生各一人、令學此圓宗。師々相續傳燈無絕也。此國現傳三論与法相。二家以論爲宗。不爲經宗也。三論家者龍猛菩薩所造中觀等論爲宗。是以引一切經文成於自宗論。屈於經之義隨於論〔×證〕(3)・〔之脫カ〕旨。又法相家者世親菩薩所造唯識等論爲宗。是以引一切經文成於自

---

(3)「妙」、右傍に墨書見せ消ち符「ミ」あり。また、文字全体を朱線で囲み抹消。

(4)「威」、「感」の右傍に朱書。

(5)「議」と「弘」の間、闕字をおく。また中間右傍に、朱区切り点の擦り消し痕跡あり。

(1)「澄」、言偏の原字を擦り消して訂正。原字はあるいは「證」か。

(2)「學」、雨冠の原字に重書。原字不詳。

(3)「論」、「證」の旁を擦り消して訂正。

宗義。折於經文〔之脱カ〕、随於論之旨也。天台獨斥論宗特立經宗。論者此經末經者此論本。捨本随末、猶背上向下也。捨經随論、如捨根取葉。伏願我

聖『皇』(4)◎御代令學圓宗妙義於唐朝、令運法華寶車於此間。(5)然則　聖上法施之基更厚於往日、釋氏法財之用亦富於永代。所望法華圓宗與日月齊明、天台妙記將乾坤等固。庶百代之下歌詠無窮、千載之外瞻仰無絶。不任悽々之至、謹奉表以聞。(6)卽依上表、允許天台法華宗留學生圓基・妙澄等。(7)又同月十二日詔臣弘世。夫髻中明珠也。無勇而無賜。妙高衆寶也。無信而无取。是以南岳高跡天台遺旨薄德、□〔寡カ〕福、豈敢得哉。(8)今寂澄闍梨久居東山、宿縁相追披覽此典、既探『ト』(9)妙旨。自非久修業所得、誰敢躰此心哉。　勅少納言近衞將監従五位下大朝臣入鹿、差入唐請益天台法華宗還學生。卽謝表云。沙門寂澄言。伏奉　勅旨、差求法使、

---

(4)「聖」と「御」の間に朱圏点、また右傍に朱書「皇」あり。「皇」を補うための追記。

(5)「然」、左上部のみ原字に重書。

(6)原本アキママ。諸本には闕字なし。

(7)「澄」。偏部分重書あり。原字はあるいは「證」か。

(8)「令」、原字「令」に重書して訂正。

(9)上部欄外の朱書見せ消ち符「ト」、訂正意図不詳。

(9)

任興法道。寂澄荷非分　詔、罔知攸措也。(1)但身隱山中、不知進退。才拙錐刀、未別菽麥。雖然、追尋香之誠、仰雪嶺之信、勵微劣之心、答　天朝之命。不任悚荷之至、謹附少納言近衞將監從五位下大朝臣入鹿、奉表陳謝以聞。又請求法譯語表云。沙門寂澄言。寂澄聞秦〔×秦〕(2)國羅什度(3)流沙、而求法。唐朝玄奘踰葱嶺、以尋師。並皆不限年數、得業爲期。是以習方言於西域、傳法藏於東土。伏計此度求法、往還有限。所求法門卷逾數百。仍須歷問諸州、得遇其人。寂澄未習漢音、亦闇澤〔譯〕語。忽對異俗(4)、難述音〔意〕緒。四船通事隨使經營。相別訪道、遂不可得。竊慮、分途問求乃可有得所志之旨。當年得度沙弥義眞幼學漢音、略『□』〔トカ〕習唐語。少杜〔壯〕聰悟頗涉經論(5)。仰願殊蒙　天恩、傔『ト』(6)從之外請件義眞、爲求法譯語兼復令學義理。然則天台義宗諮問有便。彼方聖人通情、不難。若猶有所殘、者須屬留學生、經年訪求矣。不任區々之至、謹奉表以聞。卽

---

(1) この区切り点は一部第八紙の下にかかる。修補の際のものか。
(2) 「秦」、「禾」の部分、原字に重書して訂正。
(3) 「度」、字画の一部に重書訂正あり。
(4) 「俗」、旁は「召」に作る。
(5) 「論」、旁に若干重書あるか。
(6) 「傔」右傍及び上部欄外に朱書見せ消ち符「ト」あり。

依上表㆑　勅允許譯語㆑已畢。又有內記山邊全成公者。同結弘法之志㆑倶崇天台之敎。卽傳燈之言及於　春宮。『催』卽宿願所摧◎(7)㆑法水易受矣。九月六日差使內舍人正六位上紀朝臣鈴鹿麿㆑随喜高雄法會㆑尊重天台敎迹。卽日ヽ善議法師等謝啓云。沙門善議等啓。中使光臨伏承　明令。恩問降於四敎法莚㆑随喜奉於一乘圓庭。凡在緇徒不勝慶戴。恭承　寵命㆑對越惶悸。竊以至敎希(8)夷

(10)

理出能詮之外㆑玄章神(1)邈道闡玄『象』(2)之閒。顯(3)晦從時㆑行藏在運。非屬淳和之化㆑豈弘幽頤(4)之訓㆑者哉。伏惟　皇太子殿下㆑德隆天地㆑道照圓光。三靈宅心(『トトメ』)(5)㆑万邦式(『ツツ』)(6)望。是以久隱圓宗當時(てに)㆑興顯(『シ』)至極(の)一乘ヽ方今盛(に)(7)開也。夫聖德皇子取持經於大唐㆑疏妙旨於本朝。明知如來專使傳流此閒。又天台智顗禪師卽南岳上足亦同靈山會侍。倶聞法華㆑悟法華三昧㆑矣。所造法華玄義十卷・法華文句十卷・圓頓止觀十卷奉講高雄山寺。其義甚深勝於諸宗。其

（7）この朱圏点は、上部欄外の朱書「催」に対応。「摧」を「催」に訂正するもの。

（8）「希」と「夷」の間に朱線あり。「希夷」が熟語であることを示すものか。

（1）「神」と「邈」の間に朱線あり。

（2）「玄」と「之」の間、原空白のまま。朱書にて「象」を補う。

（3）「顯」、偏部分は原字に重書して訂正。原字不詳。

（4）「頤」、「賾」に作る。原字の旁「責」を「青」に擦り消し訂正。

（5）「宅心」の右傍にの朱書「トトメ」（表記は平仮名の字体）は、「宅」の訓を示すものか。

（6）「式」の右傍の朱書「ツツ」（表記は平仮名の字体）は、「式」の訓（つつしみて）を示すものか。

（7）「盛」と「開」の間に朱線あり。

理微妙冠於諸宗。雖(8)此間度來レ久隱未傳。今感我　聖君之德レ當時乃出。今所講レ玄義十卷今月二日竟。以今日レ入經文レ講文句初卷。斯乃慶集皇靈レ永馭金輪之運レ福滋聖善レ速紹玉毫之位。善議等內省庸〔脣〕菲觀道慶辰生に(ママ)。微用淺。(9)空荷榮『渥』(10)。不勝拜〔抃〕躍之至レ謹附內舍人正六位上紀朝臣鈴鹿麿レ奉啓陳謝以聞。是時　春宮殿下擇好手上レ書寫法華・无量義(11)・普賢觀等大乘經三部二通。卽以一通附送大唐。和上堅持て渡海入唐安置てき天台山修禪寺一切經藏に。又一通安置比叡山寺一切經藏。爲弘通本。又又(衍)春宮殿下施与金銀數百兩レ充(12)入唐求法之助。自非奉如來之使於西域(13)レ降普門之跡(14)於東彊レ斯〔×期〕(15)願斯行誰見誰聞矣。延暦廿二年潤十月廿三日於大宰(16)府竈門山寺爲四船平達レ敬造檀像藥師佛四軀。高六尺餘。其名号无勝淨土善名稱吉祥王如來。又講說法華・涅槃・花嚴・

(8)「雖」、偏は「重」を書きかけた後、訂正か。
(9)「淺」の右下に朱書あり。区切り点と解した朱書と合わせて、仮名の「テ」(「人」の字体)の可能性もあるか。
(10)「榮」と「不」の間、原空白のまま。朱書にて「渥」を補う。
(11)「量」、中央の縦画を原字に重書か。
(12)「充」、字画の一部に重書あり。
(13)「域」、偏、原字の偏に重書か。
(14)「跡」、旁、原字の旁に重書か。
(15)「斯」、はじめ原字「期」を朱線で囲み、訂正を要することを示す。後、旁を擦り消して墨で「斤」を書し、「斯」に訂正す。
(16)「宰」、下部に一部重書あり。

(11)

金光明等大乗經。各々數(1)遍〔×通〕(2)具如願文(3)。廿三年秋七月上第二船、直指西方。於滄海中卒起黒風。(4)侵舩異常。諸人懐悲、無有恃生。於是和上發種々願。起大悲心、所持舎利施龍王。忽息悪風、始扇順風。未久、著〔×者〕(5)岸。名爲明州鄮縣。此台『州』(6)『願』近境也。天感人欲(7)『卜』、泊舩有便。聖風遠扇往還無滞。大唐貞元廿〔年脱カ〕九月上旬舩頭判官等上京。但和尚別向天台山。卽明州牒送台州。其牒詞云。句當軍將劉承規狀偁。得日本僧最澄狀、欲往天台巡礼。疾病漸可今月十五日發。謹具如前者。使君判付司給公驗、并下路次縣給舩及擔送過者。准判者謹牒。卽受牒上道。同月下旬到台州・天台山。(ママ)國清寺衆僧遞來慰勞歸寺。歎曰昔聞西域騰蘭馱梵夾於白馬、降邪道於南郊。今見東域〔×城〕(8)闍梨渡妙法於滄波、拯蒼生於水陸。各竭礼敬、頂戴随喜。時台州刺史陸淳延天台山修禪寺座主僧道邃、於台州龍興寺闡揚天台法門摩訶止観等。卽便◎『刺』(9)史見求法志、随喜云。弘道在人。々能持道。我

域

(1) 「數」、偏は「安」、旁は「支」に作る。
(2) 「遍」、「通」の一部を擦り消して訂正。
(3) 「文」、右傍にも朱点あるか。意図不詳。
(4) 「侵」、あるいは「修」と書きかけたか。
(5) 「著」、「者」に筆画を加えて訂正。
(6) 「州」、下部欄外に続けて朱書。
(7) 「欲」、左傍に朱書見せ消ち符「卜」あり。上部欄外の朱書「願」と対応し、「欲」を「願」に訂正するもの。但し、二つの朱書が一連のものか否かは不詳。「願」上部断ち切らる。
(8) 「域」、「城」に重書して訂正。上部欄外に細字墨書で「域」あり。
(9) 「便」と「史」の間に朱圏点、右傍に朱書「刺」あり。

道興隆。今當時矣。則令邃座主句當寫天台法門。纔書寫已。卷數如別。邃和尚(10)上親開心要㆑咸決義理。如瀉瓶水㆑似得寶珠矣。又於邃和上所㆑爲傳三學之道㆑願求〔×永〕(11)三聚之戒。卽邃和上照察舟〔丹〕誠㆑莊嚴道場㆑奉請諸佛㆑授与菩薩三聚大戒。凡在所受所聞㆑憶持不漏失。將來傳授猶尙無遺。又同時有付法佛隴寺僧行滿座主。見求法深心㆑自相語言。昔聞智者大師告諸弟子等。吾滅後二百歲〔餘脱カ〕始於東國

(12)

興隆我法。聖語不朽㆑今遇此人矣。我所披閲法門㆑捨与日本闍梨。將去海東㆑當紹傳燈。凡法華疏・涅槃疏・釋籤止觀幷記等八十二卷。自手書云。比丘僧行滿稽首(ママ)。天台大師。

『遇』

行滿幸蒙 嘉運㆑得(1)◎遺風。早年出家誓學佛法。遂於毗陵大曆年中得値荊溪 先師・傳燈(ママ)㆑訓物。不揆暗拙㆑添〔忝〕陪ト(2)末席。荏苒之間已經數載。再於妙樂聽聞(3)涅槃。敎是終窮堪爲宿種。 先師言歸佛隴㆑已送餘〔生カ〕□。

『父』

學徒雨散如犢失母纔到銀峯ト(4)㆑奄從灰滅。◎文(5)去(6)留藥㆑狂子

(10)「尙」、右傍に墨書見せ消ち符「ミ」あり。また、文字全体を朱線で囲み抹消。
(11)「求」、「永」に字画を補って重書訂正。

(1)「得」と「遺」の間に朱圏点、右傍に某字を朱書し擦り消した痕跡あり。上部欄外に朱書「遇」あり。
(2)「陪」の左傍の細字墨書見せ消ち符「ト」、訂正意図不詳。
(3)「聞」、某字を書きかけた上に重書。
(4)「峯」の左傍の細字墨書見せ消ち符「ト」、訂正意図不詳。
(5)「文」、左傍に朱圏点あり。また、上部欄外に朱書「父」あり。
(6)「留」の左肩に朱ヲコト点（「て」か）擦り消し痕跡あり。

『龕』何依。且行滿掃灑合(7)龍墳修持院宇經今廿餘祀。諸无可成。忽逢日本國求法供奉大德。(ママ)寂澄・法師云。親辭聖澤(8)面奉　春宮。求妙法於天台學一心於銀地。不憚勞苦遠涉滄波。忽夕朝聞亡身爲法。覩玆盛事。亦何異求半偈於雪山。訪道場於知識。且滿傾以法財捨以法寶。百金之寄其在玆乎。願得大師以本念力慈光遠照早達鄉關弘我敎門報我嚴訓。生々世々佛種不斷法門眷屬同一國土成就菩提龍華三會共登初首。又大唐貞元廿一年四月上旬來到船所更爲求眞言向於越府龍興寺。幸得値遇泰岳靈巖山寺鎭國道場大德內供奉沙門順曉。々感信□〔心カ〕之願灌頂傳授・三部三昧〔耶脱カ〕・◎(9)圖樣・契印・法文・道具等。目錄如別。順曉闍梨付法書云、大唐國開元朝大三藏婆羅門國王子法号善無畏。從佛國大那蘭陁寺傳大法輪至大唐國轉付囑傳法。(ママ)弟子僧義林・亦是國師大阿闍梨。一

(7)「合」と「龍」の間、朱線でつなぎ、一字（「龕」）であることを示す。さらに上部欄外に朱書「龕」あり。上部若干断ち切らる。

(8)「聖澤」は平出。

(9)「圖」右傍の朱圏点（カ）は、あるいは直上で「耶」を脱するに関わるか。

(13) 百三歳。今在新羅國傳法轉大法輪。又付大唐弟子僧
『順』曉(1)。是鎮國道場大德阿闍梨・又付〔日脱カ〕本國供奉大德弟
子〔僧脱カ〕寂澄(2)轉大法輪。僧寂澄是第四付屬〔囑〕傳授。唐貞元
廿一年四月十九日書記。今〔令〕佛法永々不絕。阿闍梨沙門順曉
錄付寂澄。五月中旬上第一船蒙三寶護念祇神(3)冥(4)護
海中無恙著長門國。卽便上京。所將來天台法門幷眞
言法門道具等奉進內裏。延曆廿四年八月廿七日上表云。
『寂澄』沙門寂澄言。◎(5)聞。六爻探賾局於生滅之場。百物正名未涉
眞如之境。豈若随他權敎開三乘於機門随自實敎
示一乘於道場哉。然〔×狀〕(6)則圓敎難說演其義者。天台・妙〔×如〕(7)法
難傳暢其道者。聖帝・伏惟　陛下纂靈出震撫運登
樞。北蕃來朝請賀正於每年東夷北首知歸德於先
年。於是屬想圓宗緬懷一乘紹宣妙法〔×沙〕(8)以爲大訓。由是妙
圓極敎應聖機而興顯、灌頂祕法感皇緣而圓滿。寂
澄奉使求法遠尋靈跡往登台嶺躬寫敎迹。所獲經

---

(1) 「曉」の上、欄外に朱書「順」あり。「順曉」の「順」を脱したとみて補えるもの。
(2) 「澄」と「轉」の中間右傍に、朱区切り点擦り消し痕跡あり。
(3) 「神」の右下に転倒符あり。「神祇」と訂正するもの。
(4) 「寡」と書きかけて、重書して「冥」に訂正。
(5) 「言」と「聞」の間に朱圏点、上部欄外に朱書「寂澄」あり。「寂」は上半断ち切らる。
(6) 「然」、「狀」の字画に重書加筆して訂正か。
(7) 「妙」、「如」の旁に重書して訂正。
(8) 「法」、「沙」の旁を擦り消して訂正。

并䟽及〔×乃〕(9)記等摠二百三十部四百六十卷。且見進經一十卷名曰金字妙法蓮華經七卷・金字金剛般若經一卷・金字菩薩戒經一卷・金字観无量壽經一卷、及天台智者大師靈應圖一張。天台大師禪鎭一頭。天台山香爐峯神送桯〔檉〕及柏木文尺四枚・說法白角如意一。謹遣弟子經藏奉進。但聖監(10)鑒照明二門圓滿。不任誠懇之至奉表戰慄謹言。復命以後勅國子祭酒和氣朝臣弘世今大唐請

(14)

益受法供奉大德冣澄闍梨所將來天台法文方欲流布天下(1)習學釋衆。宜爲七大寺書寫七通。即給禁中上◎(2)紙(3)仰圖書寮令書寫。既訖。　詔道證・守尊・修圓・勤操・慈蘊・慈完等法師於野寺天台院令受學披閲新寫天台法文矣。又弘世奉　勅。眞言祕教等未(4)傳此土。然冣澄闍梨幸得此道良爲國師。宜拔諸寺智行兼備者令受灌頂三昧耶。因茲於高雄山寺始建立法壇設備法會。勅使小野朝臣岑守檢校諸事。　勅召畫工上首等

(9)「及」、「乃」の上に重書訂正。

(10)「監」、右傍に墨書見せ消ち符「ﾐ」あり。また、文字全体を朱線で囲んで抹消。

(1)「下」と「習」の中間右傍に、朱区切り点擦り消し痕跡あり。

(2)上部欄外の朱圏点、いずれの訂正に関わるものか、不詳。

(3)「仰」、旁の部分重書訂正あり。

(4)「未」と「傳」の間、他本に「得」のあるものあり。

廿餘人レ敬圖毗盧那遮(5)レ佛像一副〔幅〕・大曼荼羅一副〔幅〕・寶蓋一副〔幅〕。又縫造佛菩薩神王像幡五十餘旒。莊嚴調度◎『二』(6)出自內裏。又臣弘世奉勅レ口宣。法會所用レ不論多少。随闍梨言レ皆悉奉送。唯除國內本無レ耳。是時奉　勅レ所簡定レ諸寺大德道證・修圓・勤操・正能・正秀・廣圓等忽被內待〔侍〕之宣レ各竭尊師之法レ受金剛之寶『戒を』(7)レ(8)登灌頂之眞位矣。

八月廿七日內侍宣。若夫大明出石。深緣〔緣〕生藍。涓(9)集成海レ塵積爲岳。其道可求。不ゝ(10)擇其人。其才可取。不論其形。故(11)帝釋屈尊受法(12)坑狐。雪子捐軀訪道羅刹。皆是所以輕『シ』をて生重道をレ廣『ク』する利自他をレ也。此間風俗我慢之執猶深。尊師之志未厚。昔天笠〔竺〕上人自雖降臨レ不勤訪受。從〔徒〕遷壑舟レ遂令眞言妙法(13)絕而無(14)傳。深々可々歎々息々。方今叡澄闍梨遠涉溟波レ受無畏之貽訓レ近畏無常冀此法之有傳。然石川・檉生二禪師者宿結芳緣レ守護　朕躬。憑(15)此二賢レ欲昌佛法。宜相

(5)「遮」、右下に転倒符あり。「遮那」に訂正するもの。

(6)「度」と「出」の間に朱圏点、同右傍に朱書「二」あり。「二出自內裏」と訂正するもの。

(7)「寶」と「登」の中間右傍に朱筆にて「戒」を補う。「戒」のヲコト点は、補筆の時点で同時に付されたものか。

(8)「登」と「灌」の中間左傍に、返り点擦り消し痕跡あり。

(9)「涓」、原字の不完全な字形を、一部朱筆にて加筆か。

(10)「不」の右傍の墨書の見せ消ち符「ゝ」は、朱線にて抹消されている。

(11)「故」、「攷」の偏を重書訂正。

(12)「法」と「坑」の中間右傍に、朱区切り点擦り消し痕跡あり。

(13)「法」、原字の上に重書。原字不詳。

(14)「無」と「傳」の中間右傍に朱区切り点擦り消し痕跡あり。

(15)「憑」の「心」の部分、「廾」を擦り消して重書訂正。

⒂ 代　朕躬、屈尊捐軀、率弟子等、尋檢經教、受傳此法以守護國家、利樂衆生。不可憚世間之誹謗也。自餘諸衆唯〔×生〕(1)取其進。勿遮其退者。乞照察此趣、簡定進退、二一衆歷名各令加其署、附使進上。謹勤〔勅〕造宮少進阿保廣成、敬和南。又九月上旬臣弘世奉　勅、令寂澄闍梨爲　朕重修行灌頂祕法、卽依勅旨、於城西郊擇求好地、建創壇場。又召畫工十餘人、敬圖五佛頂淨土一〔幅〕(2)副・大曼荼羅一〔幅〕副。　勅使石川朝臣川主檢校諸事。自先受灌頂、弟子八大德外更加豐安・靈福・泰命等大德、灌頂既訖。九月十六日有　勅、受灌頂、者諸寺大德八人令〈を(し)て〉所司各与公驗、弥勤精進興隆佛法。又右大臣奉　勅、入唐受法寂澄闍梨爲傳燈、与公驗。因茲治部省依　勅旨、与公驗如右。其文云。

國昌寺僧寂澄住於平安東嶽比叡峯、精進練行十有五年。搜念誦之祕法、慕天台之高蹤。延曆廿三〔年脱カ〕歲在甲申。四月奉詔、渡海求道。詣於台州國淸寺智者大師

（1）「唯」、「生」を擦り消して訂正。
（2）「副」と「大」の中間右傍に朱区切り点擦り消し痕跡あり。

第七弟子道邃和尚所﹂求得天台法門二百餘巻﹂還於越府龍興寺﹂遇天竺無畏三藏第三弟子鎭國道場大德内供奉順曉和尚﹂入灌頂壇﹂受三部悉地法﹂并得陁羅尼法門三十餘巻・種々曼荼(3)羅圖□〔樣カ〕十有餘其〔基〕・念誦供具等。取台州〔×洲〕(4)刺史陸淳・明州刺史鄭審則印署。以『廿』(5)四年歲在乙酉。六月還來復命て。卽詔有司﹂令寫法華・維摩等經疏七通﹂選三論・法相學〔生脱カ〕聰悟者六人﹂更相講論。又以同年九月

(16)

一日﹂有〔勅脱カ〕於淸瀧峯高雄(1)(2)寺﹂造毗盧遮那都會大壇﹂令傳授三部三昧耶妙法預灌頂者摠有八人。苦行之力果志﹂早歸。聖德所感遂弘此道。今被右大臣宣﹂偁。奉 勅入唐受法僧二人宜令所司各与公驗(3)﹂弥勤精進興隆佛法﹂擁護國家﹂利樂羣生者。省依宣旨﹂奉行如右。又大師尋規佛法之元由﹂推思像敎(4)之興隆﹂自□〔正カ〕(5)敎東流﹂至二百餘祀。興癈在時。褒貶屬人。且於國有六宗。所學各異。然頃年三論・法相二宗盛有興(6)。但花嚴・毗尼・成實・倶舍等四宗纔

（3）「荼」、字画の一部に重書訂正あり。
（4）「州」、「洲」の偏（さんずい）を擦り消し。
（5）「以」と「四」の中間右傍に朱書にて「廿」を補う。「廿四年」に訂正するもの。
（1）「雄」、偏に一部重書訂正あり。
（2）「雄」と「寺」の間、他本に「山」とあるものあり。
（3）「驗」と「弥」の中間右傍に、朱区切り点擦り消し痕跡あり。
（4）（5）「敎」、いずれも偏の「子」の部分重書訂正あり。
（6）「興」と「但」の間、他本に「隆」とあるものあり。

有其名﹂既無其業。恐随〔『墮』〕落(7)〔一宗脱カ〕﹂万生失道。於是爲勸諸宗業﹂普續大小敎﹂更加天台法華宗。廿五年正月三日上表云。沙門寂澄言。最澄『聞』〔×門〕(8)一目之羅不能得鳥。一兩之宗何足普汲。徒有諸宗名﹂忽絶傳業人。誠願□〔准カ〕十二律呂﹂定年分度者之數。法六波羅蜜﹂分授業諸宗之員。則兩曜之明宗別度二人﹂者。花嚴宗二人。天台法華宗二人。律『宗』(9)二人。三論〔宗脱カ〕三人。加小乘成實宗。法相宗三人。加小乘倶舍宗。然則　陛下法施之德獨秀於古今﹂羣生法財之用、永足於廣(10)塵劫。不『任』(11)區々之至﹂謹奉表以聞。是時桓武聖皇帝爲弘天台法華宗﹂更加年分度者二人。兼普建諸宗﹂如別。自非受付屬〔囑〕於金口﹂拯蒼生於和光﹂者豈有傳燈利生鴻福哉。同月五日少僧都勝虞、常騰、律師如寶・(12)□〔修カ〕哲、大唐留學(13)永忠、等慶表云。勝虞等言。今月四日中納言従三位藤原朝臣内麿奉　勅﹂賜示國昌寺僧寂澄上表云。誠願准十二律呂﹂定年分度者

(7)「随」、右傍に朱書「墮」あり。「墮落」に訂正するもの。

(8)「聞」、当初の墨書「門」の門構えの中に、朱筆で「耳」を後補し、「聞」に訂正。

(9)「律」と「二」の中間右傍に、「宗」と朱書にて後補し、「律宗」と訂正。

(10)「廣」、右傍に墨書見せ消ち符「ミ」あり。

(11)「不」と「區」の中間右傍に、「任」と朱書にて後補し、「不任」と訂正。

(12)「修」上部に虫喰いがあるので、「寶」と「修」の中間中央に本来区切り点があった可能性がある。

(13)「學」、原字「字」の冠部分を重書訂正か。

(17)

之數。法六波羅蜜レ分授業諸宗之員。則兩曜之明レ宗別度二人者。仰惟　無上世尊是大醫王随類設敎〔也脫ヵ〕レ拔苦与樂。八万法藏、有權有實。始雖似殊レ終皆一揆。衆生之病既異、所与之藥不同。欲(1)濟有情レ癈一不可。悉皆勸勵乃拯群〔×郡〕(2)迷。今垂疇(3)杏レ欲鳴法鼓(4)。佛日將沒レ揮　聖戈レ而更中。法綱殆絶添　肯〔睿〕(5)索以復續。加以始自當年レ盡未來際レ歳々所度〔无量脫ヵ〕无表功德之聚摠集聖躬。釋門老少誰不抃躍。无任随喜歡荷之至レ謹奉表以聞。門ミ(6)同月廿六日官符云。被右大臣宣レ偁。奉　勅攘灾殖福佛敎尤勝。誘善利生无如斯道。但夫諸佛所以出現於世レ欲令一切衆生悟一如之理。然衆生機〔之脫ヵ〕或利或鈍。故如來之說、有頓有漸。仲〔件〕等經論所趣不同。開門雖異レ遂期菩提。譬猶大醫随病レ与藥レ設方萬殊レ共存(7)濟命。今欲興隆佛法レ利樂羣生レ凡此諸業癈一不可。宜准十二律〔呂脫ヵ〕レ定度者之數レ分業レ勸催、共令競學。仍須各依本業疏レ讀法華・金光明

(1)「欲」、原字の偏に一部重書して訂正。原字不詳。
(2)「群」、「郡」の旁を擦り消して訂正。「羣」の字体でないのはそのためか。
(3)「疇」、原字の旁を擦り消して訂正。原字不詳。
(4)「鼓」、偏に一部重書訂正あり。
(5)「索」と「以」の中間右傍に、朱区切り点擦り消し痕跡あり。
(6)「門」、右傍に墨書見せ消ち符「ミ」あり。
(7)「存」、他本に「在」に作るものあり。

二部經漢音及訓。經論之中問□〔大カ〕義十條通五以上者乃聽得度。縦如一々業中、無及第者闕置其分。當年勿度。省寮僧綱相對案記待有〔ル〕其人後年重度。遂不得令彼此相奪癈絶其業。若有習義殊高勿限漢音受戒之後皆令先必讀誦二部經(8)戒本諳安〔案〕一卷・羯磨四分律鈔更試十二條・本業十條・戒律二條通(9)通七以上者依次

(18)

差任。立義複講師雖通本業不習戒律者不聽任用者。省宜承知依宣行之。自今以後永爲恒例。符(1)到奉行。以大同五年正月於宮中金光明會始天台宗年分(ママ)八人共出家也。年々度者相續不絶。又同年春勸道心者於一乘止觀院起始長講金光明・仁王・□〔法カ〕華三部大乘經。毎日長講一日不闕。此願此行後際豈絶哉。又弘仁三年七月上旬造法華三昧堂簡淨行衆五六以上晝夜不絶奉讀法華大乘經典。然弘誓之力盡於後際善根之功覆於有情。可不義〔美カ〕歟。可不義〔美カ〕歟。種々願文、別在卷軸。毎座添讀、良

---

(8)「經」、右傍に墨書見せ消ち符「ミ」あり。また、文字を朱線で囲んで抹消す。

(9)「通」、文字を朱線で囲んで抹消す。

(1)「符」、竹冠の原字の下部を擦り消して訂正。原字不詳。

「ト筑(2)」為發心境と矣。五年春爲遂渡海願一向筑紫國(3)一修諸功德。敬造檀像千手菩薩一軀。高五尺。大槃〔般〕若經二部一千二百卷。法妙レ(4)蓮華經一千部八千卷。又奉爲八幡大神一於神宮寺自講法華經。乃開講竟大神吒〔託〕〔×以〕(5)宣。我不聞法音一久歴歳年。幸値遇和上一得聞正教。兼爲我修種々功德。至誠随喜。何足謝德一矣。苟有我所持法衣。卽吒〔託〕の宣主自開て齊〔齋〕殿をに一手捧紫の袈裟一・紫衣一一奉上和尙〔上〕(6)。大悲力故幸垂納受。是時祢宜・祝等各歎異云○(7)。元來不見不聞如是奇事哉。此大神所施一法衣今在山院也。又於賀春神宮

(19)

寺和上自講法華經一謝報神恩。是時豐前國田河郡司幷村邑刀祢等錄瑞靈〔雲カ〕狀一奉上大師。適取固封。告弟子義(1)眞一言。自非滅後一不得披封。奉敎一固緘。滅後披見。其文云。以今月十八日未時紫靈『雲』(2)光耀自鹿春峯◎(3)一起亘蒼空一覆『鹿』靄講レ(4)法之庭。忽見瑞相一擧衆一ト歎異(5)。郡解如別。昔大師臨

（2）「筑」、竹冠に「氵」と「几」に作る。本文の竹冠に「氵」と「凡」の字体の「筑」の訂正を意図したものであろうが、詳細不詳。
（3）「筑」、竹冠に「氵」と「凡」に作る。
（4）「妙」、右下に転倒符あり。「妙法」と訂正するもの。
（5）「吒」、原字「以」を重書訂正。
（6）第一一紙一七行に見られる和尙→和上の訂正からすれば、「和上」とあるべきところであろう。
（7）「歎」、左傍やや離れて墨小圏点あり。第一九紙一二行の「歡異」からすると、筆者は「歎異」を誤りとみて、「歡異」に訂正しようと意図したか。第一九紙五行の細字墨書見せ消ち符「ト」も同様であろう。

（1）「義」、「我」の字画に加筆して訂正。
（2）「靈」、文字を朱線で囲み抹消。また、右傍に朱書「雲」あり。
（3）「鹿」、原字は下部を「人」を並べる字体（「从」）に作る。右傍に朱圏点及び上部に向けた線を延ばす。上部欄外には「ム」を左右に並べる字体（「厸」）の「鹿」を朱書にて記す。但し上部断ち切らる。なお、筆者は鹿と庶を全く同じ字

渡海時路□〔次カ〕倚(6)寄(7)宿(8)田河郡賀春山下。夜夢梵僧來到。披衣呈身。而見左半身似人。右半身如石。對和上言。我是賀春。伏乞和上幸沐大悲之願〔海脱カ〕早救業道之苦患。我當爲求法助。晝夜守護。竟夜明旦見彼山右脇崩巖重沓。無有草木。宛如夢半身。卽便建法華院講法華經。今〔×令〕(9)呼賀春神宮院是也。開講以後其山崩巖之地漸生草木年々滋茂。村邑翁婆無不歡〔歎〕異。又吒〔託〕宣云。海中忽〔急〕難時我必助守護。若欲知我助以現光爲驗。因玆每忽〔急〕(10)難時有光相助。吒〔託〕宣有實。所求不虛。乃大師本願始登山朝終入滅夕四恩之外厚救神道。慈善根力豈所不致哉。五年正月十四日　主上詔臣等。今欲聞先帝所建天台法華宗甚深妙義。宜延前入唐受法寂澄闍梨親於殿上與(にて)諸法師等俱令(に)對論法要。卽奉　勅集於殿上。賓主往還弥模弥明矣。有聞緇素。各贈(11)随喜之書。其數不少。六年春三月　先帝新寫天台法門纔裝橫〔『卜』〕(12)已。惟昔者梁武帝書達摩〔×磨〕(13)大師碑。唐大〔太〕宗帝書慈恩寺碑。則天皇后

体「庾」で書いているので（第八紙一四行と二一行など参照）、この訂正は鹿であることを明確にする意図によるものであろう。

(4)「靄」、右下に墨書転倒符あり。「靄覆」に訂正。

(5)「歎」、左傍に細字墨書見せ消ち符「卜」あり。第一八紙一七行と同様に、「歎異」を誤りとみて「歡異」に訂正する意図によるものか。

(6)「倚」、朱線で囲み抹消。

(7)「寄」、右傍の墨書見せ消ち符「ミ」を朱線にて抹消。当初「倚」と書いて誤りに気付き、正しい文字「寄」を続けて記したが、誤って「寄」に見せ消ちを施したか。朱書はこれを再度訂正するもの。

(8)「宿」と「田」の中間右傍に朱区切り点擦り消し痕跡あり。

(9)「今」、原字「令」に重書して訂正か。

(10)「忽」と「難」の中間左傍に、朱返り点擦り消し痕跡あり。

(11)「贈」、偏の部分、原字を擦り消して訂正。

(12)右傍の朱書見せ消ち符「卜」は、「裝潢」への訂正を意図するものか。

(13)「摩」、「磨」の「石」の部分を

書花嚴題。代宗帝書大聖文殊閣額。是並聖德高蹤永

(20)

代不朽〔朽〕(1)者矣。今我大日本　弘仁文武聖帝雄筆微妙希(にして)世靈珎焉。思念御書金字摩訶止觀題。安置七寺(2)流布万代。所以正敎久住國家永寶也。十七日國忌寄左大將藤原朝臣謹奏聞　內裏。追福之隟　御筆揮勢金題爲光。瞻仰緇素目(ママ)不暫捨。歡悅隨喜劫盡豈窮哉。六年秋八月緣和氣氏請赴於大安寺塔中院闡揚妙法。時有諸寺強識博(3)達大德等會法莚(4)。巍々智龍興重雲於秋風赫々義虎解厚氷於夏日。或爭字〔學〕或競輪〔論〕。或呼客作或索(5)證文。乃有一味之海潤照不二。三派(6)之河波流豈一哉。惟(7)惟昔者嘉(8)祥學海蟻螻所唉。瓦官智山鳳凰所崇。榮扇隨〔墮〕地。何安厚顏。歲掌撫背嘲(9)龍伏鹿者矣。三乘鉾楯於是摧折一乘法燈於是□〔熾カ〕然。汲□〔引カ〕大事莫大斯矣。適講莚竟本願所催向於東國(10)盛修功德。爲其事矣。寫二千部一万六千卷法華大乘經。上野・下野兩國各起一級寶

擦り消して訂正。

(1)「朽」、原字は木偏に「丂」に作る。これを訂正する意図でか、左傍に細字墨書「ト」あり。

(2)「寺」と「流」の中間右傍に、朱区切り点擦り消し痕跡あり。

(3)「博」、原字の偏に加筆、及び旁を擦り消して訂正。原字はあるいは「愽」か。

(4)「集」は、「會」と「法」の中間右傍に墨書後補。

(5)「索」、原字「素」に字画を加えて訂正か。

(6)「派」、原字「流」の旁に重書して訂正。

(7)「惟」、右傍に墨書見せ消ち符「ミ」あり。前行末の「惟」との重複による。

(8)「嘉」、原字に重書して訂正。原字不詳。あるいは「喜」と書きかけたか。

(9)「嘲」、原字「朝」の左上に小さく「口」を後補し、「嘲」に訂正。

(10)「國」と「盛」の中間右傍に朱区切り点擦り消し痕跡あり。

塔。々別安置八千卷。於其塔下每日長講法華經。一日不闕。兼長講金光明・仁王等大乘經。弘(11)願所建(逮)㆑後際豈息哉。所化之輩逾百□(千カ)万。見聞道□□(俗無カ)不歡喜。受ミ(12)爰上野國淨土院一乘佛子教興・道應・眞靜、下野國大慈院一乘佛子廣智・基德・戀ミ(13)鸞鏡・德念等本是ゝ(ママ)故道忠禪師弟子也。延曆年中遠爲伏膺㆑不闕師資。斯其功德句當者矣。是時有信濃國大山寺正智禪師。預上野國千部(ママ)㆑知識例(列カ)、助寫二百部法華經。臨欲送時㆑一槽七馬擧頭㆑不食。亦不動轉。寂默

(21)

如眠。忽經信宿㆑侘傺不少。卽陬(諏)訪大神吒(託)宣云。我欲預千部知識㆑而示此恠㆑耳。我亦助送此經。卽便誓以預知識㆑已。七馬倶食ゝ無有羸疲也。經裝束竟ゝ奉(1)送上野國千部法華

徐

院。荷擔列道。忽吹旋風㆑徐(2)々進前。衆人驚異、神ゝ(ママ)爲神矣。大師東征之日赴信濃坂㆑其坂數十里也。躡雲㆑跨漢㆑排霧㆑策錫。馬蹀喰(3)風㆑人吟(4)□□(吐氣カ)。猶尚不能一日行程㆑唯宿半山。纔達聚落。大師見此坂艱難(5)㆑往還無宿。誓昌(置)一廣濟・

---

(11)「弘」、原字の旁を擦り消して訂正。原字の旁は直上の「經」と同じ「巠」か。

(12)「受」、右傍に墨書見せ消ち符「ミ」あり。

(13)「戀」、右傍に墨書見せ消ち符「ミ」あり。

(1)「奉」、原字の下部を擦り消して訂正。原字「春」か。

(2)「徐」、原字に重書訂正。原字不詳。上部欄外の細字墨書「徐」もこの訂正に関わる。

(3)「喰」、原字に重書訂正あるか。

(4)「吟」、原字は「今」。左上部に偏の口を小さく書き加えて訂正か。

(5)「難」、原字「歎」の旁を重書訂正か。

廣拯兩院。黜〔陟脱カ〕有便。□〔公カ〕私無損。義濃〔美〕境内名廣濟。信濃境内名廣拯也。東土事了旋踵一向都。過義濃〔美〕高野山寺。而其院主賢榮禪師。誓願同預大師大願。欲造多寶塔(6)一兼寫千部法華一安置塔中。因玆差佛子好堅一随力造立。今呼(7)叡岳東塔是也。以九年暮春一大師◎『告』(8)諸弟子等言。我尋(9)法華圓宗之元(10)□〔由〕一者初靈鷲次大蘇後天台並皆於山說聽修學解悟矣。是故我宗學生初修之頂『頃』(11)當爲國爲家一山修(12)山學。利益有情一興隆佛法。既而世間之譏嫌止息。(ママ)於巖窟一、佛種之萌牙滋茂於山林。自今以後不受聲聞之利益一永乖小乘(13)威儀。卽自誓願棄捨二百五十戒一已。又告言。南岳天兩大師昔於靈山親聞法華經一兼受「ト」(14)菩薩三聚戒。所以師々(15)相(16)授。智者授灌頂。灌頂授章安(17)。章安(18)授智々威々(19)授惠威。惠威授玄朗。玄朗授湛然。湛然授道邃。道邃授寂澄。次義眞八〔也カ〕。我常披閲正教一既〔有脱カ〕菩薩僧・菩薩威儀。亦有一向大・一向小也。今我宗學生

(6)「塔」、土偏は重書訂正。
(7)「呼」、「今」と「叡」の中間（元々若干空白あり）右傍に寄せて記す。
(8)「師」と「諸」の中間に、朱圏点を施し、右傍に朱書にて「告」を補う。
(9)「法」、一部に重書訂正あり。いかなる字を書きかけたかは不詳。
(10)「元」、原字「无」に重書訂正。
(11)「頂」、朱書にて「頃」に重書訂正あり。
(12)「修」、字画に一部重書あるか。
(13)「乘」と「威」の間、他本に「之」あるものあり。
(14)上部欄外に墨書見せ消ち符「ト」あり。いかなる訂正に伴うものか不詳。
(15)「々」左傍にやや離れて墨小圏点あり。いかなる訂正に関わるものかは不詳。
(16)「相」、原字「授」を擦り消して訂正。
(17)灌頂と章安は同一人物である。佐伯有清氏は、「灌頂の右に章安

(22)

令開大乗戒定慧、永顯少〔小〕乘下劣行(1)。仍製表式〔×戒〕(2)謹奉進請 允許。十年三月十五日上表せる文に〔云脱カ〕・沙門寂澄言。寂澄聞如來制戒随機不同。衆生發心大小亦別。文殊豆盧上座別位、一師十師羯磨金〔全〕異。乃有(3)。法華宗年分兩(4)箇得度者 登天桓武聖皇帝歸法華宗新所開建者也。伏惟 弘仁元聖文武皇帝陛下、德合乾坤明並日月。文藻絶古、銀鈞〔鉤〕新今。萬國歡心兩蕃歸化。定治制礼。今正是時。誠願兩業出家永廻小乘儀、固為大乘儀。依法華經制(5)不交小律儀。毎年春三月 先帝國忌日於比叡山〔寺脱カ〕(6)與清淨出家爲菩薩沙弥。授菩薩大戒亦爲菩薩僧。卽便令住山修學一十二年、爲國家衛。福利羣生。國寶〔國〕(7)○利具如宗式等。 天恩開許。 先帝高願載々に弥興『シ』(8)大乘戒珠祀々に清淨なり。弘仁爲源傳此大戒。廻傳戒福(9)將護 主上。無任誠懇之至謹奉表陳請『允』以聞。伏願◎(10)慈賜垂矜允◎(11)。輕塵聖覽(12)。追増(13)戰汗。謹言 〔闕字カ〕『伏』

と注記されていたものが、伝写の間に石山寺古写本の本文に混れ込んだのであろう。」とする。現状を尊重すれば、「智者授灌頂、灌頂授智威」（「授章安章安」を衍字とみる）、あるいは「智者授灌頂章安、章安授智威」（「灌頂授」を衍字とみる）のいずれかであったと考えられ、どの部分が衍字かは一概には決めがたい。

(18) 「章」と「安」の中間右傍に朱区切り点擦り消し痕跡あり。

(19) 「々」、右傍に朱点アリ。「章安授智威」に続く区切り点の意図か。

(1) 「劣」、原字を擦り消して訂正。原字不詳。

(2) 「式」、原字「戒」の一部を擦り消して訂正。

(3) 「有」と「法」の中間右傍の区切り点の右側、全体に朱色に汚れており、朱区切り点擦り消し痕跡の可能性あり。

(4) 「兩」の下に原字「箇」の擦り消し痕跡あり。

(5) 「經」と「制」の中間左傍に、朱返り点擦り消し痕跡あり。

(6) 「與」、原字「興」に一部重書して訂正。

(7) 「寶」と「利」の中間に細字墨書圈点あり。また同右傍に細字墨書にて「國」を補う。

主上。以表式文給僧綱等。　勅問若有道必當開建也。僧綱卽仰請〔諸〕寺知法者。其大德等或有積善法子、知道可道不誹謗(14)ト正直之大道。或有薄緣釋衆固執自宗唯讃歎鳥鼠之鄙行。其諸寺答書僧統表奏等如別矣。是時僧都護命・長慧、律師施平・豐安・修圓・泰演等大德、作表奏奉進　內裏。卽賜叡山也。表則好誹謗之筆。奏則著妄語之章。乃有。罵詈之詞行々雲起誹謗之言句

(23)

々露結。犯麁言於七聚之深誡招妄語〔於脱カ〕十重之宏疊(1)所以愛(2)憎起諍則無道可道也。所以嫉妬擁道則無法可法也。人能開道人能塞道斯之謂矣。於是大師誹謗之『禦』矢、帶於不輕之鎧詈罵之戈(3)レ御(4)木於忍辱之城。揮慧筆而飛文苑則修護法之◎〔『文』〕(5)章。拾戒珠而敷義林則成顯戒之玉篇。昔護法々琳諍道開道。滅法傳〔傅〕(ママ)奕自損自喪。將沒慧日還照像末之大虛。殆喪蒼生更登佛種(6)之福地(7)者矣。十一年二月廿九日著顯戒論奉進　內裏に。勅給圖書助

---

(8)「興」、右下に朱書「シ」あり。送り仮名か。

(9)「戒」と「福」の中間左傍に朱返り点擦り消し痕跡あり。

(10)「伏」、原字に重書。右傍に朱圏点、及び圏点から下向きに朱線あり。下部欄外の朱書「伏」に対応か。原字は不詳。朱圏点・欄外朱書が先行し、後に墨書で文字自体を重書訂正したか。

(11)「允」、原字に重書。左傍に朱圏点、及び圏点から上向きに朱線あり。上部欄外の朱書「允」に対応か。原字は不詳。(10)と同様に、朱圏点・欄外朱書が先行し、後に墨書で文字自体を重書訂正したか。

(12)「聖」、原字「聽」の耳編を生かして旁部分に朱書にて重書して訂正。さらにその上から墨書にてもう一度重書。

(13)「增」、原字「僧」の人偏を朱書にて土偏に重書訂正。さらにその上から墨書にてもう一度土偏を重書。

(14)「謗」、左下に細字墨書見せ消ち符「ト」あり。もと「訪」に作り字画を加えて「謗」に訂正しているので、一概に「謗」を誤字と判断したとも決めがたい。

(1)「疊」と「所」の中間右傍に、朱区切り点擦り消し痕跡あり。

外從五位下玉作雜物。雜物忽見明々正教證文赫々唐朝制牒﹂獨悱々憤々不知所言也。卽送僧綱。是時諸僧統竭力﹂窮心﹂披閲此論﹂證文分明所引﹂有實。各依梵檀﹂乾筆緘口。雖國多有智人筆士﹂而無有一人答對此論﹂者矣。可謂。一人鶖子之化寫〔象カ〕○(8)﹂既摧万民窂度之池花矣。斯論爲文箴喩正文﹂撥去諂諛之句﹂彈晴(9)ト明章﹂蠲除欺誑之偈。然則顯戒證文炳著於正教之家。新制正詞散在於代宗之國。誰多聞強識者能筆墨對酬(10)哉。上顯戒論表云。沙門冣澄

酬

言。去年十月廿七日(11)附僧光定﹂僧綱所上表對等文給示『ヒ』す冣澄。天雨流洽枯木更榮。捧戴慚愧悚踴無地。冣澄誠惶誠恐以懼以忻。冣澄聞。南天龍樹織八不﹂而破邪。東印馬鳴立一心﹂而開道。護法釋頌﹂斷惡取空(12)。青辨造論﹂遮有所得。天親(13)製論﹂洗五過失﹂堅慧(14)作論﹂顯一究竟。

……………

(24)

大乘論則無著ｏ顯揚、小乘論則ｏ衆賢顯宗ｏ(1)破邪顯正。不勝載車。是以唐朝法琳制傳〔傳カ〕(ママ)﹂奕於破邪(2)﹂秦代僧肇ｏ示般若

---

(2)「愛」、原字「受」に重書訂正。
(3)「罵」、右下に転倒符あり。「罵詈」と訂正するもの。
(4)「御」と「木」を朱線で結び、一字（「禦」）に訂正。上部欄外にも朱書「禦」あり。但し、上部断ち切らる。
(5)「之」と「章」の間に朱圏点を施し、右傍に朱書にて「文」を補う。
(6)「種」、原字の偏「重」を擦り消して「禾」に訂正。原字は「動」など「重」が偏にくる字を書きかけたか。
(7)「者」、右下に朱区切り点擦り消し痕跡あり。
(8)「寫」、あるいは底本の字画が不明瞭なため、「象」を書き誤ったか。左傍やや離れて墨小圏点あり。
(9)「晴」、左傍に細字墨書見せ消ち符「ト」あり。
(10)「酬」、原字を擦り消して訂正。原字は「州」か。上部欄外にも細字墨書「酬」あり。
(11)「七」、原字「九」を擦り消して訂正。
(12)「取」、原字の偏を擦り消して訂正。原字不詳。
(13)「天」「親」の間に朱線を入れ、「天親」と続くことを示す。

於無知。寶臺上座、作佛性論緇州惠沼、造慧日論。如是等類(3)、歷代繁興。伏惟　陛下承天踐祚、聖政惟新。正法理國與靈合契。今斯法華宗者登駕桓武皇帝、爲國所建也。其兩箇度者、依法華宗定大出家。夫圓頓學人、不求三車於門外。何用羊車之威儀。無樂化城於中路。豈過迂廻之徑(4)ト哉。付財之晨、知父知家。何客作爲何除糞爲。賞功之夕、解髻授珠。由何望宅、因何求城。明知、先帝傳法古今无比。護國利生塵劫豈杇〔朽〕哉。今依山家宗、定圓三學、望菩薩僧。謹請　天制、則四條式給僧綱等、聞異宗和。是時僧統(5)存護法志高(ママ)振智釼羣釋(6)執破石心。請論『□』(7)〔トカ〕鼓表進　內裏密待　天制。於是帝心廣博都无愛(8)〔憎脫カ〕◎。『奏』表奏(9)給(10)山更煖死灰。◎謹案表對但陳小家詞無述聖敎。不受博覽泯三寺於日本。无諂新制遮上座於文殊。鳴鍾无遮還恥算升。○(11)法界爲家深墮(12)ト銑破。例言之詰返〔倒〕罵和上違敎之妨亦乖師傳。昔大天五事无依佛說。今叡山四條、有據聖敎。又問律儀則稱我大乘。定上座則還

---

(14)「堅」「慧」の間に朱線を入れ、「堅慧」と続くことを示す。
(1)「宗」と「破」の中間中央の朱区切り点の左傍に朱返り点擦り消し痕跡あり。
(2)「邪」、偏の部分、某字を書きかけて擦り消して訂正。
(3)「類」、偏の部分、某字を書きかけて重書訂正。
(4)「俓」、左傍に細字墨書見せ消ち符「ト」あり。
(5)「僧」と「統」の間に朱線あり。
(6)「釋」、原字に重書訂正。原字不詳。
(7)上部欄外に見せ消ち符「ト」と思しき朱書の残画半存。
(8)「愛」、下部欄外（字間の意識か）に朱圏点あり。「愛」の次に「憎」を脱することに関わるか。(7)と対応するか否かは不詳。
(9)「奏」、左傍に朱圏点、上部欄外に朱書「奏」あり。但し「奏」は上部断ち切らる。
(10)「給」と「山」の中間左傍に、朱返り点擦り消し痕跡あり。
(11)「算」、左傍にやや離れて細字墨小圏点あり。
(12)「墮」、原字「随」の下に「土」を後補し訂正。左傍に細字墨書見せ消ち符「ト」あり。

向賓頭。已嫌邊州。豈信比蘇。若不許假名｣誰(13)爲眞實者

(25)
哉。竊以年分五宗也。國家之良將〻人倫之資粮〻兩海之舟航〻彼岸之梯蹬。俱行俱用則味同塩梅。同説同傳則聲等金石。何償自宗｣忽遏諸宗。但責耳(1)入口出｣不得治内心。若无淸虚之功｣何排非常之難。今我　弘仁論於釋敎｣定於偏圓。道之必可興｣之時〻行之必可釋［×擇］(2)之日。小乘律儀通於藏通。梵網三聚局於別圓。而今圓宗度者受小乘律儀｣忘圓三聚｣爭求名利。各退无漏。自去大同二年｣至于弘仁十一年｣合一十四箇年兩(3)業度者二十八口各々随緣｣散在諸方。住山之衆一十(4)不滿。圓戒未制｣禪定无由。見前車傾｣將改後轍。謹以弘仁十一年ミ(5)載歳次庚子｣爲傳圓戒｣造顯戒論三卷・佛法脉血レ(6)一卷｣謹進　陛下。重願天台圓宗兩業學生順所傳宗｣授圓敎戒｣稱菩薩僧｣勸菩薩行。一十二年〻不出叡山｣四種三昧令得修練。然則一乘戒定永傳本朝｣山林精進遠勸塵劫。奉此功力｣以滅羣凶。上滋　聖壽｣无疆｣承此□［兆カ］

---

(13)「誰」と「爲」の中間左傍に、朱返り点擦り消し痕跡あり。

(1)「耳」と「入」の間の中間左傍に、朱返り点擦り消し痕跡あり。

(2)「釋」、原字「擇」の偏に重書して訂正。

(3)「年」と「兩」の間の中央に、朱区切り点擦り消し痕跡あり。

(4)「十」と「不」の間の中間右傍に、朱区切り点擦り消し痕跡あり。

(5)「年」、右傍に墨書見せ消ち符「ミ」あり。あるいは「歳次」の「歳」を「載」と書を誤って正しい字「歳」を続けて記したが、「載」の右傍に付すべき墨書見せ消ち符「ミ」を「年」の右傍に付け誤まったか。

(6)「血」、右下に転倒符「レ」あり。「血脉」と訂正するもの。

人(7)請泰・寂澄識謝一行學耻毗壇。謹獻愚誠倍增戰汗。如允許進表請降墨勅。依无任傳戒之深謹奉表陳請以聞。□〔又カ〕十三年二月十四日　勅施与傳燈大法師位。此實手〔衍カ〕詔　震筆以爲後代珎也。夏四月告諸弟子等言。我命不久存。□〔若カ〕我滅後皆勿著服。亦山中同(8)法依佛制戒不

(26)

得飲酒。若違此不我同法。亦不佛弟子。早速擯出。不得令踐山家界地。若爲合藥莫入山院。又女人輩不得近寺側。何況院内淸淨之地哉。毎日長講諸大乘經慇懃精進令法久住。爲利國家爲度羣生努々力々。我同法等四種三(1)味勿爲(2)懈倦。兼年月灌頂時節護摩紹隆(3)佛(4)法(5)以答國恩。但我鄭重訖〔託〕生此間習學一乘弘通一乘。若同心者守道修道相思相待。乃有信心佛子〔×心〕(6)數十人。藥芬。圓成。慈行。延秀。花宗。眞德。興善。道叡。乘台。興勝。圓仁。道紹。无行。仁忠。等(なり)。或元初善友。起居倶盡。或渡海登山助求妙法(7)。或浴德海洗心垢。或列入室開心眼。既而同結緣者共立盟誓。生々相待

(7)「人」と「請」の中間左傍に、朱返り点擦り消し痕跡あり。

(8)「同」と「法」の間朱線あり。

(1) この行以下は、界線に捉われずに記す。

(2)「勿爲」、いずれも原字を擦り消して訂正。原字不詳。

(3)「隆」、字画の一部に擦り消し訂正あり。

(4)「佛」、原字「仏」の旁に重書して訂正。

(5)「法」、偏は「イ」の字画を「氵」に重書して訂正。

(6)「子」、原字「心」を擦り消して訂正。

(7)「法」、原字の一部を擦り消して訂正。原字不詳。

世々相續。策心馬於寂光之路﹂宴心賓於妙覺之臺。又大師告言。我自生以來、口无麁言﹂手不笞罰。(8)今我同法不打童子﹂爲我大恩。努々力々。又遺試〔誡〕文云。第一定階也。我一衆之中先受大乘戒﹂者先坐。後受大乘戒﹂者後坐。若會集之日一切之所、內祕菩薩行﹂外現聲聞像。可居沙弥之次﹂除爲他所讓者。第二用心也。初入如來室﹂次著如來衣﹂終坐如來座。第三充衣也。上品人者路側淨衣・中(ママ)。品人者東土商布。下品人者乞索隨得﹂衣。第四充供也。上品人者不求自得食。中品人者淸淨乞食。下品人者儭施可受。第五充房也。上品人者小(9)竹圓房。中品人者三間(10)板屋。下品人者方丈固室。造房之料修理之分。秋節行檀。諸國一升米域〔城〕下一文錢。第六充臥具也。上品人者小竹藁等。中品人者一席一薦。下品人者一疊一席。故巨畝之地價不是我等分。万餘之食封不◎(11)是我等分。僧統所檢﹂天下伽藍不是我等房。大〔師脱カ〕釋迦多寶分身來集之日答文殊問(12)。不許問訊求聲〔聞脱カ〕者。不許共住一講堂中。不許

---

(8)「今」、原字に重書して訂正。原字「令」か。

(9)「小」、原字に重書して訂正。原字不詳。

(10)「間」、原字に一部重書して訂正。原字不詳。

(11)「是」、「不」と「我」の間に朱圏点を施し、右傍に細字墨書す。

(12)「問」、「口」の部分は原字を擦り消して訂正か。

(27)

共行一經行處。是以乞食朝來受椀飯而供山中之飢口。行秋檀(1)節。納等〔寸〕布而著雪下之裸身。衣食之外更无所望。但除出假利生也。五月十五日付屬〔囑〕書云。寂澄心形久(2)勞一生此窮。天台一宗依　先帝公驗授同前入唐天台受法沙門義眞已畢。自(3)今以後一家學生等一事已上不得違背。今且授山寺私印院内之事。圓成佛子、慈行佛子、一乘忠・一乘叡・圓仁〔信カ〕等可相莊行。且附上座仁忠幷長講法華師順圓中送。弘仁十三年歳次壬寅六月四日辰時於比叡山中道院右脇而入寂滅。春秋五十六也。日隱炬滅無所憑仰。風慘松悲泉奔水咽。于時奇雲蓋岑久在無去。江東道俗更相談言。叡岳北峯奇雲縈帶。不知所爲。必有以也。遙聞遷化來先〔告〕異相人皆哽戀不自喩也。時右大臣從二位藤原朝臣、中納言從三位良岑朝臣、權中納言從三位藤原朝臣、右中辨從(4)從伍位上大伴宿祢共尋先帝先皇高蹤同知後生後代傳燈不捨先師本願以山修山學表謹奏　聖朝。聖教所引微善不

(1)「檀」、右下に転倒符「レ」あり。「檀秋節」と訂正するもの。

(2)「久」、原字に重書して訂正か。原字不詳。

(3)「自」、「畢」と「今」の中間右傍に細字墨書。

(4)「從」、右傍に墨書見せ消ち符「ミ」あり。また、文字を朱線で囲んで抹消す。

墜㆑積善不墜斯福斯新。六月十一日元〔允〕許如左。可謂。良醫既去美藥猶留。烏兎早死好弓不忘矣。卽官符文云。檢傳燈法師位㝡澄奏狀㆑偁。夫如來制戒随機不同。衆生發心大小亦別。所以文殊頭盧上座異位㆓一師十師羯磨各別。望請前件度者〔於脱カ〕比叡山每年春三月　先帝國忌日依法華經制『聽』□〔令カ〕得度受戒。仍卽一十二年不(5)◎出山㆑四種三昧令得修練。然則一乘戒定永傳　聖朝㆑山林精進遠勸塵劫。謹副別式㆑謹以上奏者ゝ被右大臣宣㆑偁。奉　勅宜依奏狀㆑者。省宜承知依宣行之。符到奉行。又冬十一月　主上贈哭澄上人㆓六韻詩。載在奇紙。字凌(6)草聖㆑神筆靈珎。無得而稱矣。乃有翰林逸才紫朱上官十有餘哲奉和御製。各探六韻。以爲卷軸。見者斷膓聞者流涙。如梁帝哭達磨㆑似唐臣傷法

(28)

琳者矣。十四年二月廿六日於比叡山寺爲傳先帝所建天台法華宗㆑　勅賜寺〔額脱カ〕。宜改本名㆑号延歷〔暦〕寺。幷廿七日大〔太〕政官牒延暦寺㆓云。牒案大〔太〕政官去年六月十〔一脱カ〕日下治部省㆑符偁。檢

(5)「不」と「出」の中間に朱圏点を施し、上部欄外に「聽」を朱書す。

(6)「凌」、原字「陵」の偏部分に重書して訂正。但し、意味的には「陵」のままがよいか。

傳燈法師位寂澄奏(1)狀偁。夫如來□[制カ]戒随機不同。衆生發心大小亦別。所以文殊豆盧上座異位、一師十師羯磨各別。請望(2)天台法華宗年分度者二人、於比叡山毎年春三月(3)先帝國忌日依法華經制、令得度受戒。仍卽一十二年不聽出山、四種三昧令得修練。然則一乘戒定永傳聖朝、山林精進遠勸塵劫。謹副別式、謹以上奏者、(4)被右大臣宣偁。奉勅、宜依奏狀者、省宜承知依宣行之者、今案式意、應試業者先申別當、聽彼處分。試業既訖亦申別當。別當執奏仍國忌日便令得度。不可更經治部・僧綱。其試應(5)義(6)條一依大[太]政官去延曆廿五年正月廿六日下治部省符旨、於彼寺試得度、已畢別當申官(にて)、勘籍幷与度緣。然後下知治部[省脱カ]。自今以後立爲恒例。牒到准狀故牒。又三月三日勅置延曆寺別當權中納言從三位兼行皇后宮大夫左兵[×近](7)衞督藤原臣朝(8)三守・正五位下守右中辨勳六等大伴宿祢國道。卽同月十一日大伴別當爲試天台宗年分度者、向延曆寺。十[×七](9)七日、國忌親度年分二人。又四月十四日令先師付法供奉

(1)「奏」、原字「秦」の字画の一部を擦り消して訂正。
(2)「望」、右下に転倒符あり。「望請」と訂正するもの。
(3)「先帝」は平出かつ闕字。
(4)「者」と「被」の間の中間右傍に区切り点擦り消し痕跡あり。
(5)「應」、右下に転倒符あり。「應試」と訂正するもの。
(6)「義」の下部欄外に朱線あり。次行の「條」に続けて「義條」が熟語であることを示すものか。
(7)「兵」、原字「近」を擦り消して訂正。
(8)「朝」、右下に転倒符あり。「朝臣」と訂正するもの。
(9)「十」、原字「七」の字画の一部を擦り消して訂正。

禪師義眞授菩薩大戒。凡受戒□□〔者十カ〕四人也(10)。於是諸弟子等(11)親見先師本願成就、各尋先跡。修行山林、歡喜踊躍無有喩也。大師見善、卽進聞惡、卽退。記末然事(ママ)(12)。有驗(ママ)。言行合契諸人憶持。暫停不朝〔載〕(ママ)　註記撰集著作諸文筆也。註法華經十二卷。註金光明經五卷。註仁王般若經四卷。註无量義經三卷。天台靈應〔×雲〕(13)圖集十卷。頭陁集三卷。守護國界章十卷。法華惑〔去脫カ〕四卷。法華輔照三卷。照權實鏡一卷。決權實論一卷。依憑〔集脫カ〕一卷。新集摠持章十卷。顯

(29)

戒論三卷。(ママ)　緣起二卷。血脉一卷。付法緣起三卷。長講願文三卷。六(ママ)　銘一卷。大師本願寫六千部法華經、造一『□〔寶カ〕』六基之多◎(1)塔。々別安置一千部經。每日長講福利國家也。且修營三千部三基塔、已畢。猶□〔未カ〕修造中國二千部二一基塔。西國一千部一基塔。但中國之(ママ)　西兩塔是也。大師自創未成、遷化。諸弟子等見材、增悲、盡力營作。春三月　弘仁聖皇帝聞功德之大事、傷先師之本願、

---

(10)「二」、字間右傍に細字墨書。

(11)「等」、原字を擦り消して訂正か。原字不詳。

(12) この行、及び次行、第二十九紙一・二・五行の空白部分には、諸本によるに三、四文字の脱落があり、原本が書写した底本に虫損などがあったことによるか。

(13)「靈」、「雲」の「云」部分に重書して訂正。

(1)「多」と「塔」の間に朱圏点あり。また、上部欄外に朱書「寶」あり。上部断ち切らる。

勅施造塔料穀四万勝（ママ）。又夏六月　今帝賻（ト）(2)先師忌日料

『布』

調◎(3)八百褠。又供延暦寺燈料。凡諸弟子等重蒙　天恩レ悲喜交集。不知所言。大師平居〔×安〕(4)門徒數百。傳妙義者二十〔×千〕(5)餘人也。興福寺僧義眞〻大安寺僧圓澄〻爲之首矣。乃有高位崇名者。特進藤右僕射（ママ）。冬・金紫光祿大夫（ママ）。良納言安。銀青光祿大夫藤納言□〔三カ〕。太中大夫〔伴脱カ〕參議國。朝野左丞鹿・菅（ママ）。右京大夫淨・小野（ママ）。太〔大〕宰大貳岑・朝（ママ）。議大夫藤（ママ）。右丞愛・都文章博士腹。朝請大夫和氣（ママ）。左將眞・安野祭(6)□〔酒カ〕（ママ）。文・藤作州刺史是。朝散大夫淨（ママ）。丹州刺史夏・藤（ママ）。主殿頭成三(7)・滋（ママ）。東宮學士貞・和氣（ママ）。左丞仲・伴（ママ）。尾州刺史氏・藤（ママ）。遠州刺史衞・藤（ママ）。春宮□〔亮カ〕常・藤（ママ）。駿州刺史春・治（ママ）。總州別駕建。朝議郎藤（ママ）。主殿助永雄・藤（ママ）。圖書助常永・藤（ママ）。大學助々・六音博士門繼。奉議郎都外記廣田。安道（ママ）。右大史嗣〔×副〕(8)雄等（なり）。或外護檀越開道（として）レ弘宗。或湌稟法味（を）レ自利々他。或金蘭知故レ聞法證文。或深結因緣レ各期妙覺。凡在結緣レ索〔素〕衆其數不窮也。先師存日常自言談。此諸賢(9)公宿緣

(2)「賻」、左傍に墨書見せ消ち符「ト」あり。いかなる訂正を意図するものかは不詳。

(3)「調」と「八」の間に朱圏点あり。また、上部欄外に朱書「布」あり（上部断ち切らる）。

(4)「居」、原字「安」を擦り消して訂正。

(5)「十」、原字「千」に重書訂正。

(6)「祭」、原字を擦り消して訂正。原字不詳。

(7)「成三」、「三」衍、あるいは「三成」の誤写か。

(8)「嗣」、原字「副」の旁を擦り消して訂正。

(9)「賢」、原字の一部を擦り消して訂正か。原字不詳。

所追、遂致相見。而山○中(10)同法今世後世當結深心。勿懷淺志矣。十四年夏六月淨刺史。追尋先師之芳跡、欲創弘通之鴻基。即便與藤・伴(11)兩別當倶知識、諸有道心者(12)藉須達

(30)

之供、充饉男之鉢。馳法輪於實相之路、運含識於薩雲之城。遂使。慈父留藥、衆子倶服。如阿難之傳於金口、如憙見之聞於滅後、者矣。既而拔傳燈之階、上講複之座。名曰義眞・圓『定』澄・光之・◎(1)德善、德圓、々正、圓仁、仁忠、道沼〔紹カ〕(2)、興善、興勝、仁德、乘台。法門卷數講師次第具如別也。若夫(3)爭名、爭相、由何、止息。忘(4)色、忘(5)心、由何、興出。悅〔ホノラカニ〕(6)焉似有、而無也。俄(7)尒〔忽也〕本無而有也。寔乃四德無方三點斯絕。安可憑諸天、縱窺其幽冥者乎。至如三乘五乘偏圓半滿理、苟可以有爲無漏、斟酌其源。可以迂廻歷劫、來到其境矣。乃有。一乘一味之妙理、圓頓絕待之妙(8)行、開道〔直脫カ〕於城外、付財產於宅內。爰〔×愛〕(9)英猷茂實代有人焉。大師少習坐禪、名聞朝野。長該衆典、聲播隣國。威儀外疎、妙行內祕。文場淸翰比池、方春。義苑

---

(10)「中」、「山」と「同」の中間に墨圏点を施し、右傍に細字墨書。

(11)「伴」、原字に重書して訂正。原字あるいは「件」か。

(12)「者」、字画の一部に重書あり。あるいは「有」を書きかけたか。

(1)「之」、右傍に朱圏点あり。また、上部欄外に朱書「定」あり。

(2)「道紹」、他本に「道叡」とするものあり。

(3)「夫」、「若」と「爭」の中間右傍に細字墨書。

(4)「忘」と「色」の中間中央に朱区切り点擦り消し痕跡あり。

(5)「忘」と「心」の中間中央に朱区切り点擦り消し痕跡あり。

(6)「悅」と「焉」の間に朱線あり。

(7)「忽」と「尒」の間に朱線あり。

(8)「妙」と「行」の中間中央に朱区切り点擦り消し痕跡あり。

(9)「爰」、原字「愛」を擦り消して訂正。

雅頌如愚如訥。道亞弥天神侔襄陽。乃曲而不野。乃麗而有則。既學博而心下。亦守卑而調高。實釋種之梁棟。人『□〔牖カ〕』〔倫〕備之羽儀矣。加以賑乏□〔扶カ〕危先人後己。林牖(10)之間吐納風雲霞帳之中韜蘊章藻。巖岸〔崖〕松木斯其禪悦也。檀林薜荔斯其糞掃也。經行恬靜卅有餘年。然其間則四方歸心汲甘露於禪河。十界感願灑醍醐於福地。于時赴解脫者其數若林。遵正道者如風偃草。此亦戒香薫馥万劫無絕。妙法廣被億歳無窮(11)。闡玉鼓法蠡之訓揚佛日金鏡之光。巍々蕩々斯之謂矣。遂使三乘一乘。區分聲聞菩薩各色。文蕩(12)藻嘉聲傳于口實本迹神妙淺近莫知。但戀慕玄風無所宗仰。庶使前操靡墜後聲有傳。是故補書疏之缺遺記清德之永流者矣。

---

(10)「牖」、左傍に墨書見せ消ち符「ト」あり。また、墨書見せ消ち符との間に朱圏点を施し、さらに上に向けて朱線を引き、上部欄外の朱書（上部断ち切らる）と対応させている。見せ消ち符による誤字の指摘が先行し、後に朱圏点と欄外朱書による訂正が施されたか。

(11)「窮」、字画の一部に重書訂正あり。

(12)「蕩」、右傍に墨書見せ消ち符「ミ」あり。

二　智証大師伝（重書第二二号）

加藤　優

『智証大師伝』は延暦寺第五代座主智証大師円珍の伝記で、その生誕から、比叡山延暦寺への入寺、得度、授戒、学頭就任、延暦寺定心院十禅師の一人になり、やがて宮中護持僧である内供奉十禅師になり、さらに仁寿三年（八五三）に入唐し、唐土で巡礼、勉学、受法を行い、天安二年（八五八）に帰国し、天台座主、僧綱に任じられ、寛平三年（八九一）に入滅するまでの生涯を記しており、円珍の伝記として極めて重要なものである。

石山寺所蔵本は、嘉承三年（一一〇八）四月二十一日願澄書写奥書のある最古の写本として知られているもので、昭和四十年五月に重要文化財に指定されている。近年佐伯有清氏により『智証大師伝』の校訂と注解が行われるなど、その研究はめざましい進展を遂げた。(1) 以下、それらの成果を踏まえながら解説を加えていきたい。

一　現状

巻子本で、表紙は萌葱地瓢箪唐草文緞子、見返しは雲母引き金銀切箔散し、銀切箔散しの貼題簽があるが、外題は書かれていない。この表紙は後補にかかるもので、その次にある素紙が旧表紙であり、「智証大師伝」の旧外題と、その下に同筆で「僧覚澄之本」とある。牙印可軸は新補で、本紙末尾に白紙一紙を加えて軸を付すが、本紙の最末尾には軸を糊付けした痕跡がある。料紙は楮紙で、旧表紙を含む紙数は一六紙、縦二七・一糎、一紙の長さは約四四・五糎、全長六八八・五糎である。内題は「天台宗延暦寺座主珍和尚伝」とあり、尾題は「智証大師伝」とある。

奥書は、

嘉承三年　四月廿一日於小田原以吉祥房本
書写了　筆師願澄
（朱書）
「一校了慧稳法師丸也」

とある。

界線はないが行取りは整然としていて、一紙二二行ずつ記載し、一行は二二〜二五字程度である。墨書の仮名、返り点があるが、これは書写者の願澄が付したものであろうが、墨色の薄い別筆のものもあり、これは室町時代まで降るものとみられる。墨書の校合も願澄の手になるとみられるものもあるが、明らかに墨色、字形の異なる別人の手になるものもある。また雁点や「ㇾ」もあるが当然時代が降る。ただし第五紙の末尾付近から返り点、仮名はなくなる。なお、これらの仮名、返り点には誤りの見られるものもある。また第九紙の末尾以降には朱の仮名、声点、反切、及び校合があるが、これは奥書に見える慧稳法師丸が付したもので、院政期のものであろう。

修理済みであるが、虫損の痕跡が多く、そのため文字の判読の困難な箇所がかなりある。また、本書の筆者願澄は、文章の意味をよく解さないままに字形を写したか、あるいは依拠した本に既に原因があったのか、字形にあいまいさがある。たとえば「令」と「今」、「議」と「識」、「日」と「曰」等の区別は極めて不分明で、意味により判断せざるを得ない箇所が多い。また意味からみて「楽」とあるべきであるのに「王」となっている箇所があるが、これはおそらく「楽」の草体を「王」と誤認したものであろう。また「検」とあるべきところが「拾」となっている箇所があり、これも「検」の草体を「拾」と判断したためであろう。さらには、一字を二字に、二字を一字にしてしまっている箇所もあり、たとえば、「睿」を「止」と「眘」に分けたり、「代」「不」の二字を「袋」の一字にしているなどである。このような書写の誤りの他、虫損等により判読できない文字、墨痕があるが翻刻不能の文字があるので、釈文ではそのような場合は□で表記し、推定を加えたものは右傍に〔　ヵ〕とした。墨抹により読めない文字は▒にした。誤写とみられ意味の通じがたい文字についても、そのまま翻字し、ほとんどは特に註記を加えなかった。校合により補入または傍書している文字は願澄のものか別人の手によるものか判別ができないものがあるので、特に「別筆」のような註記はしなかった。いずれも影印版で字形等を確認していただきたい。

二　書写者・伝領者

本書は奥書によれば、院政期嘉承三年四月二十一日に小田原の吉祥房の本から願澄が書写したもので、慧穏法師丸が校正を加えている。この小田原とは南山城の相楽郡賀茂の地に平安時代から所在した小田原山寺のことで、南都興福寺系の別所として浄土教信仰の一拠点であった。小田原山寺は東の随願寺、西の浄瑠璃寺から成り、それぞれ東小田原山寺、西小田原山寺とも称されたが、平安時代には両者は密接に結びついていて、全体を小田原山寺と称されていた。平安時代末期の随願寺には迎接房経源のような著名な浄土教家も現れた[2]。願澄は小田原山寺吉祥房所蔵本を用いているが、書写した場所は不明である。だが、校正をしている慧穏法師丸が浄土教に縁の深い名であることからすると、小田原山寺内で書写・校正した可能性がある。

執筆者の願澄はどのような僧か、奥書からは知られないが、千手寺蔵等の藍紙本法華経の奥書に見える人物の可能性がある。この経巻は寛治元年（一〇八七）の移点本奥書と保安二年（一一二一）の移点奥書があり、寛治元年移点の藍紙金界法華経（立本寺所蔵として現存）から保安二年にさらに訓点を移したものである。全八巻が存するが、巻第一の巻首と巻第二・第六の巻末を欠失し、巻第四は天理図書館の所蔵となっている。(3)

巻第八の奥書によれば、保安二年九月頃、覚澄の同法数人により移点したものであるが、巻第四と巻第八は雇筆により移点した意味のことが記されている。巻第一、七、八に「釈覚澄之本」「覚澄之本」等の記載があることから、この法華経は覚澄の所持本であることが知られるが、移点以前から所持していたものかもしれない。

移点者の知られるのは巻第一の秀覚、巻第三の願澄、巻第七の恵厳である。この願澄が時期からみて『智証大師伝』の執筆者と同一人ではなかろうか。巻第一に関して秀覚は保安二年九月に宿院双厳房において移点したとあるが、この宿院とは興福寺の西北に隣接した二条大路南に、官祭の春日祭使の宿舎として設けられたもので、後には藤氏長者一行や興福寺維摩会の勅使の饗応の場や宿舎としても用いられた。宿院はその機能や位置から興福寺の支配下にあったので、これらの僧は興福寺僧の可能性がある。また永暦元年（一一六〇）三月日の興福寺僧義海申文(4)に「為伯父覚澄之付属弟子、重代文書房舎庄園等、併所譲得□掌」とある覚澄は興福寺僧と考えられるが、時期的にみても移点者の覚澄と同一人とみられる。

一方、永治元年（一一四一）十月二十九日の東大寺牒案(5)の連署中に伝灯法師覚澄と伝灯大法師秀覚の名が見え、これらの僧を藍紙本法華経奥書の人物と同一とする説(6)があり、そうであれば東大寺僧ということになる。しかし奥書からは覚澄が移点の主宰者であるとみられるのに、僧位が秀覚より下であり、また保安二年に見える覚澄が永治元年にもなお伝灯法師位というのはいささか低すぎるきらいがあり、東大寺僧説に躊躇するところである。(7)

本書の旧表紙には旧外題と同筆で「僧覚澄之本」と記されており、後に覚澄の伝領するところとなったことが知られる。覚澄は藍紙本法華経奥書の僧と同名だが、以下に述べるように別人であろう。(8)

鎌倉時代初期に東大寺僧の覚澄がしばしば石山寺に滞在しており、石山寺の経巻・聖教にはその書写・伝領にかかるものが多い。本書も石山寺伝来のものであるから、この覚澄は鎌倉時代の東大寺僧とみるのがふさわしいと思われる。石山寺蔵聖教その他から知られる東大寺僧覚澄の経歴は次のようなものである。

建久二年（一一九一）五月八日に石山寺北房南面で禅林寺明覚房上人所有の『如意輪法』を書写しているが、この時生年十四歳とある。(9)

建久五年四月八日には石山寺で『金剛界抄』を書写しているが、奥書に十七歳で戒臈が五年とあるので、十二歳で受戒したことが知られる。(10)

建久八年二月十六日に石山寺東院房において同寺の阿闍梨文泉房朗澄から『大毗盧遮那成仏神変加持経供養法』を伝授されており、その奥書に「東大寺真言院沙門三論宗覚澄」とあり、生年は二十歳で八臈とある。(11)

正治元年（一一九九）五月十八日には『阿毗達磨品類足論』巻第十八に東大寺塔本房において校合を加えている。奥書には「三論学者沙門覚澄」とある。(12)

建永二年（一二〇七）七月三日には『用心草』第二十五を書写しており、奥書に「金剛仏子覚澄」とある。(13)

以上の他にも石山寺蔵聖教にその伝領を示す奥書のあるものが多数ある。

これらのことから、覚澄は東大寺真言院の住僧で三論宗の僧侶であるが、金剛仏子とも称しているので、東大寺の宗学である三論を学ぶとともに真言密教をも兼学していたことになる。また覚澄は建久六年十月に東大寺において学道興隆のため世親講始行を呼びかけた二十七名の一人であり、建仁元年（一二〇一）・二年の世親講では論匠の答者となっている。(14) また、東大寺八幡宮に黒田荘内の田畠を寄進した元久二年（一二〇五）七月の東大寺僧綱等連署寄進状には「大法師覚澄」として学侶の一員に名を連ねている。(15)

石山寺は奈良時代の石山院以来東大寺と関係が深く、東大寺僧の来往が多かった。文泉房朗澄の本寺も東大寺である。

三　内容の考察

『智証大師伝』の主要な写本は、石山寺本の他に、平安時代末期書写の東京国立博物館所蔵（曼殊院旧蔵）『天台宗延暦寺座主円珍伝』、佐伯有清氏により翻刻紹介された延文二年（一三五七）書写の東寺観智院所蔵『円珍和尚伝』[16]、後藤昭雄氏により翻刻紹介された寛喜二年（一二三〇）書写の金剛寺所蔵『円珍和尚伝』[17]がある。『天台宗延暦寺座主円珍伝』は『続群書類従』巻第二百十二等に収められ流布しているもので、佐伯氏は通行本と呼んでおり、以下本稿でもそのように呼ぶが、石山寺本とは内容的に相違がある。また東寺所蔵『円珍和尚伝』と金剛寺所蔵『円珍和尚伝』は従来知られていた上記二本とはさらに別の異本であることが佐伯氏により明らかにされているので、結局、三系統の写本があることになる。石山寺本は近世のものを含めても他に写本はなく、天下の孤本であり、わずかに『山王院大師徳行年次記　下』に「広伝」として引用されているのみである[18]。このうち、主として石山寺本の性格に関して、佐伯氏の提示された説に依拠しながら通行本と比較してみたい。

石山寺本と他本との最も顕著な相違は末尾の部分である。石山寺本末尾は本文に続いて以下のような記載になっている。

延喜二年十一月十一日伝灯満位僧鴻与
総持院十四禅師伝灯法師位慶蓮
浄福寺四禅師伝灯大法師位京意
総持院十四禅師灯伝大法師位惟瞻
定心院十禅師伝灯大法師位良勇

総持院十四禅師伝灯大法師位悟忍
阿闍梨十禅師伝灯大法師位増命
阿闍梨定心院十禅師伝灯大法師位増欽
阿闍梨十禅師伝灯大法師位慈鏡

これらの僧侶は全て円珍入室の弟子僧で、中には後に天台座主になった増命、良勇等も見える。

この石山寺本に対して、通行本の『天台宗延暦寺座主円珍伝』の末尾には本文に続いて次のような長文がある。

和尚晩年、特愛遇尚書左少丞藤佐世、起居郎善清行、綢繆恩好、如有宿世之契焉、故可著述和尚之遺美者、此両人当仁也、而寛平三年春、藤大夫謫奥州刺史、清行亦左遷備州長吏、居住之間、和尚滅度、九年秋、奥州蒙恩、徴為左尚書、役駕帰洛、殞於中途、清行其年、秩解入京、亦転翰林学士、今年和尚之遺弟子、相共録和尚平生行事、令余撰定其伝、此亦和尚之遺志也、余対此聖跡、宛如再逢、握筆流涙、一字一滴、願我頼今日之実録、結他生之冥期、

延喜二年冬十月二十日

翰林学士善清行記之、

以前家伝綱所牒、清書一本、奉国史所已訖、仍記、

延喜二年壬戌十一月十九日

伝灯満位僧台然
伝灯法師位鴻与
伝灯法師位
総持院十四禅師伝灯法師位慶蓮

浄福寺四禅師伝灯大法師位京意
総持院十四禅師伝灯大法師位惟瞻
定心院十四禅師伝灯大法師位良勇
総持院十四禅師伝灯大法師位悟忍
阿闍梨十禅師伝灯大法師位増命
阿闍梨定心院十四禅師伝灯大法師位増欽
阿闍梨十禅師伝灯大法師位慈鏡

件家伝記録濫觴者、延喜二年秋、従綱所可進和尚家伝之牒、到来寺家、寺家記録、可進国史所之由、牒山王院、爰和尚入室良勇十禅師、委憶和尚平生始終之事、同入室鴻与大法師、引勘和尚手中遺文、兼復同入室諸大法師、衆口討論、乃令最後入室台然筆授略記、其後付善学士令撰定之、学士一以憶在和尚之微旨、一以叶於門人之中誠、奉公之隙、撰述已畢、（※読点筆者、以下同じ）

（以下、続けて延長五年十二月二十七日付「円珍賜贈位諡号官宣」、延長五年十二月二十九日付「謝賜贈位諡号表」（門人賀書）を載せるが省略。）

石山寺本は前記のように、延喜二年十一月十一日の日付と弟子僧九名の連署があるだけであるが、通行本は三善清行が円珍伝を撰定するに至った経緯を記した延喜二年十月二十日の文（以下「撰定記文」と呼ぶ）がまずあり、その次に延喜二年十一月十九日の日付と弟子僧十一名の連署、さらに、伝記作成の経緯を記した文（以下「作成記文」と呼ぶ）、延長五年十二月二十七日付の「賜贈位諡号官宣」、延長五年十二月二十九日付の「謝賜贈位諡号表」がある。

「作成記文[19]」によれば、延喜二年秋に僧綱所から故円珍の伝記の提出を要請する牒が寺家に到来し、それを請けて寺家から円珍の住房でもあった山王院に宛てて、円珍に関する家伝記録を撰国史所に提出するようにという牒が出された。これは六国史に続く正史編纂の材料にするためであろう。そこで円珍入室の弟子である良勇が中心となり、鴻与が円珍の元にあった自筆文献等を照合し、他の入室の弟子たちと討論し、最末席の弟子であった台然が「筆授略記」した。それを文章博士三善清行に撰定を依頼して十月二十日に出来上がった。僧綱所の通知から短期間のうちに完成させたことになる。そして連署の箇所に記された文言によれば、一本を清書して撰国史所に送付したという。

筆者はかつて石山寺本には三善清行の撰定記文がなく、弟子僧九名の連署のみで、一見連署者が円珍伝を著したかのような体裁であることから、石山寺本は撰定記文を削除して、伝記作成の功を円珍弟子僧等に帰そうと意図したものかと推定した[20]。

それに対して佐伯氏は、通行本の日付は十一月十九日、石山寺本の日付は十一月十一日と異なっていることから、石山寺本は撰国史所に提出した本の系統で、十一月十一日が提出日であり、通行本は寺に留められたもので、十一月十九日は「以前家伝綱所牒清書一本奉国史所已訖、仍記」と清書本を提出した経緯を記し、関係者が連署した日付であるとされた。また鴻与は石山寺本では伝灯満位僧であるが、通行本では伝灯法師位であるのは八日間のうちに昇叙されたものであり、石山寺本に三善清行の撰定記文が無いのは、公的なものとして提出するのに、清行の私的な感慨を記した文はふさわしくないため削除したものであるとされた[21]。

以上の佐伯氏の考察は大筋において妥当であると思われ、両本の性格の相違が末尾の記載の相違となったのであろう。ただし石山寺本が提出本とすると、撰国史所向けに「右件家伝、注顕進上如件」(延喜元年十一月二十七日提出の安祥寺恵運伝の末尾)のような文言があってもよく、連署だけでは不自然である。それよりも石山寺本は提出本の副本系統の写本とみる方がいいのではなかろうか。

佐伯氏は内容についても比較し、通行本は石山寺本に比べて文章が増えており、整然とした構成の石山寺本に比べ、素材の配列に杜撰なところがあり、しかも不用意な重複や円珍の超人性をたたえるような記述があると指摘し、これは撰国史所提出本にさらに加筆増補したためで、その際に生じたのであろうとされた[22]。

しかし、提出から旬日を経ないうちに加筆増補することは考えにくいし、整然とした構成の提出本系統の本に、重複する記事をさらに加えることは不自然である。それよりも文章の構成から見て、通行本系統の本が先に成立し、その重複等を削除し、内容・構成を整えたものが石山寺本系統の本とみる方が自然であるように思われる。

右のように理解した場合、通行本の日付が石山寺本より後であることが問題になるが、これは十月二十日に清行が撰定を終えた段階の本に、延喜二年十一月十九日に、清書本については撰国史所へ提出したという証験文言を添えて延暦寺僧十一名が連署を加えたものと考えるべきであろう。連署者が石山寺本より多いが、提出本とは違い、内部的覚書的性格から関与者全員が位署したのであろう[23]。

清行は依頼を受けてから匆々の間に撰定したのであり、十月二十日に一応出来上がったが、それはまだ十分整理しきれていないものだったので不用意な重複等があったのではなかろうか。それがそのまま通行本の系統となり、石山寺本は官に提出するため、清行撰定本をさらに整え清書したものであろう。

最後に異本について若干触れておきたい。異本の特徴は、末尾が三善清行の延喜二年十月二十日の撰定文で終わっており、円珍弟子僧の連署以下はない。内容的にも石山寺本・通行本とはかなり相違が見られ、特に伝の前半の円珍在唐中の記事は大幅に削除されている。しかも文意をあまり顧慮せず大胆に削除し、その結果つながりの悪くなった箇所は適宜語句を書き直して補綴する。しかし無理に前後の文をつなげたため不自然になり、文意が変化し意味が通じにくくなったり、誤った文になった箇所もある。異本は清行の「撰定記文」までで終わっていることからすると、十月二十日に完成し、「撰定記文」を付した段階の本（通行本の祖本）を節略して成立したものであろう。[24]

佐伯氏の指摘によれば、東寺観智院本の裏書から、通行本は「広伝」、異本は「略伝」と称されていたことが知られるが、[25]これは異本円珍伝が通行本を節略したものと認識されていたためであろう。

以上のことから、石山寺本『智証大師伝』は円珍伝として最古の写本というだけでなく、最も整備された段階の内容を持つ本ということができる。[26]

註

（1）佐伯有清『智証大師伝の研究』（吉川弘文館、一九八九年）。

（2）『後拾遺往生伝』巻中、『三外往生記』。

（3）『平安遺文』題跋編、一八九頁・『月刊文化財』平成八年七月号・『大谷女子大学資料館報告書』第三十五冊、平成九年。

千手寺蔵法華経奥書を左に掲げるが、『大谷女子大学資料館報告書』の釈読に依拠し、僅かな変更を加えた。

〈巻第一〉

（白書）「保安二年九月廿一日於宿院雙嚴房移點
畢　本經以赤穂珣照君點本修學
房移點本而已　　　釋覺澄之本　」

（朱書）「本經云以朱處々所移點者是明詮僧都道本也云々
移點僧秀覺　」

（白書）「覺澄之本」

〈巻第二〉

（白書）「點本經云寛治元年歳次丁卯五月十四日以赤穂珣照聖人
　訓點經移點了末學沙門經朝」

（白書）「保安二年歳次辛丑十月二日以件經移點了沙門願澄」

（朱書）「以元興寺明詮僧都自筆點導本爲其本大都移點了經朝」

（朱書）「以件經同四日移點了沙門願澄」

（墨書）「墨點者以興福寺壽慶聖人點爲其本耳」

〈巻第五〉

（白書）「點本經云寛治元年五月十九日以赤穂珣照聖人點爲其本
　移點了處々少付定慶聖音讀了沙門經朝」

（朱書）「同二年正月之比、以元興寺明詮僧都點導本爲其本大都移點了
　若与赤穂同處不別點之得其意可讀之僧經朝點之」

（墨書）「墨之訓幷聲興福寺壽慶聖人之本了」

（白書）「保安二年仲秋□釋覺□」

〈巻第七〉

（白書）「寛治元年五月廿二日以赤穂珣照聖人
　點爲其本移點了處々以朱付定慶
　聖音讀之　末學沙門經朝」

（朱書）「同二年正月之比以元興寺明詮僧都點導本爲其本以朱
　大都移點了若与赤穂同處者不別點之朱角得其意

可讀之僧經朝點了」

〈墨書〉「墨之訓幷聲以興福寺壽慶聖人本移點也与前
□兩本同處ヲハ不別移之也」

〈白書〉「保安二年辛丑歳□十月一日移點了僧惠嚴
釋覺澄之本」

〈巻第八〉

〈白書〉「點本經云寛治元年丁卯五月廿三日巳剋於興福寺
上階馬道以西第六大房以赤穂珣照聖人點移點了
處々以朱付定慶聖人讀也　沙門經朝」

〈朱書〉「同三年正月之比以元興寺點導本爲其本大都移點了若与赤
穂本同處不別點之得其意釋可讀之僧經朝點之」

〈墨書〉「墨之訓幷聲ハ興福寺壽慶聖人本而巳与若兩本同處不別
移點之得其意可讀之也　沙門經朝」

〈白書〉「保安二年辛卯九月之比初數輩同法移點而已於
□身者及知命不能移點歟其中雖年少依法
器雇三節四与八兩卷移點了但有爽
者後見之次可能□　覺□本」

（4）『平安遺文』第七巻、二四九五頁。

（5）『平安遺文』第六巻、二〇五九頁。

（6）『月刊文化財』平成八年七月号、三三頁。

（7）佐伯氏は藍紙本法華経の「覚澄」の記載を後の書き入れと解して、両者を同一人物とみておられるが、本文に述べたように別人とみるのが適切であろう（『智証大師伝の研究』一一七頁）。

（8）佐伯氏は「東大寺牒案」と「興福寺僧義海申文」に見える覚澄を同一人物とみておられる（『智証大師伝の研究』一六二頁）。
（9）石山寺校倉聖教第十七函三号（石山寺文化財綜合調査団編『石山寺の研究　校倉聖教・古文書篇』、一七九頁）。
（10）石山寺校倉聖教第十三函八号（石山寺文化財綜合調査団編『石山寺の研究　校倉聖教・古文書篇』、一一二頁）。
（11）石山寺一切経附属分第二函三十号（石山寺文化財綜合調査団編『石山寺の研究　一切経篇』、七七九頁）。
（12）石山寺一切経第六十函五十七号（石山寺文化財綜合調査団編『石山寺の研究　一切経篇』、五八六頁）。
（13）石山寺校倉聖教第二十三函三十九―十号（石山寺文化財綜合調査団編『石山寺の研究　校倉聖教・古文書篇』、三五七頁）。
（14）『東大寺続要録』（『続々群書類従　第十一、宗教部』、一六二頁）。平岡定海『東大寺宗性上人之研究並史料　上』、一〇・一一頁。
（15）『鎌倉遺文　古文書編』第三巻、二四三頁。なお、延応元年（一二三九）七月二十一日に阿闍梨大法師慶源から東大寺戒壇院南辺の地を買得した「僧覚澄」（『鎌倉遺文　古文書編』第八巻、五六頁）、ならびに法相宗の碩学として知られる興福寺僧良遍が遁世後住した東大寺知足院を、示寂前年の建長三年（一二五一）十一月二十八日に付嘱した弟子「覚澄」（『東大寺宗性上人之研究並史料　中』、三八一頁・東大寺教学部『東大寺円照上人行状』釈文、二・七頁）についてはは未詳であるが、後者は法相宗であること、もし本書を伝領した覚澄とすると年齢がこの時点で七十四歳と高齢であり、しかも正嘉二年（一二五八）にもその名が見えるから（『東大寺宗性上人之研究並史料　中』、五二四頁）、別人であろうか。
（16）『智証大師伝の研究』、四七四頁「東寺所蔵の円珍和尚伝」。
（17）後藤昭雄『平安朝漢文文献の研究』（吉川弘文館、一九九三年）、三八頁「金剛寺蔵『円珍和尚伝』」。
（18）『続天台宗全書　史伝2　日本天台僧伝類Ⅰ』所収。なお本書に「伝」として引用している文は異本系の佚文である。
（19）これは「良勇十禅師」「鴻与大法師」の記載から、延喜二年十一月十九日より後に書かれたものであろう。
（20）石山寺文化財綜合調査団編『石山寺古経聚英』（法藏館、一九八五年）所収『智証大師伝』解説。
（21）『智証大師伝の研究』、一二三～一二五頁。

(22)『智証大師伝の研究』、一六七〜一七一頁。

(23) 連署の箇所で、石山寺本で「定心院十禅師」とあるものが、通行本では「定心院十四禅師」となっているが、これは通行本が誤っている。定心院十禅師は承和十三年(八四六)に仁明天皇の御願により延暦寺に建立された定心院に、翌十四年二月に置かれた十名の浄行僧である。

(24) 佐伯氏は異本系諸本を円珍弟子僧等が最初に作成した段階の本で、三善清行撰定本の草稿となったものと解しておられるが、子細に検討すると、やはり通行本の節略本とみるべきだと思われる。

(25)『智証大師伝の研究』、四八七頁。

(26) なお、『徳島文理大学比較文化研究所年報』十五号(一九九九年三月)所収、拙稿「『円珍伝』の成立について」において、各本の比較を行い、成立試案を述べたので参照されたい。

（旧表紙）

智証大師伝

（打付書外題）
智證大師傳　　　僧覺澄之本

（1）

天台宗延暦寺座主珎和尚傳

天台宗延暦寺第五座主入唐傳法阿闍梨法眼和尚位円珎、
俗姓和氣公、讃岐国那珂郡金倉郷人也、父宅成、頗殖資
産、兼有行能、爲郷-里所レ歸服、母佐伯氏、故僧正空海阿闍梨
之姪也、嘗夢テラク、乘大舸浮巨海、仰見朝日初出ノ、光耀赫奕、將
以手捉之、爰□〔日カ〕更如飛箭、來入口中一、覺レ後以二夢語其一夫、々答
曰、此吉徵也、當生賢子、无レ幾懷妊、遂ニ誕和尚一、々々岐嶷機警、
幼有老成之量一、兩-目有重-童子一、又頂-骨隆起ノ、形如覆レ杯、遠
而視之、似有尖頭一、實是靈骸特峙也、年始八歲、語其父ノ〔云カ〕、內典之
中、可有因果經一、羨也令我誦習一、其父驚異ノ、卽求而与之、和々〔尚〕得之

大悦、朝夕誦讀、未嘗休廢、郷閭視之者、莫レ不二歎異一、年十歳、
讀毛詩・論語・漢書・文選一、一所閲習、即以誦擧、十四辭レ家入レ京、十五
隨二升-父僧仁〔×正〕-德一、初登睿山、仁德語云、兒器宇宏邃、誠非凡-流一、
吾是短-綆之量、難測其淺深一焉、須請業碩〔×覺〕-學、期彼大成一、〔即〕ワ託
前入唐尋敎沙門第一座主義〔義〕眞和尚一、ミミ嘉其才量一、盡意善-
誘一、授之於法花・金光明・大毗盧遮那等大乘經及自宗章疏一、
年至十九一、奉年分試〔式〕一、時業師及證師等、見其秀拔一、深加精
覈、異問鋒起、遞相攻伐、和-尚摳-電弥激、懸-河更注、事出問
表一、疑鎖詞-端一、耆-德後-輩、爲レ之歎服、於是勅使深加嘉異、處
之甲弟、其年受戒爲僧、依例蟄▩〔山〕、于時天長十年四月十五日也、
其後經歴一紀、堪忍艱險。、或度レ旬飢頓、或入レ冬單寒。、全護戒

(2)

律精練修學、名-譽稍聞、遂塡天下一、深草天皇屢降綸旨一、殊
加慰問一、兼給資粮一、寵遇隆渥一、多超時輩一、初承和五年冬月、
和尚書〔畫カ〕ワ坐禪於石龕之間也、忽有金人現形云、汝當圖畫我形、
慇懃歸仰、和尚問云、此化來之方以爲誰乎、金人答云、我是〔金〕ワ色

不動明王也、我愛念法器、故常擁護汝身、須早究三密之微奥、爲衆生之舟航、爰孰見其形、魁偉奇妙、威光□〔熾カ〕盛、手投刀鈒、足踏虚空、於是和尚頂礼、意存之、卽令畫工圖寫其像、々〔今〕令猶有之。僧年廿有餘、寺中衆僧、大小歸伏、受業者臣〔巨〕多、當時名儒有識□〔職〕、通好結契者、稍傾京洛、尤与圖書寮頭惟良眞道宿祢、有忘言之契、每至對悟、終日竟夜、淸言无倦、相倶論難内外之疑義、質正經籍之謬誤、誓云、緇素雖異、契爲兄弟、生々世々之中、无缺交執之志、和尚一十二年、究閲經論、其中疑滯、无人擊蒙。、卒然馳心、思遊西唐、承和十二年、滿紀出山、十三年正月廿七日、寺家□〔牒欤〕云、滿山大衆議云、円珎大德、雖年齒未深、習學顯密、博覽他宗、才操超倫、智略尤深、須擬任自宗學頭、令之陶練長〔幼脱カ〕、進退上下者、寺衙隨牒、永爲後驗云々、同年冬十月、和尚爲酬聖主、下鎭率土、於松尾明神社、發願誓云、願我每年五月八日・十月八日、於比止〔比睿欤〕春明神社頭、講演法花・仏名等大乘乘〔ママ〕經、以爲一生之事、卽於彼社、始終講事。、嘉祥元年春、和尚夢、日光將隱西山、有一異人、以繩繫日、以授和尚、々々取繩、徐引之、日乃再中正、成停午光彩、煥炳普照天下、覺後遍問諸僧□、或云和尚念願有感、主上延祈之徵也、或云、和尚惠光照耀、仏日更明之象也、僧年廿五。、主上擢爲定心院十禪師。、此歳正月、爲大極殿吉禪齋會聽衆、弁論泉涌、究微入妙、道俗聞之者、莫不難服、更於御前、与法相宗智德明詮也論決大義、問難激揭、弁捷如電、故爲其答對者、詞窮理盡、自如木舌焉、(名カ)□譽俄播喧聒朝野、嘉祥三年春、夢山王明神告云、公早可遂入唐求法之志、勿致

(3)

留連、和尚答云、近來請益闍梨仁公、究學三密、歸著本山、令何遑汲々於航海之意▩、神重勸云、如公語者、眞人多剃髮爲僧、公何以昔者汲々於剃髮之志焉。、明年春、明神重語云、沙門宜爲求法、忘其身命、況令公利涉之謀、有万全之冥助乎、努々勿生疑慮、和尚夢中許諾、乃錄意旨、抗表以聞、主上深感懇誠、便蒙許可、僧年廿七、有別勅、補內供十禪師、其大政官牒云、得玄蕃寮解偁、僧正春景等解狀偁、前件。大法師、精通戒律、持念眞言、苦節年深、勤行匪懈、伏請准勅、擧充內供奉持念禪師者、謹檢

寶龜二年三月六日　勅、京幾七道諸国、簡択苦行精勤、小欲知足、爲内供奉、割正税稻、以給資粮、无有所乏者、僧円珎合充件選云々、此牒非例也、爲表和尚德行、特出□〔褒カ〕美之辭焉。仁壽元年四月十五日、和尚辭京向太宰府、遂入唐之志也、三年七月、解纜進▩〔發坎〕、天安二年、歸本朝、乃奉奏狀、敍在唐行事、兼陳意趣本末、其辭云、円珎伏以承和　聖上登極之載、〔天長十年也、〕年分奉試、讀大毗盧遮那經、及第蒙度、依式一紀棲山、習學遮那・止觀之宗、而每披天台山圖、恒瞻花頂石橋之形勝、未遇良□〔緣カ〕久以存思、爰至　田邑聖主享国、伏蒙特賜　恩許出界、仁壽元年四月十五日、辭京輦向大宰府、五月廿四日、□□〔達カ〕前處、以无便船、暫寄住城山四王院、更蒙　天恩、賜給月粮、少監正六位上藤原朝臣有蔭・筑前介正六位上紀朝臣愛宕麿、勾當其事、至二年閏八月、值大唐国商人欽良暉交關船來、三年七月十六日、上船到值嘉嶋、停泊鳴浦、八月初九日、放船入海、十三日申時、望見高山、緣□〔北カ〕風殺、十四日辰頭、漂到彼山脚、所謂流球国、噉人之地、四方无風、莫知所趣、忽遇巽風、指乾維行、申尅見小

山、子夜至止脚下、十五日午、遂獲著岸、而未知何国界、便問所
在、知此大唐国嶺南道福州連江縣堺、于時国号大中七年
矣、合舩喜躍、如死得蘇、十六日、上州、便宿海口鎮、々将生浦〔朱〕、慇
懃安存、具状申州、十七日、達州下郭門外、並起主使、當時觀

(4)

察使金紫光祿大夫御史中丞福建都團練處□等使兼
福州刺史韋署、差使軍將林師準存問、十九日、上州、相看左
廂都虞候兼押衙衞林師厲。、纔見喜觀、猶如舊識、廿一日、相
看觀察使、非〔神〕不甚、顧問、安堵於開元寺、優給生料、兼仰綱
維、供給熟食、卽於寺中、遇中天竺摩〔摩〕掲陀国大那蘭陀寺三
藏般若怛羅、受學梵字悉曇章、兼授金剛界・大悲胎藏・大日
仏印・七倶知・曼素室利印法・梵夾經等、又遇當寺講律大德僧
存式、蒙捨与四分律東塔疏、及嘉祥・慈恩兩家法花經疏、〔花〕嚴・
涅槃・倶舍等〔疏〕義、近三百卷、更有處士林儒、自捨錢帛、与寫本
国所欠法文、遠充流行、九月廿日、辭使向北、重蒙優賞、十月中旬、
入溫洲界、遇江口鎮、至横陽縣、〔停〕住郭下、相看縣官丞將仕郎許

那、給兩□〔隻カ〕舩、差二人夫、送至州下、過安固縣、到永嘉郡、相看刺史　勅賜緋金魚袋、將作監裴閲、与安存給生料。道俗相喜甚、以安泊於開元寺、遇臨壇大德僧宗本闍梨、授四分新疏・倶舍論・楞伽經㐬〔疏〕、十二月初一日、得達台州臨海郡、權下開元寺、便逢老宿僧知建、乍見喜觀、宛如骨肉、捨与維摩・因明二部㐬〔疏〕義、又看刺史工部郎中勅賜緋金魚袋ゥ肇、蒙具行由、申上省使、兼給公驗、自卒州官、入□〔寺カ〕慰問、十三日、遂達唐興縣、相見縣官、暫揭国清寺廨宅、當時綱維徒衆、惣來相迎、晚頭至寺、相看衆僧、而松林鬱茂、十里挾路、琪樹璀璨、五嶺抱寺、雙澗合流、四絻〔絕カ〕標奇。智者眞容、安坐禪床、普明錫泉、潺灑殿艮、昔聞今見、宛如符契、當時貞元年中、七太德僧文擧老宿門人僧清觀・元璋安置同房、視如兄弟、又有貞元年中禪林寺僧敎大德僧道邃和尚入室廣修和尚聽習弟子僧僧物外、長講止觀、傳大師教、乍見觀〻、慇懃安排、十四日、留學僧円載、從越州來於国清寺、相接喜慰、大中八年二月、上禪林寺、便礼定光禪師并之相、又拜智者大師留身之墳、金地銀地、南北交頭、殖松生竹、東西婆娑、路由其中、至禪林寺、陳宣帝時、□号修禪寺、斯則智者傳法之地、又号銀地道場、次於寺巽、有石象道場、此智者大師感得、普賢乘象降來摩頂之處、古來相傳、普賢白象化爲大石、樣圖不異眞象、所以稱石象道場、便於象南石窟、有大師坐禪倚子、西邊盤石、敲之出聲、似手吳鼓、世云、智者說法、槌之集衆、象東兩石相對、形似屛風、中間有石簀、模樣如大箱、其高八尺許、云上古賢人、集天下要文、納納斯簀中、唯智者開見之、餘未有其人、又從禪林寺、北行廿五許里、山趾有亭子、曰捫蘿亭、浙東觀察使御史丞簡所建、仍字之曰子皿中丞亭子、從此行卅五許里、至天台山最高之峯、号曰花□〔頂カ〕。。此則智者安居、降伏天魔、感得神僧之地焉、招手之石見在、定光之跡恒新、苦竹黤黮、茶椚成林、々邊亭子曰例景亭、甘泉橫流、人物棲息、次下花頂、却到山脚、隨溪而下、至止少雲亭宿、來日、又傍溪行、至于石橋、々樣如梁、橫亘深谷、流水万丈、其聲如雷、凡人乍見、殆失精神、曩時天竺国沙門白道猷、ク尋來過橋、親見羅漢、正此其地也、事具山記、不能委敍、円珍數日巡礼已畢、還至国清坐夏、就僧物外邊、請本抄寫天台教法、近三百卷、又將大政大臣送供智者影砂金卌兩、修其墳塔、及ワ[以]国清仏殿、合国讚揚、不可勝記、其事具於台州公驗、九月七日、出台山向越府、於開元寺、相遇天台智者大師第九代傳法弟子沙門良諝、講授宗旨、時決舊疑、兼抄法文、以補未足、大中九年二月、請得越府公驗、廿九日、辭□[○衆]入漢、便至蘇州、緣疾寄宿、衙前同十將徐公直宅、直盡力看病、四月上旬、僧円載落涙赴來、從此共行、五月六日、得到東都洛陽之城、上[従]東門入、一日停住、七日、自徽安門出、至磁澗宿、次過新安、ワ[至]欽門、緣雨止住、十日、過三壕・五谷等難處、至陜府宿、廿一日、遂達上都長安城、權住春明門外、六月初三日、拜見唐中天竺国大那蘭陀寺三

(6)

藏善无畏阿闍梨第五傳法弟子左街青龍寺傳教和尚前長生殿持念供奉大德僧法全阿闍梨、蒙許授受瑜伽宗旨、和尚卽与大瑜伽法文、不日而抄得、无任㐂躍之切、數日入城、權寄左街崇仁坊、逢見本国巡拜僧円覺、以爲良道、七月一日、移住右街崇化

坊龍興寺淨土院新羅国禪僧雲居房、七月十五〻〔日〕共僧円載、入〻〔大〕悲胎藏壇、授學大法灌頂、卽授受胎藏大瑜伽畢、十月〻〔初〕三日、入金剛界九會大曼荼羅道場、沐五智灌頂水、授學大瑜伽根本教王最上乘教、幷兩部諸尊瑜伽、及蘓悉地羯羅大法等畢、兼召供奉盡工刁慶等、於龍興寺、圖繪　今上御願大曼荼羅像、青龍傳法和尚、始終撿挍、僧円覺專勾當、爲　国竭力、至十一月初三日、円珎詣和尚處、諮請傳教灌頂事、和尚答曰、我早諍〔許カ〕汝、更无可作、若要入壇、任尓情者、仍四日、排比香花、供養賢聖、當日人定、受三昧耶戒、五更蒙授傳兩部大教阿闍梨位灌頂、卽得般若母𦬇・大虛空藏𦬇・轉法輪大𦬇、和尙授記曰、汝蒙大毗盧遮那般若母之加持、遊歩阿宗〔字カ〕法性之大空、傳一切如來最上乘教者、円珎又捨十千錢、供合寺大衆、後冬至日、至街東大興善寺不空三藏和尚院、礼拜三藏和尚骨塔、幷見三藏第三代傳法弟法弟子三藏沙門智惠輪阿闍梨、參入道場、礼〻〔拜〕聖衆、諮承兩部大曼荼羅教祕旨、兼授新訳持念經法、更至衞西千福寺多寶塔、拜見陳国師南岳思大師、陳隋二帝師天台智者大師眞影、抄取兩大師碑文、後寫眞容一部落及碑本、次巡病嚴〔莊カ〕・西明・慈恩・興福・薦福寺等、廿七日、円珎共僧円覺、拜辭本師、出長安城、從春明之門、指東謂橋行、廿八日、過橋漸行、從櫟陽縣、至同州城、次渡蒲關、卽到舜城、此河中府矣、黃河兩岸、各有鐵牛四頭、以鏁繫脚、縛舩爲浮橋之基、便出府門、傍中條山、向東而行、路側見古釼匠莫耶之墓、又看解縣塩池、從於柳谷、至陝府背後、方過黃河、

(7)

宿府城內甘棠驛邊、邐迤行過莫耶鑄釼之地、自硤石官路、而登土嶺、入洛州界、十二月十七日、踏雪沒膝、至東都龍門、伊水之西廣化之寺、礼拜无畏三藏和尙舍利之塔、沙門道円授三藏碑擧〔一本〕。流傳海東、十八日、又踏大雪至東京、從長夏門入、至水南溫柔坊新羅王子宅、專官王原、甚与安堵、乘閑詣于大聖善寺无畏三藏舊院、礼拜眞容、向後遊歷敬愛・安国・天宮・荷澤等諸寺、大中十年正月十三日、与円覺等、廻至龍門西崗、尋三藏金剛智阿闍梨墳塔、遂獲礼拜、兼抄塔銘、便望伊水東岸、看故太保白居易之墓、十五日、辭洛向吳、至止河陽、自壞洲界至黃河、

上舩渡河十里、到河陰縣、積漸行、過鄗滑堺、方達大梁、雇舩入
汴水、至淮河之陰、普光王寺、此則大聖僧伽和尚留肉身、行化之
地矣、次過淮南・淅西、五月晦、迴到越洲開元寺、相看良諝阿闍梨、
蒙捨与天台法花玄義一本十巻・毗陵妙王〔樂カ〕寺天台法花充〔疏〕記
一十巻・剡川石皷寺天台法花私志十四巻・法花諸品要義一巻、
都卅五巻法文、從此拜別、向天台山、六月初四日、得達国淸寺、円
珎尋訪舊事、祖師最澄大法師、貞元年中、留銭帛於禪林寺、造
院備後來學法僧侶、而會昌年中、僧人遭難、院舍隨去、仍將右
大臣給円珎、充路粮砂金卅兩、買材木、於国淸寺止觀院、起止觀
堂、備長講之設、又造三間房、塡祖師之願、卽請僧淸觀、爲主持
人、至十月初、台洲刺史朝識〔ママ〕郎殿中端公　勅賜緋金魚袋裴
諆、怙唐興縣、追命円珎、甚与安存、猶如父母、歸寺之日、殊給驛馬、
円珎辭恩不敢受、端公又怙驛舘、次供素飯、差舘子家丁各一人、
送至国淸、大中ゥ一十年十月、秩滿歸京、十二年正月、刺史朝散
太夫　勅賜緋金魚袋嚴修睦、新下台洲、円珎二月初頭、至洲
相看、篤蒙存問、便修拾〔撿カ〕求法來由、及經論目錄、准貞元例、

(8)

請押剌印、國〔国ヒ〕恩所致、遂于所壞、六月八日、辭洲、上商人李延孝舩、過海、十七日申頭、南海望見高山、十八日丑夜、至止山嶋、下矴停住、待天明、十九日平明、傍山行、至　本國西界肥前國松浦縣管旻美樂埼、天安二年六月廿二日、廻至大宰府鴻臚舘、八月十四日、幸蒙　先朝　勅、追十二月廿七日、的達帝都、三年正月十六日、伏蒙　今天召對、　御ヒ覧御願胎藏金剛界兩部大曼荼羅像、賜　水(ママ)領訖、竊以、先事之不亡、後來之良軌焉、円珎謹撿舊例、祖師十禪師傳燈大法師位最澄、父師十禪師傳燈大法師位義眞、延暦年中、奉勅入唐請益、歸朝之日、並蒙給勅印公驗、又師兄前入唐天台宗請益十禪師傳燈大法師位円仁、復命之時、請春秋二季、永修灌頂、兼加金剛頂經・蘊□〔悉カ〕地經業年分度者、並蒙報符、中興師風、皆爲永袋〔代不カ〕朽之驗也、円珎殉命、求獲惣持眞文・仏法具、幷天台本宗敎迹、及諸宗法文、稍過千軸、以添先師之遺迹、奉翼皇化之至化、伏乞准例、蒙給牒身公驗、兼下知所由、隨力流傳、擁護　國家、利界〔樂ヒ〕群生、酬先

師恩、謹具求法來由、伏聽　天裁者、即被大政官牒偁、右大臣宣、
奉勅、如聞、眞言・止觀兩教之宗、同号醍醐、倶〔ヒ〕稱深祕、必須師資授
受、父母〔子ミ〕相傳、苟无機緣、難遇難悟、法師在於本朝、苦學此道、遊
歴〔×暦〕漢家、更通要妙、堪可弘宣奧理、以爲国家城壍、宜依所陳、下
知所司、許其演說、增光恵炬者、今依宣旨、与之公驗、初和尚在
唐、造國清寺止觀堂、合寺歡〔×觀〕㐂、題曰天台國清寺日本国大□〔徳カ〕
僧院、□〔令カ〕鄉貢進士沈權述作記、其辭云、唐大中七年九月十日、有
　日本国大德僧、法号円珎、俗姓殷氏、自扶桑而來着、抵〔止〕于巨
唐福建、旋征五臺復止天台国清、傳西城〔域カ〕金人之□〔敎カ〕、我師幼
能拔俗、製度出家、以惠鏡意珠、內明外朗、作昏夜之燭、爲苦
海之舟、誓願維持、三業妙理、以彼方尙闕、此土可求、俄拂磨〔麻衣カ〕、
飛錫至遊歷茲寺、數換星霜、陟花頂之峯、礼　大師之迹、此

---

(9)

地自會昌癈圻之後、大中　恩旨重興、仏殿初營僧房未置、
白衣居士、經引而曉泊浮雲、青眼沙門、坐定而夜棲磐石、師
乃瞑心起念、言發響從、爰得郢人、伐幽林之樫柏、丁々之響、朝

發南山、落々之ロ〔材〕、暮盈北塢、妙運行斧、長短得規、巧引墨繩、曲直咸準、功不踰月、其如化成、翬飛而彩曜菴園、勝槩而光揚鷲嶺、以十年九月七日、建成矣、師卽住持此院、苦節修行、以无爲心、得无得法、遂挈瓶錫、告別東歸、卽十二年六月八日矣、有趙郡李處士芳名達、爰來告、愚与師有舊、東望雲水、空增▩浩然、覩宇之家、斯其功莫大、乃命余實錄其事、唯慙不文、咸通二年五月十日記、和尚入唐、款遇天竺諸三藏、習學悉曇、幷梵夾經・諸瑜伽、其言語音詞、一与彼方語、同无有分別、由是先後所遇三藏、嘉其易授、兼亦歎異之、和尚貞觀初歸朝、故大政大臣美濃公、深相尊重、先後資稟供養、（以下欠損）夕不鏡、和尚乃住本山舊房、以所傳大法、及自宗章疏、教授諸僧、貞觀五年、於近江国滋賀郡園城寺、以兩部大法、授宗止眷〔睿〕阿闍梨、六年秋奉勅入京、卽於仁界殿、結大悲胎藏灌頂壇、皇帝入壇、定尊位於寶幢如來、美濃公爲首、入壇者卅餘人、其後重有　勅、令和尚講大毗盧遮那經一部、皇帝聽之忘倦、當時有識、預聞之者廿餘人、八年春、美濃公奉　勅、令

和尚住冷然院、建持念之壇、専祈　寶祚、兼護持皇太后、（号後
染殿太皇太后、）其年七月十七日、有ゥ（大）政官　牒、令和尚弘傳眞言・止觀兩宗
事、下於本寺、其官牒文多不載、十年六月三日、有　勅任座主、
于時生年五十五、夏臈卅六、十四年九月、請暇歸山、自尓以後、
非　朝家之懇請、未嘗出於山於（止）扉之外、十五年、依官符、
（以下、字訓・字音・声点・合符・校異・「ゥ」ハ朱書）
以三部大法、傳ゥ（僧）正法印大和尚位遍照阿闍梨、乃於延暦寺

(10)

物持院灌頂道場、ゥ（授）三部大灌頂、及傳悉曇幷諸尊別儀
等、元慶元年、　天皇登祚之初、依例講房座仁王般若
經、別有　勅、令和尚爲御前講師、是日宏弁涌溢（黄反）、金聲玉潤、
闔（甲反）。座公卿莫不歎服、七年、勅敍法眼和尚位、其辭云、　勅、天台座
主弥公、ゥ（惟公名セ）聲高印手、價重連眉、作禪門之棟梁、兼法水之舟楫、
朕自從降誕之時、至于成立之日、頼公潛（遲反）。衞、猶得保存、欲酬之
心、監寐尤切、因今授法眼和尚位、聊敍朕懃懇之懷、庶懷增ニ
德望於山楹（エイ柱、）、發光花於澗戸、仁和元年、　皇（ママ）踐祚、又ゥ例依講仁

王經、和尚亦爲仁壽殿講主、皇帝悅其雄弁、深加慰謝、二年秋、皇帝不豫、危。篤（トク）。甚劇、薰修走幣、遂无得驗、大政大臣越前公、令人屈和尚、〔×▒〕・侍 帝病、和尚奉 命下山、侍仁壽殿、一宿之中病良平愈、和適如常、天皇深以感服、勅云、朕深欲酬公恩、公有何希望焉、和尚答云、貧道井之外、亦无所求、但止〔睿〕眷山地主明神、以弘道之寄、深託於貧道、昔者踰滄溟而求法、亦是山神之志也、伏定加年分度者二人、以報山神之恩、天皇嘉納、卽給年分度者二人、〔一人太（ママ）日業、一人一字業也、〕〔之〕 寛平二年〔冬カ〕各、寺僧大小相率上表曰、延曆寺僧叡操等謹言、聖師希遇、誰攀薝蔔之芳、眞理難聞、焉嘗（イツコソ）醍醐之味、禪徒之志、懇切在玆、座主法眼和尚位円珎、得道樹英。寫仏跐水、精進覺路、脂不退之輪、率勵法軍、撾无畏之鼓、況復航（フナワタシ）疊浪而問道、反狐。岫（シウクキ）而傳業、持如來之心印、授井之髮戒、領灌頂壇、二十有年、化木叉衆、千万餘人、既而寒嶠年深、草菴老至、六時修行、一念廻向、莫不致冥護於金輪、獻潛衞於。絳（カウ）闕（内裏也）。、伏惟陛下、政鑒法鏡、化照世燈、轉大日而助堯曦（鬼反）。流甘露而添聖澤、遂令優。命溢（アフレ）於澗戶、

寵光映於松扉、爲国爲道、　帝念深矣、然而法眼之名、稍似

⑴
散職、座主三〔之カ〕号唯施一山、若不惣法務之要領、握道統之
紀綱、□〔則カ〕増慢之徒、何以降伏、叡操ゥ（等）唱山神而凝誠、聚涓心
而同慮、推擧闍梨、望爲僧正、伏願、卑聴卷纊、惠眼褰。旒（ハウ）。、
天光（皇前乗物也）曲降、照大衆之中襟（オモヒ）・、雲。渙忽施、灌満山之渇企、不任
精誠之至、拜表以聞、時大政大臣越前公、亦加推薦、卽爲
小僧都、和尚語諸僧云、今日推奬、極非索〔素カ〕懐、但上懼違聖
主之恩施、下憚乖大衆之篤志、故旬月之間、暫叨（アサムク）此号、須
大衆早奉賀表、然後貧道抗辭退之詞而已、三年夏、寺家
大衆數百餘人、詣　闕奉賀表云、延暦寺沙門叡操等謹言、去
年十二月廿六日、　恩勅、授座主法眼和尚位円珎、以小僧都之職、
僧徒歡呼、駿奔相告、山神爲之驚㐂、廣塔由是震動、円公生
而爲摩尼寶、發（ヒラケテ）而爲優曇花、智瑩円鏡、隨像分暉、器蘊（ツゝミテ）鴻鍾、
待叩成響、雖復形外之神、獨遊金縄之境、然而心中之眼、常觀
王階之塵、伏惟、　皇帝陛下、徳洽田瑧、化同千葉、非唯蒼生

沐其皇澤、亦令緇（クリ）徒潤其天波、既而護彼正法、崇此台宗、擢一
山之闍梨、爲四衆之都領、發　恩倫於綺閣、耀寵榮於嚴扃（詣反）（○トホソ）、喜
氣緣（紛）郁、新添台嶺之霞、德聲薰蒸、潛滿靈山之窟、叡操等、
（「緣」ノ旁上ニ「分」ヲ朱書ス）
宿植福業、生屬明時、見未曾有之善、戴不可量之恩、円珎增
光、弥照一乘之轍、法藥倍味、永愈群生之痾、欣感交幷、百於恒
品、不任抃舞之至、拜表以聞、其秋、和尚將抗表辭職、而坐禪小暇、
法務多端、經秋入冬、未遂宿慮、臨修之日、遺恨更深、初今年春
二月、和尚俄語門弟子曰、我今年將終、汝曹宜記之、其葬送
之法、須以木造棚、安棺其上、積薪於棚下、漸以大燃之、不得燒之
於地上、又云、我所傳三部大法、宜示其人而傳之、其年五月、卽經
奏聞、蒙官牒、傳授三部大法、於猷憲・康濟兩大法師、以爲三部

⑿

阿闍梨、爲不斷仏種也、時門人夢、大山崩到、（或夢、）ㇼ當寺大〔丈カ〕六大仏、起
座他去、冬十月廿七日、和尚忽自唱門人云、十方聖衆雲集我房、
汝等早應掃灑房舍、排批香花、如此口唱、叉手左右、相揖再
三也、先是和尚令寫、唐本涅槃經疏十五卷、將流ㇼ□（通〔於〕（「於」墨書））寺家、書寫

之後、手親讎校、正其謬誤、廿八日、臨終之朝、猶亦執持此疏、乃謂門人云、如來以法爲命身、比丘以惠爲身命、汝等宜□〔憶カ〕之、其日食時、齋供如常、日沒之後、手結定印、合眼安坐、念仏懇至、倍於尋常、至五更時、更起索袈裟、手捧頂戴、取水漱口、右臥入滅、終无病痛、其夜滿山大小、聞天樂滿虛空、乃葬叡山南峯之東埵、送終之制、皆如遺旨、時和尚春秋七十八、夏臈五十九、居座主職廿四年焉、初和尚在唐溫洲、与內道場供奉德円座主相善、和尚歸朝之後、貞觀九年、送書通慇懃、乃贈則天皇后縫繡四百副之內、極樂淨土一副、（長二丈四尺、廣丈五尺、）及織繪靈山淨土一鋪、（長一丈五尺、廣一丈、）及紺瑠璃壷仏舍利等、又務州人詹景全、歸依和尚、深契檀越、和尚歸朝之後、景全圖畫付法藏大師、上自釈迦〻葉、下至唐惠能之影像二幀子、（各廣四丈、）以貞觀九年送來之、又天台宗法文、幷諸經論、未傳本朝者、和尚入唐、寫傳甚多、具在和尚奏狀、其後元慶五年、唐務洲人李達、依和尚之付屬、張家商舩送來、本朝一切經闕本一百廿餘卷、元慶六年、和尚又差小師三惠、入唐重令搜寫闕經三百四十餘

卷、先後和尚所寫傳論章㐬〔疏〕目錄、文多不載、先是故大政大臣
越前公、有本願書寫一切經、常恨諸經多闕、至是大悅、卽皆寫
補之、和尚遊天台国清寺之日、与耆德清觀・元璋深有情好、
元璋常誡和尚云、入里止宿、殊可用心、和尚頂有靈骸、此凶邪之
人、常所求窺、和尚問云、取之何用、答云、无賴之輩、將求福智、

(13)

見人有靈骸者、密謀殺戮、持其頭髏、以爲藏往知來之用、求
福致利之資、台洲刺史端公、見和尚如舊交、亦以此靈骸、深爲
周身之誡、和尚答云、若有宿業、坊護何益、若无宿業、凶
人其奈我何、又越洲良諝和尚者、天台宗之智德也、才學幽
微、无所不究、和尚遇之請益、良諝深以器重、知遇篤密、披心指
示、如寫瓶水、初和尚發自江南、至于兩京、所歷諸州耆宿名
僧、及詞客才子、欽愛褒美、談不容口、先後所呈之詩、稍及
一十卷、文多不載、和尚歸朝之後、請〔清〕觀・元璋、及諸嘗傾蓋
相逢者、追慕弥深、每有便李、音問无絕、貞觀中、請〔清〕觀贈和
尚詩云、叡〻〔山新〕月冷、台嶠古風淸、當時詩伯菅相公、觀此一句、太爲

絶倒、初元慶中、和尚住本山、忽流涙悲哽云、大唐天台山国清寺元璋大徳、昨夕入滅、无幾、其後一年、又哭泣甚悲云、我大唐請益之師良諝大和尚、奄忽遷化、貧道須修追福、致門弟子之志、乃捨調布五十端、於延暦寺講堂修諷誦、當時聞之者、未有信、然其後元慶七年、楓志貞到着大宰府、天台国清寺諸僧、幷越洲良諝和尚遺弟子等書信、並付志貞送和尚、具錄元璋幷良諝和尚遷化之日、与和尚先語、曾无漂違、亦嘗語諸僧云、嗟乎、留學和尚円載、歸朝之間、漂沒於滄海之中、悲哉、不歸骸於父母之国、空終身於鮫魚之鄕、命也如何、再三感咽、涕泗漣如、其後入唐沙門智聰歸朝語云、智聰初隨留學和尚円載、乘商人李延孝舩過海、俄遭惡風、舳艫破散、円載和尚、及延孝等、一時溺死、時破舟之間、有一小板、智楤(ママ)僅得乘著之、須臾東風迅烈、浮査西飛、一夜之中、漂著大唐溫洲之岸、其後亦乘他舩、來歸本朝、於是計円載和尚沒溺之日、正是和尚悲泣之時也、天下莫不歎異、貞觀末、惣持院十四禪師濟詮、將入唐求法、幷供養五臺山文殊師利幷、主上及諸

(14)

公卿、多捨黄金、以爲供養文殊之資、濟詮辭山之日、拜別和尙、兼問大唐風俗幷漢語、和尙默然无所對、濟詮深有恨色、起座之後、和〔尙脫カ〕語門人云、此師雖有才弁、未曉空觀、入唐之謀似衒名高、若心殿不掃、何得三尊之加持、若加持不至、何跨万里之險浪、其後濟詮果不著唐岸、又不知所至、和尙先識機鑒、皆此類也、第子或問曰、和尙詞視万里之外、如在戶庭中、察知將來之事、如置目睫之間、豈神通力之所致乎、將宿命智之所成乎、和尙大咲、答云、我自少年、歸依金剛薩埵、以爲本尊、故現在未來・善惡業報、我夢才示之、或念定之間、現形告語而已、議（ママ）者服其實語、不矯飾也、和尙自從入山之時、至臨終之日、涉獵經典、誦憶義理、或昧旦（アサホラケニ）隱几（ヨルオシマツキニ）、俄忘齋飡、或終夜對燈、遂无假寐、年及八十、耳目聰朗、精神明悟、齒牙无蠹、氣力不衰、食啖之間、曾不別麁澁与甘美也、論者皆以爲得六根淸淨之驗也、和尙惣披覽、一切大小乘經論章㐬〔疏〕三遍、講演自宗大乘經幷章㐬〔疏〕、不可勝計、受大法登阿闍梨位、幷受一尊儀軌者、一百餘人、手剃鬢髪授戒、爲弟子僧者、五百餘人、登壇受戒、成芿僧者、三千餘人、初傳教大師、斬木刈草、建延暦寺、遂入大唐、傳天台・眞言兩宗、其後相承、闡揚兩宗、光大門戸者、慈覺大師和尚(マヽ)与和尚而已、

延喜二年十一月十一日傳燈滿位僧鴻與

物持院十四禪師傳燈法師位慶蓮

淨福寺四禪師傳燈大法師位京意

物持院十四禪師燈傳大法師位惟瞻

(15)

定心院十禪師傳燈大法師位良勇

物持院十四禪師傳燈大法師位悟忍

阿闍梨十禪師傳燈大法師位增命

阿闍梨定心院十禪師傳燈大法師位增欽

阿闍梨十禪師傳燈大法師位慈鏡

嘉承三年　四月廿一日於小田原以吉祥房本

書寫了　筆師願澄

（朱書）「一校了慧穏法師丸也」

三　行歴抄（重書第九号）

橋本義則

行歴抄は、智証大師円珍が入唐求法のために行った巡礼行について円珍自ら記した行歴記の主要部分を、後人が抄出したものである。行歴抄は円珍の唐での求法巡礼の事蹟や唐代仏教の状況、円載・円修ら他の入唐僧の行状などを窺うことができる極めて貴重な史料である。今日、行歴抄の伝本は石山寺所蔵の古写本一本のみが知られ、石山寺の所蔵にかかる行歴抄はまさしく天下の孤本である。行歴抄の複本には明治三十八年（一九〇五）七月及び十月に東京帝国大学史料編纂掛（現東京大学史料編纂所）が作成した影写本二種と、これと別に故辻善之助氏が所蔵した影写本一本がある。また本書のコロタイプ版複製としては、昭和九年（一九三四）古典保存会刊行のものがある。なお行歴抄は明治三十六年四月に国宝（旧国宝）に指定され、のち昭和二十五年八月の文化財保護法の施行により重要文化財に切り替えられた。

一　行歴抄について

1　行歴抄の現状（行歴抄書誌データ一覧表参照）

行歴抄は一巻の巻子本で、内題・外題をともに欠いている。行歴抄なる書名は後述する奥書に「行暦記之抄」

行歴抄書誌データ一覧表（寸法の単位は全て糎）

	料紙	紙長（上辺	下辺）	紙高	界高	備考（奥書・裏書、欠損状況、記事年月日等）
巻首別紙	薄褐色楮紙	18.0	18.0	28.2	無界	前欠、建久五年
1	楮交じり斐紙・漉返し	45.5	43.5	28.4	25.3	前欠カ?、大中七年 端下に「石山寺経蔵」複郭入隅長方朱印1顆
2	楮交じり斐紙・漉返し	48.2	48.3	28.3	25.7	
3	楮交じり斐紙・漉返し	48.5	48.3	28.5	25.7	裏書①（嘉祥三年月日円載僧位記）
4	楮交じり斐紙・漉返し	48.3	48.5	28.6	25.5	
5	楮交じり斐紙・漉返し	48.6	48.3	28.6	25.4	大中八年
6	楮交じり斐紙・漉返し	48.3	48.5	28.6	25.6	裏書②
7	楮交じり斐紙・漉返し	48.6	48.5	28.5	25.5	裏書③（永保二年四月一日平等院書写）十年五月十七日、大中九年四 月～
8	楮交じり斐紙・漉返し	48.5	48.5	28.5	25.7	裏書④・⑤
9	楮交じり斐紙・漉返し	48.5	48.5	28.3	25.4	天安二年
10	楮交じり斐紙・漉返し	48.2	48.1	28.3	25.3	奥書（天安二年円珍行歴略記、永承四年六月十九日頼覚抄出）裏書⑥ 天安二年
11	楮交じり斐紙・漉返し	48.3	48.3	28.3	25.5	奥書（天養元年六月九・十日増勧書写、文治三年十月十五日智勧記、 建久八年智勧書写）裏書⑦・⑧・⑨　天安三年
12	楮交じり斐紙・漉返し	48.2	48.1	28.3	25.3	奥書（天養元年、文治三年（已下別紙也、今付之）、建久八年）、年未 詳七月九日書状

とあることによる。表紙は萌葱地に二重蔓牡丹唐草文の青地金襴、軸は象牙で、ともに後補である。紙数は巻首に継がれた別紙一紙を含め全部で十三紙あり、料紙は本紙が楮交じり斐紙（漉返し）を用い、天地に横墨界一条を引くのに対し、巻首別紙は薄褐色の楮紙で、無界である。巻首別紙と本紙第一紙は直接には接続せず、ともに紙長・接続状況などからみて前欠と思われる。また本紙第一紙の右下隅には「石山寺経蔵」複郭入隅長方朱印が押されている。本紙の一紙長は四八・三糎、紙高は二八・六糎、界高は二五・七糎で、巻首別紙を含めて全長は五九三・三糎である。全巻には薄様を用いた裏打ちが施され、巻末には本紙第十二紙の後に新補の白紙一紙を継ぎ、軸を付けている。本文は継目に跨って書かれた箇所もあるが、ほぼ一紙に二六行、一行には二二字程度で書かれている。奥書は後述するように円珍による行歴記の本奥書など複数がある。奥書を除く本文には墨点（仮名・返り点・区切点・句読点・声点・合点など）が付され、これには少なくとも二種がある。墨点には本文と同筆のものと、これとは別筆かと思われるものがある。しかしいずれも本書が書写された頃（建久八年〈一一九七〉をあまり降らない時期）に加えられたと思われる。紙背にまま裏書があり、これにも墨点を付す箇所がある。本文、裏書、巻首別紙の文はいずれも同筆で、石山寺阿闍梨朗澄（一一三一～一二〇八）の筆とみられる。

2 行歴抄の成立・書写の過程

行歴抄には朗澄による書写の奥書はないが、そこに至るまでの行歴抄伝来の経緯や、さらに行歴記の成立を窺うことのできる本奥書などがある。いまそれらによってその経緯をまとめると、次のようになる。

まず行歴記は天安三年（八五九）正月二十三日に円珍が比叡山において「行暦略記」して成ったもので、その後それを抄出して作られたのが行歴抄である。ただその抄出が書写本奥書に見える頼覚の手になるものか、あるいはそれ以前既に誰人かによって行われていたのかは、頼覚が書いた奥書の理解にかかり、いずれとも断言できない。ただここで確実なことは、永承四年（一〇四九）頃行歴記あるいは「行歴記之抄」が実相房に伝えられ、それが三巻から成っていたこと、そして同年の六月十九・廿両日に園城寺僧である頼覚（園城寺長吏永円の弟子。永承四年三月十九日明尊より伝法灌頂を受け、延久四年五月二日五十三歳で寂滅）が同本を抄出あるいは書写したこと、また「行歴記之抄」、すなわち本書行歴抄は行歴記の「須之（要）」のみを抄出したものであることである。なお実相房については園城寺の実相房（『寺門伝記補録』第十五僧伝部己・非職高僧略伝巻上に「阿闍梨崇寿実相房　本寺実相房初祖也」と見える）や大雲寺（京都市左京区岩倉上蔵町所在）の実相院（『三井続燈記』に「実相院　北石蔵大雲寺」と見える）などが考えられるが、決め手に欠ける。

その後、「行歴記之抄」は西八条法印の許に伝えられ、天養元年（一一四四）六月九・十両日に園城寺僧増観（右中弁藤原師家の子。保元二年十一月二十四日園城寺長吏行慶より伝法灌頂を受ける）が西八条法印御房の御車宿廊において書写・校合し、さらに翌十一日にも重ねて校合を行っている（裏書⑦）。なお西八条法印については不明である。

文治三年（一一八七）十月十五日には園城寺僧智観（園城寺長吏真円の弟子）が「已下別紙也、今付之」と記し、「行歴記之抄」中に見える「三遍唱名」の語について誰の名を唱えたものか中阿含経第卅三の文を引いて考証し、某人に示した年未詳七月九日書状の文をその末尾に別紙で貼り付けた。また智観は建久五年（一一九四）頃巻首別紙の如く三善清行作の天台宗延暦寺座主円珍伝の一部を「已上伝文也」として引き、さらに天台大師智顗の寂年、円珍が入唐した大中七年が大師の二百五十七年忌に当ること、その翌年から建久五年までの年数を数えて建久五年が天台大師の五百九十八年忌に当ることを書き記した。そして智観は同八年十月十七日この本（智観所持本）に大宝院大和尚真円（園城寺長吏。智観の師）の蔵本をもって校合を加えた。また裏書には一部智観が書き加えたことが明らかなものがあり（裏書⑥）、智観は文治三年以前より既に「行歴記之抄」の写本を所持し、建久八年頃までほぼ十年のあいだ何度かその巻末・巻首あるいは紙背に覚書などを書き加え、また他本と校合して本文を訂すなど、熱心に「行歴記之抄」に検討を加えた。

以上のような経緯で書写され、智観が校合・書き入れした「行歴記之抄」を建久八年以降に朗澄が転写して成ったのが本書である。ただ既に述べたように朗澄自身の書写奥書を欠くことから、残念ながら彼が「行歴記之抄」を書写した年月日や書写した理由・場所などを知ることはできない。なお園城寺に伝えられた行歴記をもとに抄出して作られた行歴抄を、園城寺僧智観による書写・校合ののちあまり年月を隔てず石山寺の朗澄が書写したことは、「さまざまなかたちでの三井寺と石山寺との交流があったこと」（佐和隆研「石山寺の歴史と文化財」『石山寺の研究　一切経篇』昭和五八年）を示す好個の例である。

ところで本文には本書が「行歴記之抄」として抄出されたものであったために生じたかと考えられる空白行がしばしば見られる。そのような空白行が存在する状況について特に次の二点が問題となる。まず本書が日次に従って書かれた日録の如き体裁を採りながら、本紙第七紙では日次の順序を乱して大中九年の記事のあいだに、前後に空白行を置いて大中十年五月十七・廿三両日の記事を挿入していることである。このようなことが行われた事情については、転写の際の誤写・竄入か、あるいは「行歴記之抄」作成時の誤りか、など様々考えられるが、最も明らかでない。また第九紙には前後の記事と余白を置いて記される「天安二年帰朝」以下四行の記事があり、最後に「已伝草文」と書かれている。「已伝草文」とは「已上伝草文」の意味で、またその文中で貞観十四年（八七二）に薨じた藤原良房を「故太政大臣美濃公」と言い、また円珍について「以貞観初帰本山」と書くことから、この四行の記事は行歴記の文でなく、円珍の伝記、おそらく用語法などからみて三善清行の著した天台宗延暦寺座主円珍伝の草稿本の文ではないかと考えられる。ただし現行の天台宗延暦寺座主円珍伝に同一の文はない。いずれにしろ「行歴記之抄」作成や転写の時などに本文部分にも一応それとわかる形で書き加えが行われたことは注意すべきである。

二　行歴記について

1　行歴記の書名・執筆

行歴記の書名と執筆　行歴記なる書名は、本書の奥書に円珍自らが「以前行暦略記如前」と記したのに拠り、また他の奥書でも行歴抄を「行歴記之抄」と記しているように、早くから行歴記をもって呼ばれていたと考えられる。本書の奥書による限り円珍は行暦と書いたが、のちそれを行歴と書くようになったことには歴と暦が互いに相通ずることから不審はないが、円珍の奥書にもある通りやはり行歴は正確には行暦と表記されるべきである。行歴抄を見るまでもなく、行暦は九暦や殿暦などと同様に本来暦、すなわち具注暦に書かれた日記として存在していた可能性があり、しからずとも入唐求法の巡礼記録を日次を追って記したものであったことは間違いない。しかし実際には円珍の奥書に「以前行暦略記如前」と書かれているように、入唐求法のための巡礼行を略記したものが行歴記であり、行歴記は厳密な意味で在唐中に円珍が記した日記ではない。円珍が如何に記憶・暗記の天才といえども五年余りに及びその間の細かな事実を日毎に覚えていたとは考え難いし、また奥書で「行暦」を「略記」したと記しているのであるから、在唐中に円珍自らが記した日記や記録として「行暦」が存在したと考えられる。すなわち「略記」されて成った行歴記の前提として「行暦」が存在したと考えられる。

ところで行歴記は、本書の奥書によれば天安三年（八五九）正月廿三日に円珍自らが執筆したものである。円珍が帰朝したのは天安二年六月であるから、帰朝からほぼ半年後に記されたことになる。行歴記の本文中で天安三年を指して「来正月四日」と書く箇所があることから、遅くとも前年末には書き始められていたと考えられる。ただ現状で行歴記の最終記事である正月廿三日の記載に続けて「三月一日、差人於比叡神宮転金剛経一百余巻」

とあり、これが行歴記の奥書が書かれた天安三年正月廿三日以降の日付であることが問題である。行歴記の執筆終了がその奥書にある通り天安三年正月廿三日で、しかも三月一日の記載が行歴記の記事であるとすると、三月一日の記載は後に追記補入されたか、あるいは三月一日に予定していた事柄をそのまま書き記してしまったかのいずれかと一応考えられる。しかし今ひとつの可能性も考えられる。行歴記の当日の記事にも明らかなように入唐求法の巡礼行を終えて帰朝した円珍が清和天皇や右大臣藤原良房らへ報告し、唐で得た金剛・胎蔵両界曼陀羅を奉呈するなど、新しい天皇を中心とした朝廷に対する一連の帰朝行事を十六日に終え、次いで二十日に叡山に登り、ようやく両塔を巡って神仏や最澄・義真以下の墓に帰山の報告を行った日が行歴記の奥書の日付天安三年正月廿三日である。従って奥書が実際に書かれたのは三月一日以降で、奥書の日付として上述したような意味を持つ正月廿三日を選んだ可能性も考えられる。

行歴記の伝来　行歴記はまた在唐巡（順）礼記、在唐行歴記、在唐実録などとも呼ばれたが、既述の如く今日行歴抄の形で抄本が存在するだけで、行歴記自体は伝存しない。しかし江戸時代末期の園城寺僧敬光が著した『智証大師撰述目録』（『大日本仏教全書』智証大師全集四・仏教書籍目録二）には、まだ上梓していないが行歴記は現存すると書かれている。従って行歴記が江戸時代末期までは伝存していた可能性も考えられるが、『智証大師撰述目録』で行歴記に次いで書かれ、やはり現存すると記されている続在唐巡礼記は、行歴記に対する続編の存在を認め難く、また続在唐巡礼記が後述するように行歴記の巻数を異にする異本や行歴抄であった可能性もあるから、その正編とされる行歴記そのものも江戸時代末期に伝存していたと直ちに認めることはできない。

行歴記の巻数　行歴記の巻数については異説があり、五巻説・三巻説・一巻説の三説が史料に見える。五巻説は行歴抄裏書⑥に「大小不同」の「蔵本五巻」と書かれたものが最も古く、建長四年（一二五二）頃の『撰目類聚山家諸祖撰述目録』（『大日本仏教全書』智証大師全集四）を始めとして、園城寺僧敬光撰の『智証大師撰述目録』、延暦寺僧龍堂編の『山家祖徳撰述篇目集』（『大日本仏教全書』智証大師全集四・仏教書籍目録二）など、数多くの園城寺関係書籍目録に見える。また三巻説は行歴抄永承四年頼覚書写本奥書に「本ハ三巻也」と見えるものだけであるが、上述したように『智証大師撰述目録』に見える続在唐巡礼記が三巻とされる点が留意される。さらに一巻説は『山家祖徳撰述篇目集』に見える。ただし同じ史料の中でも『山家祖徳撰述篇目集』のように「行歴記一巻天正録注曰、五巻蔵本、一巻実相」と記し、一巻・五巻と一定しない。なおここに見える「実相」とは行歴抄の頼覚書写本奥書に見える実相房のことと思われるが、同奥書で実相房本が三巻と記されているのと巻数が異なる。行歴記の巻数は容易に認定し難いが、一巻説はその拠り所である「一巻実相」が実際には行歴抄の巻数であった可能性を払拭しきれないし、また三巻説も頼覚奥書の理解に関わり、あるいは三巻の本とは「行歴記之抄」のことであった可能性もある。従って現在のところ行歴記の巻数は五巻であった蓋然性が大きいが、本書裏書⑥に見える蔵本五巻も「大小不同」とある記載に基づけば、あるいは大小不同の五巻を整理した三巻の行歴記があった可能性も捨て切れない。

2　入唐求法関係記録と行歴記の逸文

『国書総目録』著者別索引によれば、円珍が唐で求得した多数の仏典や仏具を書き上げた目録を除くと、行歴記以外に彼が著した入唐求法関係の書には、『国書総目録』に写本や刊本の存在が明示された在唐記〈京大・青蓮院吉水蔵〈大治元年の奥書、一帖〉・曼殊院〈寛仁二年奥書本写〉・明徳院無動寺〈巻上、文化三年真超写〉、『大日本仏教全書』第三十、『日本大蔵経』天台宗密教章疏一〉、大師在唐時記〈『大師在唐記』・『在唐記』京大享保十八年写、『大日本仏教全書』第二十〉、在唐日録〈『大日本仏教全書』智証大師全集四〉があり、また『仏書解説大辞典』によって書名・巻数のみを掲げる在唐雑決疑一巻〈在唐雑決・在唐雑文〉、在唐私記五巻、在唐順礼記五巻、続在唐巡礼記三巻がある。

これらのうち『国書総目録』が書名・巻数のみを掲げる在唐雑決疑・在唐私記・在唐順礼記・続在唐巡礼記の四書はいずれも今日伝存しない。特に在唐私記・在唐順礼記の両書は上掲の園城寺関係書籍目録の類に多数見え、おそらく『仏書解説大辞典』はそれらによって両書の書名・巻数を掲記したものと考えられるが、その書名が行歴記の異名と一致するばかりか、巻数も行歴記の巻数五巻と合致することから、両書は行歴記そのものを指すと考えられる。また続在唐巡礼記は上述したように園城寺僧敬光が撰した『智証大師撰述目録』に行歴記五巻とともに「続在唐巡礼記　三巻」と見えるが、他に存在が知られず、また巻数が三巻であることから行歴記の巻立を異にする異本あるいは行歴抄であった可能性も考えられる。残る在唐雑決疑は書名から考えて行歴記のような入唐求法巡礼に関する日次の記録とは考え難い。

一方、今日に伝存する在唐記・大師在唐時記・在唐日録の三書のうち在唐記・大師在唐時記の二書は写本の存在が明記されているが、刊本を見る限りいずれも問答体のもので、入唐求法のための巡礼行自体の記録でなく、日本で解決できなかった仏教教理上の問題を唐の高僧たちに質した際の問答記録である。おそらく上掲の在唐雑決疑もこれと同じ体のものであろう。残る在唐日録は『国書総目録』が刊本として掲げる『大日本仏教全書』智証大師全集四所収の同名書を見る限り、後述するように現伝の行歴抄ではなく行歴記か「行暦」から抜書したものと思われる。ただ在唐日録については上記のように『国書総目録』にも写本が明記されず、全く写本の存在が知られないことが大きな問題である。

行歴記の逸文　行歴記自体は既に述べたように伝存せず、わずかにその抄出本である行歴抄などによってその内容の一部を知り得るに過ぎない。ただ行歴記の逸文と推定されるものが幾条かあり、それらはいずれも園城寺に伝わる記録の中に引用された形で知られている。まず『園城寺伝記』巻三（『大日本仏教全書』第一二七）に

「大師御記」の文として引用される大中九年五月廿五日の記事、同巻四の証大師諡天台廟事に「行暦記」として引用される大中八年二月八日・十七日・十八日の記事、さらに『寺門伝記補録』第十二大師家伝巻下が「銀地行記」「向華頂記」「私記草本」及び「行歴記」と題して引用する四条の記事である。これらの逸文については既に橋本進吉氏が紹介した上で、行歴抄本文との比較を試み、「伝記に引用せる文は皆行歴抄に見えて、之より出でたりとも考へられるれど、補録に引用せるものは、各条共に、その大半は行歴抄に一致すれども、また行歴抄に無き文ありて、行歴抄の缺を補ふに足る。されど、その量は甚多しといふべからず。而して、此等の諸書に引ける文の行歴抄に一致せる所を具に比較するに、文字に小異ありて、時に行歴抄の誤脱と認めらるるものもあれど、概して行歴抄の方勝れるものの如し」と述べている。『寺門伝記補録』が引く「銀地行記」「向華頂記」「私記草本」及び「行歴記」の記事は、江戸時代末期の園城寺僧敬光の撰になる『唐房行履録』(『大日本仏教全書』遊方伝叢書一)や前述の『在唐日録』と、字句の若干の異同を除けば引用の順序も記事の内容も完全に一致する。『寺門伝記補録』は室町時代初期応永年間に園城寺慶恩院志晃が著したものであるから、当然『唐房行履録』が『寺門伝記補録』所引の上記四条の記事を引用したことになる。『在唐日録』は成立年代が不明のため明らかでないが、おそらく同様の関係を『寺門伝記補録』や『唐房行履録』とのあいだで想定することができる。また『寺門伝記補録』の記事には行歴抄と一致する部分もあるが、それには記されていない記述もある。一方『園城寺伝記』は成立時期は不明ながら鎌倉時代末頃までの伝記・記事を集めたものと考えられるが、そこに引く「大師御記」や「行歴記」の文は行歴抄の範囲を越えていない。従ってその引用が行歴記から直接行われたと断定することは難しい。

以上、行歴記の逸文と称されるものは行歴抄からの引用であったり、あるいは『寺門伝記補録』からの孫引きである可能性が高く、近世まで行歴記自体が伝存していたとは見なし難く、また現状では行歴抄からの引用でない行歴記の記事を引く最も古い史料は『寺門伝記補録』であり、それが作られた室町時代初期頃までは行歴記が園城寺に伝存していた可能性が考えられるに止まる。

参考文献

『大日本仏教全書』智証大師全集四・遊方伝叢書一、仏書刊行会、大正四年。

古典保存会五期複製『行歴抄』石山寺蔵行歴抄解説（橋本進吉）、古典保存会、昭和九年。

石山寺文化財綜合調査団編『石山寺の研究　一切経篇』目録篇、法藏館、昭和五三年。

石山寺文化財綜合調査団編『石山寺古経聚英』法藏館、昭和六〇年。

綾村宏「石山寺重書類について」（『石山寺の研究　一切経篇』研究篇、法藏館、昭和五三年）。

小野勝年『入唐求法行歴の研究　智證大師円珍篇』上・下、法藏館、昭和五八年。

佐伯有清『智証大師伝の研究』吉川弘文館、平成元年。

佐伯有清『円珍』（人物叢書二〇〇）吉川弘文館、平成二年。

凡例

一、区切り点等は次のように表記した。
　右傍の点（句点）は「。」。
　中央の点（読点）は「〻」。
　左傍の点（返り点）は「｜」。
一、編者が加えた句点は「・」、読点は「、」で表記した。
一、①〜⑨は裏書の位置を示し、裏書本文は末尾にまとめて記した。

行歴抄

（巻首別紙）

〔（仁壽元年）〕四月十五日、和尚辭京、向大宰府、遂入唐〔（之志也）〕
〔（五月廿）〕□四□（日）、得達前處、以无便船、暫寄住城〔（山四王院）〕
三年七月十五日、上船到値嘉嶋、ゥ（停）泊鳴浦。　八月九日、放船
過海。　十五日、午時著大唐嶺南道福洲連江縣界。
卽大唐大中七年也。（已上傳文也。）　智勸私抄入之。

（三行空キ）

天台大師　隋開皇十七年丁巳入寂。
山王院大師　唐第十七主宣宗皇帝大中七年癸酉入唐。（日本仁壽三年也。）（天台大師二百五十七忌也。）
自日本齊衡元年甲戌（戊）、至于建久五年甲寅、三百四十一年。
都合五百九十八年欤。　智勸勘計之。

(1)

大中七年

十一月

十九日、從屈家〈屈、第十二此天台國清寺清觀座主家兄也〉發、到黃巖縣安寧寺宿。當日綱維報縣。

廿四日、出絹兩疋、助修天台大□□□□二百五十七忌也。

廿六日、上開元寺、略看綱維。寺主明秀・具狀報洲。此開元寺者、本龍興寺基。貞元年末、陸淳郎中屈天台（道）□邃和尚、於此寺講止觀。日本國比叡大師從明洲轉□□、到此臨海縣、至止龍興寺、參見和上、聽讀止觀正此地也。折寺已後、於龍興寺基、起開元□□、更不置龍興寺。々門巽隅有山。名小湖山、々脚臨江。當日相看徒衆。安置道眞杜陀。房中有滿和上弟子季皐清翰僧正弟子知建兩和尚。纔見喜歡。非甚安存。建和尚者、此與圓珍大和尚、貞元年末、國清寺受具足戒、同及座一列。建爲上座。於法門中皆是伯舛(叔)。

十二月

九日、五更乘潮上發行。元璋闍梨相領入舡、一切勾當。都五箇日。從溪而上。水淺石多、非常難行。此山溪者、天台大師放生之池。云々。在後貞觀儀鳳之中、勅下禁斷、不教漁捕、永爲放生之地。折寺已後、却[×□]如往時。滬梁滿江溪、殺生過億萬。今上御宇、佛日再中。僧徒

エリー者水名也。

(2)

知歸、俗再聞鍾。新置國淸興大師教。惟約淸觀兩箇禪伯、道心堅固、慈悲廣深。頂鉢杜錫、從五峯出、尋到長安。進狀捉一甌、奏請鴻鍾。人願天從、感得天恩、便蒙賜鈴、在神策鍾、兼得一本大藏經教、論得十里松門、免脫百姓斫伐。放生之池。再[×□]歸舊例、梁笱之業、永改惡因。師願如新、功德難說。一大師之願力、二

兩師之妙計。不々可々思々議々。
十一日、食時日本留學圓載差行者□□□、送書來到。
十二日、晩間望國清寺及禪林山大師墳邊松樹、合掌
頂礼。去唐興縣三五來里。宿徑溪上。
十三日、齊後國清寺都師〻元唐〻俗姓周〻到來相看。續後寺
家催十箇老宿徒衆、敎來廨宅迎接。廨宅相去國
清二十餘里。近晩都師共元章闍□□□入縣、相看
官人。劉長官因病不出。見佐官了、便上國清、於黃
昏間到寺、礼拜大師影、兼相看衆。安置西院東頭
第□房。此貞元年末、講天台敎大德文擧老宿弟
□□璋清觀兩座主房也。西院老宿（此擧老宿）、貞元
〔与ヵ〕□□國清寺知事上座。律範得寂、江淮兩淅。
□□□□。圓珎大師、貞元年中、於國清寺受具戒時、
□七證師。幷書戒牒。其書跡見在日本國上都延
曆寺藏。人往跡駐、風範猶新。緣於法親、彼此相重。
十四日、卯辰之間上晨朝上堂喫粥。〻時礼文。但唱十二

爲幷五悔、不唱佛名。　卯辰之間、上堂喫小食。ゝ後
下堂、欲歸房、忽然起心。圓載不久、合來。不用入房、且彷—
徨□待他來。思已行到南門、看望橋南松門路上、（橋者寺門。前橋也）、

(3)

有師、騎馬來到。橋南頭下馬、下笠。正是留學圓載井
也。珎便出門迎接、橋北相看礼拜、流涙相喜。珎雖如此、載
不多悦。顏色黑漆、內情不暢、珎却念多ゝ奇ゝ。若本鄉
人、元不相識、異國相見、親於骨肉。況乎舊時同寺比座。
今遇此間、似无本情。多ゝ奇ゝ。相共歸院、東道西說、无有
香味。說導、我在唐國已經多年。惣忘却日本語云ゝ。都
不語話□。入夜説導送牒與本國太政官。不因王勅、不令
人來。珎曰、太ゝ好ゝ。　載曰、有人說、珎將來五千兩金。珎
曰、金有何限。
十五日、齊後圓珎喚將圓載、到大師堂前、從袖抽出勅
牒、過與圓載。當時珎向他說。珎在本國□□志力、出得
此牒。其時諮白藤相公。珎可中蒙□恩。到大唐國見留學、

无時可相送。乞 相公與聞奏 賜大法師位牒者。相公答曰、此可憐好。弟子與聞奏云々。四月十五日、出上都到海印。落後差人送此牒來。今日特以送上。愚誠不別事。但爲闍梨求大師敎、擬傳本國、將副先師。珎更无可隨喜、將此表誠者。當時載捧受頂戴、喜躍无限。礼謝天台大師、拜賀圓珎。從此以後、口中吐出本國言語、不可盡說。因此事次、具知此人本性未改。歸到房裏、更與云物沙金綿絁。轉益歡喜。因語次第、載問曰、丁万年幾。珎曰、四十九歲。載曰、不合領來。多日取厄年、恐路上有煩。天涯地角、自此已來、語得。或時圓珎對他試問天台義目、曾无交接。兩三度略如此。在後休去、更不談話。珎心惆帳山宗留學、因何如此。貞元年留學。

(4)

圓基。佯稱眼疾、便歸本國、作外州縣綱維知事、恥辱宗徒。今度圓載見解已尓。恐辱徒衆、都无利益。既不及叡山沙彌童子見解、況於僧人。嗚々呼々。載來

山中經十餘、或喚出丁万、問弥身邊多少金、或喚小師、偸
問金數。
又徒衆曰、圓載乍見日本人、物作怨家。 會昌三年、本
國僧圓修・惠運・來到此山、具知圓載犯尼之事。僧道詮和
上曰、圓修道心。多有材學。在禪林寺、見圓載、數出寺、擧
聲大哭。國家與汝粮食。徒衆待汝學滿□歸本寺流傳
佛法。何不勤業、作此惡行。蒼々天々．圓載因此結怨含
毒。圓修從天台發、去明洲已後、載雇新羅僧、將毒藥
去擬殺圓修。々便上舡〔×船〕發去多日。事不着便新羅却
來曰、趂他不着．載曰、叵耐々々（和言 阿々奈々祢々大々．）
凡此國人、不論男女於正月中愛遊寺觀礼佛看僧、因
此多人入寺、遊縱、、、。

①（九行空白）

(5)

大中八年

二月初間留學圓載出剡縣去。此越洲管。去唐興縣一百八十里。臨發之時、他說導、我未曾聽法花經、所以今夏欲去湖洲笨闍梨處聽讀。若ゥ聽无・弥對他曰、遠來求法要在聽讀。而今山中應无講席。闍梨若要聽去、弥相共隨喜。　又弥向道聞導、越洲良請座主講說如法。到彼聽讀不得。載曰、彼僧向前与敬文得惠運十兩金、共他作惡文書、毀謗我宗。所以彼人路上頻逢、我不相見。云々。弥又說導。彼暫時事。人心何定。若越洲近且去聽否。　載曰、此議不惡。云々。弥勸於他意在勉學。尓許多時在剡中住、曾不知越洲事儀、何以彼請座主發願、講法花經百遍。每年講過兩三遍。

八日、黃昏在國淸、爲上禪林洗浴。時祈求大師加被。其夜夢、冷座主下來國淸、迎取圓弥將去上方、更有維摩大士、作頭陀像。擔肩圓珎、隨路入山。（冷座主ハ是當今禪林云々住持大師遺跡ヲ一者也。）九日、齊後珎領徒入山。國清東北名靈芝峯。巖峻難行。宛如延暦葛坂。行十八許里、山路地黄色同一金色。行盡此地、路邊有墳。右題晞禪師墳、左无其題。相傳云第六祖荆溪　大師墳。並頂拜礼、訖轉向路行。更有一墳。題楊洲延光寺琮禪師墳。更行一許里、有橦。題曰、　智者大師之墳。更珎遙望見、心神驚動、感慕非常。卽時脫舊衣、着勅賜紫衣、引徒履階、上到墳前、三遍唱名、頂拜既畢。更稱釈迦佛号、三度礼。次稱　大師号、十度頂礼。三匝　墳塔、方開外門、見内

(6)

无聲。轉着右柱碑文、与貞元年寫來、曾不相違。礼拜祈願、皆悉畢已。

定光和上曰、此是金地。吾居、轉北銀地。汝當居之。則禪林寺矣。陳宣帝爲大師造精舍。号修禪寺。隋煬帝後建國清、

便癈寺号、名修禪道場。今名禪林、有其因縁。云々

三月

十七日、洗浴了、方欲登華頂。來夜有夢。井僧來取屈。

十八日、早旦 冷座主爲導首入山。禪林西北過一峻峯、行一三里、路傍嵩草滋蕪。樹下有石。名之西道場。即大師居止之地。從此而行十里、到前越洲孟中丞亭子。只有舊基、曾无屋舍。於此喫齊。凡跨四峯、方至此地。齊後向華頂。自是過十一峯、到於花頂、則第十二峯。乍到頂礼定光招手之石、及降魔道場。此峯最秀、出諸峯。殆近于天。舊名天梯山、寂有道理也。望見四方宛如掌中。弥等焼香歸佛、轉金剛經尊勝眞言等、奉爲大師迴向發願。不可具記。

（四行空キ）

九月

廿日、從梅橋發、上舡、中路喫飯。〻後到越洲南郭門、〻家報洲。少時至開元寺。安置天王院。圓載上講未來。

晩間相見、便相共看寺中徒衆幷天台座主良請和尚・當日寺家報洲。

廿一日、始上聽講之次到疏第四卷。

(7)

九年正二月間待載不來。時漸〻熟行路難爲。仍送書与載、要前發去。載有報書。不妨前行。因此請得越洲公驗、取二月廿九日進發。同行四人。


十年五月十七日、從蘇洲徐押衙宅發。

廿三日、齊後入開元寺、相看良請座〻主。〻故留敎取衣服。兩僧歸店商量。而今時熟。彼院迮狹。加以同行不多安樂。須今度旦入天台。商量了、更入寺、辭說座主。〻〻當時墳り与法花玄義一部妙樂刕記各一本廿六卷。

珎頂戴礼謝、便辭出寺。座主送到寺門。

（四行空キ）

大中九年四月廿五日、從蘇洲徐押衙宅發、入上都。

閏四月

五月

十七日、過佛光和上墓、到赤水店馬家宿。此夜留學多吐惡言、百端罵辱〔×暮〕。珎閉目掩口、免得身命。

十八日、到新豐店張家宿。此故新豐縣也。一行和尚從洛隨駕、行到此處、奄然遷化。正是其地也。

十九日、至照應縣喫茶。當日寅時圓載座主共蘇州人施廿。先入長安看好店舍云々。

廿三日、雇驢馱籠、移去東中之門。名春明門。到高家店。停泊。在此。傳語載珎欲得東行西遊求。學得載。傳語曰、行動不似此間人。莫出行也。

廿五日、丁滿入城。於常樂坊近南門街、逢着玄法寺法全

(8) ②

阿闍梨。便伏地拜。和上恠問。若是圓仁闍梨行者否。丁満答尒。因何事更來。隨本國師僧來。特尋和尚。和尚喜歡。便領將去。青龍寺西南角淨土院和上房与茶飯喫。便傳語來存問圓珎。

廿八日、圓珎到青龍寺、礼拜和尚、幷入道場、隨喜礼拜。便於院中喫茶飯了。和尚問曰、將去大儀軌抄取得否。珎對曰、不敢自擅。和尚便入灌頂道場、開厨取本過与圓珎。又入房坐、略說五大種子及以手印等。珎隨分記得。將瑜伽本出寺、歸到春明門外高家店寫。怕他惡人、不敢更往。阿闍梨院。其載座主彼十九日到城權下崇仁坊王家店。

六月七日、春明門外街家所由問曰、和上何久住店中不入城耶。珎曰、同伴落後在路未到。□待彼人共他入城。准擬如此。街家曰、和上明日入城去好、若過明日將報官去。珎曰、爭違處分。明朝便入。至八日旦雇驢擔籠入城。略到載處、纔入店中。田口圓覺禪和從街西龍興寺到崇仁坊、相看鄉人、喜歡難說。當日歸寺。更三五日後多將飯食來供養。其後載弥到街西龍興寺、相看雲居院主。此新羅和上。心行清直、道心堅固。

七月一日、弥移龍興寺、住淨土院居院主房。惣是圓覺闍梨氣力不可說也。未安泊之間、不及到青龍寺。在後臨自恣際、到青龍、見和尚之顏色、不如前日。具知賊衝。

③

十五日、入胎藏灌頂。八月十日、手書胎藏下十月三日、入金剛界灌頂。當夜夢、從壇上諸尊脚足底下一〻流白乳、入圓弥口。至明旦不向人說。從此以後、和尚一切如法決疑。往復。諸事惣得。說云、鄉賊与尓甚作妨難。都不欲得成就。厶暫時取彼他語惱亂大德。此厶錯處云々。

---

(9)

詳弥第二遍見和尚時、具知賊事。佯不知之。但盡礼度。和尚感之、在後具說。一切事委曲知之。弥不敢說。和上說導、者賊久在剡縣、養婦蘇田、養蚕養兒、無心入

城、纔見玠來、爲作鬼賊、趂逐入來、叵耐ゝゝ、所説甚多、
向後諸事、一切不敎賊知之。從天台相見之日、至乎長安、
惣有无量事、不用具記。
十一月五日、蒙授傳法灌頂位。

大中十年正月日記・

（五行空キ）

天安二年、歸朝、暫留太宰府。而故太政大臣美濃公蒙
勅、仰早可入京由。兼官符下彼府、給粮料驛馬等。仍
卽入京。以貞觀初、歸本山。再拜地主及先師遺影、如故
入衆。住山。

已傳草文

④

（十行空キ）

⑤ 。

(10) 天安二年

十二月

廿六日、　使弁小師等入城、弥獨向海印寺、礼拝　故和尚墳。到夜入寺、相着寶座主海闍梨寄宿。

廿七日、午後從山寺發、日落到上出雲寺宿。取葛野路、從城北來。刑大典先在寺侍候。二更春祿事來、寺中相見。兩君各前後去。

廿八日、辰時修行由、報太政大臣　右大臣　右大弁弁仁座主。晩間大政主遣家令大夫存問。兼有粮料等。又有右大續有右大臣、差右京少進元利萬侶存問。又有右大弁主報書。　廿九日、待　家令使、近晩未來。

來正月四日、奉見　大政大臣主　右大臣主。

十六日、召入　內、對龍眼。弁將兩部曼荼羅像楨、着殿上　御覽。　仁座主前在內見。　次二大臣右大弁

右大將　宗叡師兄同見曼荼。其二像便留　大政御
消曹司了。　便出內裏、更見　太政右兩大臣。當日歸寺。
此日兩處施物。
十九日、從出雲寺發。靜法和相共祗送。於粟田山口逢法
明井。將齊飯迎、共到山階店。東頭、路南畠喫飯。二人
從此歸京。　飯後共詮暉法師行、到滋賀粟園、相看
梵釋寺洪大德幽都師等。從此更行、到弘法寺、相看
慈叡闍梨。便參詣　大比叡大神宮、奉幣帛。惣謝
入唐初後之事、迴弘法寺宿。
廿日、衝雨入寺山、至定心院玄契禪和房。
廿一日、院衆各設飯、於客房共食。
廿二日、雨住。

(11)

廿三日、從中堂起、礼拜經藏　文殊堂　法花三昧及
講堂　戒壇　總持院。從山王院參淨土院、拜謝先
大師靈。　次拜謝故別當大德墳。　從淨土院過

至西塔肥前ゝ講澄愷 和上院ノニ。 次詣 中
大師〔×墳〕墳〔×墳〕 後大師墳ニ。 便遙礼謝シ 寅和上靈ノ。故後西塔
大德ノ墳一、及言謝 秀和上靈。 已後至寶幢院一、拜見
惠高大德ヲ一、便喫飯。 ゝ後 大德送到講堂法花三昧。
又至愷和上院ニ一、暫坐喫茶ヲ。 呈スルニ求法錄一、一遍看過ミワタス。出院一。辭
別シテ山王院ニ一、安置圓敏禪師房ノニ．
三月一日、差人ヲ於比叡神宮ニ一、轉金剛經一百餘卷．
以前行曆、略記如前．

天安三季正月廿三日、比丘圓珎記．

⑥

件行歷記之抄、以實相房本、賴覺書了．
于時永承四季六月十九日廿日之間也．
本ハ三卷也． 此ハ只須（要）之を抄也
と所被示之． 賴覺

（九行空キ）

(12)

天養元年六月　九十両ケ日間、於西八条
法印　御房御車宿廊、賜御本、馳筆書交
之了・宛如一眼之龜値浮木孔・感涙
難押者歟・　求法沙門増観記之・

⑦

已下別紙也・今付之・　文治三―十月十五日、智勸記之・

我（智證大師）。到墳前、（禪林寺之天台大師墳也・）三遍唱名、
頂拝既畢・更稱釋迦佛号、三度礼・　次稱大師
号、十度頂礼・已上

三遍唱名、是誰名乎、鬱思給之間、
中阿含經第卅三云、於是、天王釋及卅三天五結樂子
往詣佛所。時天王釋稽首佛足、再三自稱名性言。唯
大仙人、我是天王釋。我是天王釋・　世尊告曰、如是

⑧

如是拘翼。云々。

此文豈不堪散累〔×葉〕鬱哉。

⑨ 昨亂暇相障、不啓返解、恐々。其代今

不可賜返抄。

七月九日

建久八―丁巳十月十七日、以大寶院大和尚御本、交正之了。件根本ハ

以御本被交之本也。智勸記之。　已上此抄事也。

①（裏書）

唐留學問僧圓載

右可傳燈大法師位。

勅、久在神洲ニ、勤求スル聖道ヲ、音歷渺邈、歳月崢〔箏歟〕陳ツラナリ、

念其艱苦、有軫冲襟ヲ。宜假クテ風信ヲ於蹢行ニ、寄寵章ヲ

於坏度ニ。主者施行。嘉祥三年月日

② 弥欲得東行西遊求學· 此傳語載、々傳語曰、
行動不似此間人、莫出行也·

③ 此間全大師來向店家、召返大儀軌ヲ、又削護寺沙門（國）、、集、八ケ字給云々
他抄被載此事也。爲灰ニ了欤·

④ 此間全大師來向店家、召返大儀軌· 又削護國寺沙門、、集八ケ字
給云々· 他抄被載此事也· 爲灰了欤·
和尚遊震旦ニ、或相逢天竺三藏ニ、熟捜學悉曇幷梵㢠經才、
或値遇波斯三藏ニ、遍練學諸瑜伽幷經論、並皆得手跡印
信等也· 同前文·
已上二条文、於宇治平等院書之·
永保二季四月一日也·

⑤ 此一條御本ニハ在此· 仍書出之也·

⑥ 藏本五巻一紙也、大小不同、此記如何、、、〔智カ〕□勸記之、
可悉之、
御本无此批記也、

⑦ 同十一日重對交了、

⑧ 礼佛有五事功德、云〻、○二者好聲○――以何因縁、得好音聲、以見如來形像、已三自稱、号南无如來、至眞等正覺、以此因縁、好音聲、
阿含文歟、

⑨ 書本無此、以御本被書加之、

四　八家祖師入唐求法年紀（一切経附第五函一二九号）

綾村　宏

一

本書は、平安時代に入唐した八名の高僧の入唐年紀略伝である。その体裁は、料紙が斐交じり楮紙の巻子本で、巻首に「石山寺経蔵」の複郭入隅の長方朱印が捺されている。料紙に界線はなく、一行二〇字前後で書写されている。表紙、軸はともに新補である。本紙は、全六紙で、縦の長さが二七・八糎であり、一紙長は巻尾一紙が約三九糎であるのを除いて、他の五紙はほぼ四九糎前後であり、本紙の全長は二八五・二糎である。

外題、尾題はなく、内題が標記の題名「八家祖師入唐求法年紀」である。本紙端裏書には、

「八祖入唐求法□」

と見える。題名の下端の部分は、破損擦り切れによって現在一文字分しか墨痕は見えないが、「年紀」とあったのであろう。

また奥書は本奥書で、

「已上八家入唐求法年紀等、依遍智院命旨、粗録記之、
永久二年冬月也、　　羊僧聖賢　　」

とある。

本書が収録する僧侶は、空海（七七四～八三五）、円行（七九九～八五二）、恵運（七九八～八六九）、宗叡（八〇九～八八四）、常暁（?～八六六）、最澄（七六七～八二二）、円仁（七九四～八六四）、円珍（八一四～八九一）の八人であり、その宗派別内訳は、空海から宗叡までの真言宗僧侶四人、常暁の三論宗僧侶一人、最澄以下円珍まで天台宗僧侶三人である。彼らは、いわゆる入唐八家といわれる僧侶で、平安時代前期に入唐して、密教を求法した人たちである。そして本書は、彼らの入唐関係の年紀を、遍智院の命を受けた聖賢が順を追って記しているものである。そして本奥書のあとに、さらに宗叡の弟子禅念の記事を同筆にて書き加えてあり、最尾にこれも同じ筆跡にて「比交了」との校合奥書がある。

以下、台密関係については本『史料篇第二』に各大師伝が収録されており、別途の照合も必要と考えられるので、ここでは東密関係と常暁につき、記載内容の年紀を中心として、若干の検討をしてみたい。

二

空海は、大僧都伝燈大法師位空海とある。「続日本後紀」などでも空海の僧位僧官は同じ大僧都伝燈大法師位であり、「日本高僧伝要文抄（以下、「要文抄」と略す）」が引く弘法大師伝上でも空海の平生職位は同様である。次いで「八家祖師入唐求法年紀（以下、「八祖入唐年紀」と略す）」は空海の入唐年紀を記す。それによると、延暦二十三年（八〇四）六月遣唐大使越前守藤原賀能（葛野麻呂）が乗船する第一船に乗り、七月六日に肥前国松浦郡を出港、八月十日に福州に着岸し、十二月下旬長安城安置宣陽坊官宅に着いたとある。延暦二十三年は、唐の年号で貞元二十年に当たる。翌貞元二十一年（永貞元年に改元）二月十日から、勅に准じてこの年帰国した西明寺永忠和尚の故院に留住し、青龍寺三朝国師内供奉恵果阿闍梨を師主として、六月上旬胎蔵界、七月上旬金剛界の受明灌頂を受け、八月上旬には伝法阿闍梨位灌頂を受け、遍照金剛の密号を受けた。中天竺国の般若三蔵にも学んでいる。

唐元和元年（八〇六）に帰国し、大宰府に着いた。大同元年に当たる。翌二年入京し、「密蔵之宗是日始興、灌頂之法此時方立」とある。

弘仁十一年（八二〇）十月二十日伝燈大法師位を賜り、天長元年（八二四）には少僧都に任じられ、同年六月六日には造東寺別当に補され、四年に大僧都（七年との或説も記す）に転じ、承和二年（八三五）三月二十一日入定、生年六十二、夏臈四十一と記す。没後、天安元年（八五七）十月二十七日に大僧正位が、貞観六年（八六四）三月二十七日に法印大和尚位が贈られ、さらに延喜二十一年（九二一）十月二十七日観賢の上表により、弘法大師の諡号を賜ったことを記す。

これらの年紀のうち、入唐関係については、「要文抄」所引の弘法大師伝上と同じである。賜僧位僧官の年紀では、「日本後紀」承和二年三月二十一日条には任大僧都が天長七年となっていて、「八祖入唐年紀」の或説の方が記されている。また没年が、「日本後紀」は、年六十三とする。

次いで、円行であるが、真言請益僧とあり、山城北山の霊巌寺を建立したとする。入唐関係の記載は、承和五年（八三八）入唐、十二月長安に到着したと記す。唐開成三年に当たる。翌開成四年正月十二日勅を奉じて青龍寺に住し、灌頂阿闍梨義真和尚を師主とする。さらに閏正月二日に伝法阿闍梨位灌頂を受け、冬月帰朝入京した。承和六年に当たる。入滅の年月日、生年、臈次は不記である。

円行の入唐関係の記事は、「入唐五家伝」に見え、青龍寺に入住した日が正月十三日、さらに伝法灌頂阿闍梨位を受けた日が閏正月三日と一日ずつのずれがあるほかは同じである。僧位も伝燈大法師位とあり、相違はない。

恵運は、少僧都法眼和尚位とあり、安祥寺建立とある。「三代実録」にも、恵運の僧位僧官は少僧都法眼和尚位とある。安祥寺は、山城山科に所在する。入唐関係の記載は、承和九年（八四二）五月五日筑前国博多津から唐商客李処人の船に乗船、肥前国松浦郡に寄港した後、八月二十四日解纜、六日航海の後湿州楽城県に着く。唐会昌二年に当たる。長安に到り、青龍寺灌頂阿闍梨義真和尚を真言の師とする。六年の在唐の後、唐大中元年（八四七）六月二十一日唐張支元諍の船に乗り、明州望海鎮から出帆し、三日の後肥前国松浦郡に着き、その年上京したと記す。承和十四年に当たる。仁寿二年（八五二）権律師に任じられ、さらに貞観六年（八六四）二月十六日に権少僧都に任じられ、十一年九月二十二日に入滅した。年七十二、臈五十五とある。彼の入唐関係記事は、「入唐五家伝」にもある。年紀は出発期の記載については「八祖入唐年紀」と同じであるが、「入唐五家伝」は、離唐の時を、干支を丁卯と記すにもかかわらず、大中二年と誤っている。日にちも、「入唐五家伝」は六月二十二日とある。さらに帰国後の年紀についても、任権律師の年を、「八祖入唐年紀」は仁寿二年（八五二）とするが、「入唐五家伝」は斉衡元年（八五四）、「僧綱補任」は仁寿三年とする。亡くなった日も、「入唐五家伝」は九月二十三日と一日違いで、生年は同じであるが、臈は五十三とある。

次の宗叡は、僧正法印大和尚位とあり、真言請益僧であり、禅林寺居住とある。「八祖入唐年紀」の記事によれば、貞観四年（八六二）高岳親王真如とともに入唐、長安に到る。その年は唐咸通三年に当たる。阿闍梨玄慶和尚から金剛界、青龍寺阿闍梨法全和尚から胎蔵界の灌頂を受け、さらに慈恩寺造玄、興善寺恵輪などの教えを受けている。咸通六年になり明望海から李延孝の船に乗り、帰国した。十一月十二日には東寺に戻った。貞観七年に当たる。或説に貞観八年とあるとの割注があるが、「三代実録」の元慶八年（八八四）三月二十六日条宗叡卒伝はその説を採っている。さらに「八祖入唐年紀」では十一年律師に任じられ、十六年十二月二十九日には少僧都に転じ、元慶三年十月二十三日に僧正位に就いているとある。しかし律師、少僧都は「三代実録」のごとく権官であったようである。元慶八年二月二十六日に入滅した。生年七十六、夏臈五十四とある。宗叡の略伝は、

「三代実録」に卒伝が見え、さらに「入唐五家伝」、「元亨釈書」にも見える。ただし「入唐五家伝」は三代実録卒伝をそのまま引用している。「元亨釈書」は、高岳親王の入唐を貞観三年、離唐を貞観九年とするが、誤りである。

常暁は、三論宗の留学僧で、山城小栗栖法琳寺に居住とある。承和三年、四年と入唐を意図したが果たせず、ようやく五年五月に判官菅原善主の第四船に乗ることができ、六月に揚州に着岸、八月下旬に准南城広綾館に到る。十二月に栖霊寺で灌頂阿闍梨文璨和尚を師主として密教をはじめて学び、さらに花林寺元照から学んだ。六年二月十九日には阿闍梨位灌頂を受けた。二十一日に唐を離れ、帰国した。承和六年に当たる。承和十年には律師に任じられたと「八祖入唐年紀」は記すが、貞観六年二月十六日権律師に補されるとあるとの或説を割注に引く。貞観八年十一月三十日に入滅、生年臈ともに不記である。

ところで常暁の略歴については、「続日本後紀」、「元亨釈書」、「入唐五家伝」などに見える。「続日本後紀」には遣唐留学元興寺僧伝燈住位（承和三年閏五月二十八日条）、入唐請益僧伝燈大法師位（承和七年六月三日条）と見える。留学僧であったのが、請益僧の扱いに変わったごとくである。この「続日本後紀」の記事は「入唐五家伝」にも引かれ、「入唐五家伝」はそれに続けて、「小栗栖寺入唐根本大師伝」を引き、常暁の略伝を記す。それによると承和三、四年に渡海に至らず、五年にやっと入唐したことは共通であるが、「入唐五家伝」には八月に広綏宮に住すとあり、十二月の移住先を栖霞寺とするなど固有名詞に異同が多い。文璨和尚、元照和尚に学んだことは同じであり、六年二月十九日に灌頂位を受け、二十一日に帰国の途についたのも同様である。ただしこの常暁の条だけは、すべて年号を承和で通しており、六年二月十九日とあるのは、承和六年であり、今まで述べてきた真言宗の僧侶の記載とは異なり、在唐中の記事の年紀を唐の年号には書き替えていない。このことは「入唐五家伝」も同じである。さらに「八祖入唐年紀」には、帰国後の任官について、承和十年律師に任じられたとし、割注で貞観六年二月十六日に権律師に任じられたとする或説を引用している。そして常暁の入滅を貞観八年十一月三十日とし、年臈は不記である。これらの点についても、「入唐五家伝」もまた同じである。ところで、「僧綱補任」を見ると、常暁は貞観六年二月十六日に権律師に任じられ、七年十一月三十日に入滅とある。ただし入滅の記事には「或本不死云々」と見える。したがって「八祖入唐年紀」が、この箇所で或説としたのは「僧綱補任」の記載であろうか。

以下、天台宗の三人についても同様述べるべきであろうが、今回は叡山大師伝、智証大師伝などとの細かい比較検討が必要であり、後考を俟ちたい。

三

以上のように、「八祖入唐年紀」は、入唐八家の入唐関係の年紀と、帰国後の任僧位僧官の年紀を認めている。その年紀について、入唐八家に関する記事がある「日本後紀」、「続日本後紀」、「文徳天皇実録」、「三代実録」、「入唐記」、「入唐五家伝」、「日本高僧伝要文抄」、「元亨釈書」などと比較すると、前述してきたように年紀、月日などについて若干の差異が見られる。その一部は末尾に表として示した。或説として註記してある部分は、「三代実録」の説であることもあるし、「入唐五家伝」所引のものであることもある。

ところで密教大辞典には入唐八家の表が記載してある。それを引用すると、次のようである。なお僧名の上部にある数字は「八祖入唐年紀」記載の順番である。

(八家)	(入唐)	(帰朝)	(学法の師)
6　最澄(延暦寺)	延暦二三年七月〜	延暦二四年五月	道邃・順暁等
1　空海(東寺)	延暦二三年六月〜	大同元年八月	恵果

5　常暁（法琳寺）　承和五年六月　～承和六年九月　文璨・元照
2　円行（霊巌寺）　承和五年六月　～承和六年一二月　義真
7　円仁（延暦寺）　承和五年六月　～承和一四年九月　全雅・元政・義真・法全・宝月
3　恵運（安祥寺）　承和九年五月　～承和一四年九月　義真
8　円珍（延暦寺）　仁寿三年八月　～天安二年六月　般若怛羅・法全・智恵輪
4　宗叡（禅林寺）　貞観四年七月　～貞観七年一一月　玄慶・法全

いまここに「八祖入唐年紀」の記載で見てみると、

（八家）	（入唐）	（帰朝）	（学法の師）
最澄（延暦寺）	延暦二三年七月	～延暦二四年六月	道邃・順暁等
空海（東寺）	延暦二三年六月	～大同元年〔八月〕	恵果
常暁（法琳寺）	承和五年**五月**	～承和六年**二月**	文璨・元照
円行（霊巌寺）	承和五年〔六月〕	～承和六年**冬月**	義真
円仁（延暦寺）	承和五年六月	～承和一四年九月	全雅・元政・義真・法全・宝月
恵運（安祥寺）	承和九年五月	～承和一四年**六月**	義真
円珍（園城寺）	仁寿三年八月	～天安二年六月	般若怛羅・法全・恵輪
宗叡（禅林寺）	貞観四年〔七月〕	～貞観七年一一月	玄慶・法全

と若干の差異があり、その部分はゴシックで示した。〔　〕内は「八祖入唐年紀」に月の記述がないものである。

ところで、最初に見たごとく奥書には、永久二年（一一一四）聖賢（一〇八三～一一四七）撰述と見える。聖賢は三密房阿闍梨と称されて、天仁元年（一一〇八）三月醍醐寺三宝院勝覚から伝法灌頂を受け、のち同寺に金剛王院を開き、金剛王院流の祖に当たる僧である。その撰述を命じた遍智院は勝覚かと思われる。

さらにこの本には、奥書の後に、入唐八家の追加として禅念を記載する。権律師法橋上人位であり、宗叡の弟子に当たる僧である。宗叡に従って入唐し、帰国後に、延喜五年（九〇五）八月二十八日に律師弁東寺長者に任じられ、八年七月十八日に入滅したとある。年臈は不記である。入滅の日は二十一日との説もあげている。「僧綱補任」によると任権律師は、延喜五年八月八日で、入滅は八年七月二十七日とあり、ここにも日付の異同が見られる。

当本は、醍醐寺関係で著述されたごとくで、石山寺朗澄は金剛王院の法流を受け継いでおり、その関係で石山寺に伝わったものであろう。本書記載の年紀については、諸本との異同が見られ、どの書籍から関係事項を撰述したかはさらに検討する必要があるが、ここでは真言宗系と三論宗系の諸本からの引用を見ると、記載が異なっている箇所の存在が知られる。この本は、入唐八家の入唐関係の年紀につき、簡潔ではあるが、他の諸本に比して院政期という比較的遡る時代の写本として注目されよう。

祖師（空海、円行、恵運、宗叡、常暁）入唐略年表

【空海】

	八祖入唐年紀	要文抄	元亨釈書	入唐記	八家秘録
乗船	延暦23・6・—	延暦23・6・—	延暦23・5	延暦23・（5・12）	延暦23・6・—
松浦出港	延暦23・7・6	延暦23・7・6			
福州到着	延暦23・8・10	延暦23・8・10			延暦23・8・—
長安宣陽宅着	延暦23・12下旬（唐／貞元20）		延暦23・12		

永忠故院移住	貞元21・2・10（唐／永貞1）	貞元21・2・11（永貞1）	貞元21		
受胎蔵界灌頂	永貞1・6上旬	永貞1・6上旬	永貞1・6		――6上旬
受金剛界灌頂	永貞1・7上旬	永貞1・7上旬	永貞1・7		――7上旬
受阿闍梨位灌頂	永貞1・8上旬	永貞1・8上旬	永貞1・8		――8上旬
大宰府帰国	唐／元和1（大同1）	大同1・8	元和1・8	大同1・12・22	大同1
入京	大同2				
任伝燈大法師位	弘仁11・10・20	弘仁11・10・20	弘仁11		
任少僧都	天長1				
補造東寺別当	天長1・6・6				
転大僧都	天長4（或説天長7）				
入滅	承和2・3・21（年62、夏臈41）	承和2・3・21	承和2・3・21（年63）		
賜大僧正位	天安1・10・27				
賜法印大和尚位	貞観6・3・27				
諡弘法大師	延喜21・10・27		延喜21・10		

【円行】

	八祖入唐年紀	入唐五家伝	入唐記	八家秘録	元亨釈書
渡海	承和5	承和5	承和	承和5	
到長安	承和5・12（唐／開成3）	承和5・12			

青龍寺移住	開成4・1・12	開成4・1・13			
受伝法阿闍梨位灌頂	開成4・①・2	開成4・①・3			
帰朝入京	開成4冬月（承和6）	承和6・12・6	（承和8・12・19）	開成4冬月（承和6）	承和6

【恵運】

	八祖入唐年紀	入唐五家伝	入唐記	八家秘録	元亨釈書
乗船	承和9・5・5	承和9・5・5	承和	承和9・5・5	
松浦出港	承和9・8・24	承和9・8・24			
湿州到着	承和9・8・29（唐／会昌2）	承和9・8・29		承和9・8・―（会昌2）	承和5
離唐	唐／太中1・6・21	大中2（ママ）・6・22		大中1・6・21	承和4
松浦到着	太中1・6・23（承和14）	大中1・6・24（承和14）	承和14・6・30	大中1・6・23（承和14）	
入京	承和14				
任権律師	仁寿2	斉衡1			
任権少僧都 任少僧都	貞観6・2・16	貞観6			
入滅	貞観11・9・22（年72、臈55）	貞観11・9・23（年72、臈53）			貞観13・9（年74）

【宗叡】

	八祖入唐年紀	要文抄	入唐五家伝	入唐記	八家秘録	元亨釈書
入唐、到長安	貞観4（唐／咸通3）	貞観4	貞観4（3カ）	貞観（4）	貞観4（咸通3）	貞観3咸通3

	離唐	着東寺	任律師 任権律師	転少僧都	任僧正	入滅
	咸通6（貞観7）	貞観7・11・12（或説貞観8）	貞観11・1	貞観16・12・29	元慶3・10・23	元慶8・2・26（年76、臈54）
		貞観8			元慶3冬	（年76）
	貞観8		貞観11春（1・27）	貞観16冬（12・29）	元慶3冬（10・23）	元慶8・2（3カ）・26（年76）
	（貞観7・11・12）					（元慶8・3・26）（年83）
	咸通6（貞観7）					
	貞観9					

【常暁】

	企入唐	企入唐	出発	揚州着	着准南城広綾館	住栖霊寺	受阿闍梨位灌頂	帰国
八祖入唐年紀	承和3・5	承和4	承和5・5	承和5・6	承和5・8下旬	承和5・12	承和6・2・19	承和6
元亨釈書			承和1			唐／大和8		大和9（承和2）
入唐五家伝	承和3・5	承和4	承和5・6	承和5・8		承和5・12	承和6・2・19	承和6・2・21
入唐記・入唐記或本〔　〕	〔承和3・5〕	〔承和4〕	（承和3・5）〔承和5・6〕					（承和6・9・2）
八家秘録			承和5夏月	承和5・6				

任律師	承和10（或説貞観6・2・16補権律師）		承和10（貞観6・2・19）		
入滅	貞観8・11・30（年臈不詳）	貞観7・11晦			

要文抄：記載なし

付記　本表は、「八家祖師入唐年紀」と他史料との入唐関係年紀を、比較するためのものである。表において、（　）内の記載は、同書において註記または「或説」として記しているものである。常暁関係の「入唐記或本」は「入唐記」中に引用されるものである。なお年号の表記は原文に従った。

参考文献

国史大系『日本後紀』『続日本後紀』『日本文徳天皇実録』『日本三代実録』『日本高僧伝要文抄』『元亨釈書』
大日本仏教全書第六十八巻　史伝部七「入唐五家伝」「入唐記」「入唐諸家伝考」

八家祖師入唐求法年紀

(1)

（端裏書）「八祖入唐求法□」

八家祖師入唐求法年紀
大僧都傳燈大法師位空海
延暦廿三年六月隨遣唐大使越前國大守藤原朝臣
賀能、同上第一舩、七月六日自肥前國松浦郡入於
大唐、八月十日到福洲着岸、十二月下旬到長安城安
置宣陽坊官宅、大唐貞元廿年也、同廿一年（後改爲永貞元）
二月十日准勅留住西明寺永忠和尚故院、周遊諸寺
訪擇師、依幸遇青龍寺三朝國師內供奉惠果阿
闍梨、以爲師主、六月上旬入學法灌頂壇、臨大悲胎藏
曼荼羅、依法抛花、偶然着中台毘盧遮那如來身上、即
沐五部灌頂受三密加持、從此以後習胎藏之儀軌、學
諸尊之瑜伽、七月十一旬更臨金剛界大曼荼羅、重受五

部灌頂、亦拋花得毘盧遮那、八月上旬亦受傳法阿闍梨ゥ位
之灌頂、卽得遍照金剛之号、金剛頂瑜伽五部眞言密契
相續而受梵字梵讃間、以學之、凡眞言祕奥壇儀印契
唐梵无差、悉受於心、猶如寫瓶、又遇中天竺國般若三藏
間、道習敎深窮玄妙、元和元年遂懷法寶、却歸本國着
太宰府、卽本朝大同元年也、二年准　勅入京、啓祕密之門
弘大日之化、一人百寮稽首受灌頂、四衆万民接足學密
藏、密藏之宗是日始興、灌頂之法此時方立、　弘仁十一年
十月廿日皇帝御書賜傳燈大法師位、天長元年任小僧都、
　同年六月六日補造東寺別當、　四年轉大僧都或說七年、轉大僧都
承和二年三月廿一日入定、生年六十二、　夏臈四十一年臈有、或說不同云々、
天安元年十月廿七日贈大僧正位、
貞觀六年三月廿七日贈法印大和尙位、

(2)

延喜廿一年十月廿七日依權大僧都法眼和尙位觀賢上表、
賜諡弘法大師、

（三行空キ）

傳燈大法師圓行　眞言宗請益　靈巖寺建立

承和五年渡海入唐、十二月得到長安、大唐開成三年也、四年正月十二日奉　勅住靑龍寺、幸遇灌頂阿闍梨義眞和尙、以爲師主、硏習眞言宗義、禀承三密幽致、決疑兩部之大敎、開語諸尊之密法、閏正月二日蒙授傳法阿闍梨位灌頂受學功畢、冬月歸朝入京、卽承和六年也、

年　月　日入滅、年　臈、

（五行空キ）

小僧都法眼和尙惠運　安祥寺建立

承和九年五月五日在筑前國博太津、始上大唐商客李處人舶、到肥前國松浦郡、八月廿四日平復解纜、過海六

箇日夜着濕洲樂城縣、大唐會昌二年也、到長安城遇
青龍寺灌頂阿闍梨義眞和尙、爲師稟學眞言、其
宗旨義味无不説通、遂受傳法阿闍梨位灌頂、凡巡
礼求法經六箇年、其間之事具如和尙自記、太中元年
六月廿一日乘唐張支元諍舩、從明洲望海鎭頭上帆三
箇日夜、歸着肥前國松浦郡、其年上京、卽承和十四年也、
仁壽二年任權律師、　貞觀六年二月十六日任權小僧都、

十一年九月廿二日入滅、　年七十二、　臈五十五、

(3)

僧正法印大和尙位宗叡　眞言宗請益　禪林寺居住

貞觀四年與高岳親王共渡海入唐、到於長安、其年
大唐感通(ママ)三年也、初遇詐(ママ)洲阿闍梨玄慶和尙、習金剛
界大法受灌頂、次隨靑龍寺阿闍梨法全和尙、學胎
藏界大法、盡其殊旨幷受灌頂、更尋慈恩寺造玄、
興善寺惠輪等阿闍梨、承習祕奥詢求幽蹟廻至

洛陽、便入聖寺三藏舊院求法亦得、感通六年到明
望海、遇李延孝同舟、解纜三日夜間歸着本國、十一月
十二日到東寺、本朝貞觀七年也（或説貞觀八年歸朝云々）、同十一年正
月任律師、十六年十二月廿九日轉少僧都、元慶三
年十月廿三日至僧正位、元慶八年二月廿六日（丁亥）
入滅年七十六、夏臈五十四、

已上眞言宗、

律師傳燈大法師位常曉　三論宗留學　法琳寺居住
承和三年五月渡海入唐、其年漂廻、四年亦不果渡海、
五年仲夏月渡海入唐、判官菅原朝臣善主同上
第四船發尸那、六月到揚洲着岸、八月下旬到淮
南城廣綾舘、十二月住栖靈寺大悲持院遇灌頂
阿闍梨文璨和尚、以爲師主、始學密教、兼往花
林寺三教講論大德元照座主邊問本宗義顯
密法門相兼習學、六月（ママ）二月十九日遂受阿闍梨

位灌頂、廿一日准勅離洲□起本朝遂着于國、卽
承和六年也、承和十年任律師（或説貞觀六年二月、十六日補權律師）
貞觀八年十一月卅日入滅、年　臈、

(4)
傳燈大法師位寂澄　天台宗請益　延暦寺建立
延暦廿二年下向鎭西大宰府　廿三年七月六日隨
入唐判官正六位上菅原朝臣清公、同上第二船、從肥
前國松浦郡入唐、其時大使第一船頭太政官右大弁
兼越前守藤原朝臣葛野麻呂也、浮海以後末久着
岸、卽明洲鄮縣也、大唐貞元廿年也、九月上旬船頭清公
上京、艮（ママ）自此別向台洲天台山、下旬遇國請与道邃和
尚禀習天台宗旨、廿四年四月到越府龍興寺、遇內供
奉順曉阿闍梨、入灌頂壇受三部悉地法、五月十八日
上大使葛野麻呂船、却歸本國、六月着于長門國、
卽使上京、其時延暦廿四年也、歸朝之後始興天台宗、

弘仁十三年二月十四日賜傳燈大法師位、手詔震筆
六月四日入滅、　年五十六、　臈三十七、　貞觀六年三月廿七
日賜法印、大和尚位、　八年七月十三日依相應上奏
賜謚傳教大師、

傳燈大法師位圓仁　天台宗請益　楞嚴院建立
承和三年與大使參議右大弁兼相模守藤原朝臣
常嗣共上船、到大宰府、未得順風徒送二年、五月(ママ)
〃(六月)十三日上第一舶、廿二日解纜進發、七月二日得着揚洲
海陵〃(縣)、大唐開成三年也、初遇揚洲全雅阿闍梨、受金

(5)

剛界大法、次於大花嚴寺□(志)遠和尚邊、稟三觀之旨、
又從大興善寺元改阿闍梨學金剛界大法、受傳法
灌頂、　於青龍寺義眞阿闍梨邊、受灌頂幷大毘
盧遮那經祕旨及蘇悉地大法、　於玄法寺法全阿闍梨
所學胎藏大法等受傳法灌頂、　於青龍寺南天竺

寶月三藏邊重習悉曇、又於右街醴泉寺僧宗
頴所研習止觀之微旨、太中元年乘商人船、九月
歸着大宰府、卽承和十四年也、嘉祥元年春入京、卽
登本山矣、　同年六月十七日授傳燈大法師位、仁壽
四年四月三日爲延暦寺座主、　貞觀六年正月十四日入滅、
年七十一、臈四十九、同年贈法印大和尙位、　八年七月十三
日依弟子相應奏賜諡慈覺大師、

小僧都法眼和尙位圓珎　天台宗　薗城寺居住
仁壽元年四月十五日辭京向大宰府、三年八月九日値大唐
商人欽良暉進發過海十五日、着福洲連河縣、大唐太中
七年也、於開元寺遇中天竺三藏般若怛羅、受稟梵字
悉曇章兼授金剛胎藏兩部敎幷梵交經等、八年
遇沙門良諝講授宗旨、　九年六月就青龍寺法全
阿闍梨受兩部大法、　十一月授兩部大敎阿闍梨位、後
於大興善寺惠輪阿闍梨邊受兩部大曼羅荼祕旨、

十二年六月八日遇商人李延孝過海同上一舟、十七日至
肥前國松浦郡、其時天安二年也、
貞觀元年入京矣、十年任延曆寺座主、十一年敍法眼、
寬平二年任少僧都、　三年十月廿九日入滅、年七十八、
臈五十九、　　延長五年十二月廿七日贈法印大和尚

(6)
位幷賜謚智證大師依智祐、表奏也
已上八家入唐求法年紀等、依遍智院命旨、粗錄
記之、
永久二年冬月也、　羊僧聖賢

（五行空キ）

權律師法橋上人位禪念　眞言宗　宗叡弟子也
与宗叡僧正同舟入唐、於漢家習眞言多渡法門、
延喜五年八月廿八日任權律師幷補東寺長者、八年

七月十八日或廿一日入滅臈年、

（三行空キ）

比交了、

五　南岳贈大僧正伝（校倉聖教第二九函四号）

佐藤　信

石山寺の校倉聖教中に伝えられた空海の伝記『南岳贈大僧正伝』（校倉聖教第二九函第四号、重要文化財）は、料紙・書風などから院政期の書写と推定される写本である。巻子装一巻に装幀されており、焦茶地後補表紙（緒はない）と後補白木棒軸をもつ。料紙は楮交り斐紙四紙（第四紙が軸付紙）からなり、法量は縦二九・五糎、一紙長四八・〇糎を計る。墨界線（界高二五・二糎、界幅二・〇糎）が引かれ、一紙二三行、一行一六字前後で書写されている。紙背文書はなく、訓点は見られない(1)。

具体的な表紙・各料紙の長さと界線・本文の行数は、次のようである。

後補表紙	二六・〇糎		
第一紙	四五・〇糎	二一行	空白一行・内題一行・本文一九行
第二紙	四七・八糎	二三行	本文二三行
第三紙	四七・八糎	二三行	本文二三行
第四紙	四四・六糎	二一行	本文九行・空白四行・奥書一行・空白七行

内題の前に一行空白があり、文面は完存している。第一紙の前に界線のない楮紙を用いた旧表紙の紙端が最長

四・三糎程残り、その裏に焦茶地後補表紙が貼られている。第一紙は巻首の方ほど虫損が著しく、第一紙の前半部分は裏打ちが施されている。巻子の外表面にさらされた旧表紙や巻首の方の傷みが激しかったことが推定でき、それ故に表紙や軸の後補そして第一紙巻首部の裏打ちが施されたのであろう。校倉聖教には、江戸時代の修理により、破損した巻子本に表紙・軸を補い、裏打ちを加えたものが数多くみられるから[2]、上述した本書の修補も、江戸時代に行われた可能性があろう。

書名の『南岳贈大僧正伝』は、後補表紙に書かれた外題に「南岳贈大僧正伝　真済作」とあるのに従っているが、内題は「日本國真言祖師南岳贈大僧正伝」としており、外題はこれに拠ったものであろう。尾題はない。本書には、真済（八〇〇〜八六〇）作とする外題下の記載の他には、成立や書写の年紀を直接に示す奥書などの記載は見られないが、空海を「南岳贈大僧正」と称する内題からは、真済の上表により空海に大僧正位が追贈された天安元年（八五七）十月以降で、空海に「弘法大師」号が贈られた延喜二十一年（九二一）十月より以前の間に書写された古写本が書写の藍本になったものか、あるいは内題書名のみがその間の時代に付けられたものと考えられる。もっとも、本書の内容は、後述するように天安元年（八五七）十月の空海への大僧正追贈以前の内容をもっており、その点では同内容の記載をもつ『空海僧都伝』の呼称の方がふさわしいと言えるかもしれない。

奥書には「以石山經蔵之本書交了」とあり、もともと石山寺経蔵に伝わった古写本があって、それを院政期に書写・校合したものが本写本であることが知られる。なお、巻首内題の下部に「石山寺經蔵」複廓入隅長方朱印が捺されているが、この印は、江戸時代初期ころに捺印されたものであることが、田中稔氏によって明らかにされている[3]。

本書は、『続群書類従』、『改訂史籍集覧』、『弘法大師全集』、『弘法大師伝全集』や『弘法大師空海全集』などに収録されて一般に知られている『空海僧都伝』[4]と内容的にほとんど一致している。石山寺蔵の『南岳贈大僧正伝』と『空海僧都伝』との相違点の大きなものとしては、『南岳贈大僧正伝』が内題を「日本國真言祖師南岳贈大僧正伝」とするのに対し、『空海僧都伝』ではそれにかえて「空海僧都伝」「真済記」の二行があること、また『空海僧都伝』には巻尾に「承和二年十月二日」と尾題「空海僧都伝終」の二行があることである。その他の本文のほとんどは基本的に『南岳贈大僧正伝』と『空海僧都伝』は同内容であり、続群書類従巻二百六に収める『空海僧都伝』にも、巻尾注記に、

以石山寺所蔵古本加一校了。同本題曰日本國眞言祖師南岳贈大僧正傳

とあるように、『空海僧都傳』校訂に際して、石山寺所蔵の本書が利用されたことが知られる。

『空海僧都伝』の古写本には、水原堯榮「現存故写本の弘法大師伝」[5]によれば、寿永二年(一一八三)の書写とされる醍醐寺三宝院所蔵の「弘法大師御伝」[6]、建仁元年(一二〇一)書写の故高野山親王院水原堯榮僧正所蔵本「弘法大師御伝」、元亨三年(一三二三)書写の東寺所蔵本「空海僧都伝」といった古写本の存在が指摘されている。このうち、水原堯榮蔵の建仁元年(一二〇一)三月十日書写本の奥書には、

建仁元年三月十日書了

八十九(花押)

と記されている[7]。また東寺所蔵の元亨三年(一三二三)十二月六日の奥書をもつ写本については、『弘法大師全集』首巻に収める『空海僧都伝』の編者注に、

東寺所蔵古写本奥書云、写本記云、元亨三年十二月六日於泉湧寺真言院書写畢。抑先年醍醐寂静院証円房、自石山寺普賢院御筆持来之處、空心房感内供御真筆、以薄様被写之者也。彼御筆者巻物也。已今為第二伝之間、双紙書成之。　右筆知曇云云

と見える[8]。これによれば、東寺所蔵の古写本は、石山寺にあった淳祐内供筆の写本に依って敷き写ししたもので

あり、そうすると、「以石山経蔵之本書交了」とする院政期書写の本書『南岳贈大僧正伝』と兄弟関係の写本である可能性がある。写本の系統の上からも、本『南岳贈大僧正伝』と『空海僧都伝』とが祖本を同じくする可能性の高いきわめて緊密な関係にあったことが指摘できるのである。なお、上記奥書で石山寺にあったとされる古写本の筆者淳祐（八九〇～九五三）は、師の観賢に従って延喜二十一年（九二一）十一月に醍醐天皇からの送衣と弘法大師諡号を奉じて高野山の空海霊廟の開扉に立ち会い、空海にふれたことにより香気が消えなかったと伝えられる学僧であり[9]、空海伝の書写者としてふさわしいが、残念ながら淳祐筆の『空海僧都伝』写本そのものの現存は確認できない。その後、『空海僧都伝』の版本には正徳六年（一七一六）刊のものがあり、刊本には、『続群書類従』、『改訂史籍集覧』、『弘法大師全集』首巻、『弘法大師傳全集』第一、『弘法大師空海全集』第八巻などがある[10]。

本書の撰者は、本書外題に「南岳贈大僧正伝　真済作」とあり、また『空海僧都傳』の巻首に「真済記」とあるように、空海の弟子であった真済とされている。真済（八〇〇～八六〇）は、左京の人で、父は巡察弾正正六位下紀朝臣御園。少年にして出家し、大乗や外伝を学び、のち空海に師事した。器量を認められて天長元年（八二四）二十五歳の若さで空海から付法を受け、伝法阿闍梨となる。天長九年（八三二）十一月空海の高野山隠棲の際には、神護寺を付嘱された。承和二年（八三五）の空海没後、承和三年（八三六）には遣唐使に加わり入唐をめざしたが乗船が難破して海上を漂流し、仏を念じてようやく帰朝することができた。のち神護寺を十二年間出ず苦行したことが嵯峨太上天皇に聞こえ、内供奉十禅師に任じられる。承和十年（八四三）十一月に権律師となり、同十四年（八四七）四月律師に進み[11]、東寺一長者ともなった。文徳天皇から重んぜられ、仁寿元年（八五一）七月に少僧都、同三年（八五三）十月に権大僧都と進み、斎衡三年（八五六）十月にはついに僧正となった[12]。翌天安元年（八五七）十月に、先師空海に僧正位を譲ることを請う真済の再三の上表に感激した文徳天皇の詔によって、真済への僧正任命はそのままに、空海に対して大僧正位が追贈された。[13]天安二年（八五八）八月、文徳天皇の病に際して看病に当たったが、崩御したため神護寺に隠居、のち貞観二年（八六〇）二月に六十一歳で没した。[14]真済が空海の漢詩文を『遍照発揮性霊集』十巻に編み、序を書いたことはよく知られている。

『空海僧都伝』は、真済により承和二年（八三五）十月二日という、空海没後わずか七ヵ月目に撰せられたとするが、撰者を真済とすることについては、疑問視する説が早くからある。済暹僧都（一〇二五～一一一五）による『弘法大師御入定勘決記』上巻や同『弘法大師御入定勘決抄』[15]によれば、高雄僧正真済作と伝える空海傳は、（一）真済は空海の親弟で名僧であるのに巻尾に「亡名僧述」とあること、（二）没時の記事に①年序の相違、②坐臥の相違、そして③「入滅」と「入定」の相違の三点の誤りがあることを指摘し、真済作者説を否定している。しかし、これらの指摘点は、むしろ空海の入定信仰が形成される以前に『空海僧都伝』が撰せられたという成立の古さを示すものであり、受け容れられない。もっとも空海の最終僧官位の大僧都に触れずに「空海僧都」と称している不審や、『空海僧都伝』の漢文の文体に拙劣な部分のあることが、『遍照発揮性霊集』の序を著した真済の作としてはふさわしくないという指摘は残っている。けれども、基本的に『空海僧都傳』の示す承和二年（八三五）十月二日以降で、空海への大僧正追贈があった天安元年（八五七）十月二十二日以前に成立したものとみておかしくなく、それも没後さほど時を経ない時期の成立と考えられている。[16]

石山寺と空海伝との関係を見るならば、奈良時代の天平宝字六年（七六二）ころに建立された石山寺においても平安時代初期に真言密教を取り入れており、さらに本『南岳贈大僧正伝』が書写された平安末期の頃には、淳祐以来の教学研究の伝統を受け継いだ観祐・朗澄らが輩出して真言宗諸流の比較研究を行う開放的・学究的な風潮が盛んであったことが知られている。[17]とくに校倉聖教の書写時期は院政期のものが三分の二をしめており、中には経雅・慶雅・朗澄・観祐らの書写名がみられるものが多く、朗澄本およびその師慶雅（経雅）・観祐本の占める位置の大きいことが指摘されている。[18]本書も、そうした院政期の石山寺がもった仏教史上の歴史的環境の中において書写されたものであるという性格をもつものであった。[19]

いずれにせよ、本『南岳贈大僧正伝』は『空海僧都伝』として伝わる写本群と一体のものであり、延喜二十一年（九二一）十月に醍醐天皇から「弘法大師」の諡号を贈られるよりも前の空海の伝記として知られる『空海僧都伝』・『大僧都空海伝』（『続日本後紀』に載せる没時の伝記）・『贈大僧正空海和上伝記』の三書の中でも、もっとも古い時期に成立したものということが出来、まだ空海像が神格化される以前の段階の伝記記載をとどめる内容として貴重な空海伝と評価されるものである。

註

（1）石山寺文化財綜合調査団編『石山寺の研究　校倉聖教・古文書篇』法藏館、一九八一年。

（2）田中稔「石山寺校倉聖教について」石山寺文化財綜合調査団編『石山寺の研究　校倉聖教・古文書篇』法藏館、一九八一年。

（3）田中稔註（2）論文。

（4）『続群書類従』第八輯下、巻第二百六（伝部十七）続群書類従完成会、一九七八年、もと一九二七年。『改訂史籍集覧』第十二冊別記類、臨川書店、一九八四年、もと一九〇二年。『弘法大師伝全集』首巻、祖風宣揚会編纂、吉川弘文館、一九一〇年。『弘法大師伝全集』第一、ピタカ、一九七七年、もと一九三五年。『弘法大師空海全集』第八巻、弘法大師空海全集編輯委員会編、筑摩書房、一九八五年。

（5）『水原堯榮全集』第十巻論文集、同朋舎、一九八二年、もと一九二七年。

（6）未見。

（7）『水原堯榮全集』第十巻論文集、同朋舎、一九八二年の口絵に写真を収載する。なお、『空海僧都伝』（『弘法大師伝全集』第一所収、ピタカ、一九七七年、もと一九三五年）参照。

（8）祖風宣揚会編纂、吉川弘文館、一九一〇年。なお、この東寺蔵『空海僧都伝』写本はまだ実見し得ていない。
（9）石山寺に現蔵される淳祐筆「匂聖教」の由緒として著名。
（10）註（4）参照。
（11）『続日本後紀』承和十年十一月癸巳条・承和十四年四月丁巳条。
（12）『日本文徳天皇実録』仁寿元年七月丁亥条・仁寿三年十月壬午条・斉衡三年十月戊子条。
（13）『日本文徳天皇実録』天安元年十月丙戌条・『日本三代実録』貞観二年二月二十五日条。
（14）『日本三代実録』貞観二年二月二十五日条。この『日本三代実録』の真済卒伝が、紀長谷男の撰した真済伝にもとづいて書かれたものであろうことは、坂本太郎「六国史と伝記」『六国史　坂本太郎著作集第三巻』吉川弘文館、一九八九年、もと一九六四年参照。
（15）両書とも『弘法大師伝全集』第一、ピタカ、一九七七年、もと一九三五年。
（16）真保龍敞「『空海僧都伝』解説」、『弘法大師空海全集』第八巻、弘法大師空海全集編輯委員会編、筑摩書房、一九八五年。
（17）佐和隆研「石山寺の歴史と文化財」石山寺文化財綜合調査団編『石山寺の研究　一切経篇』法藏館、一九七八年。
（18）田中稔註（2）論文。
（19）なお、現在石山寺本堂の東方に建つ宝形造桧皮葺の御影堂（滋賀県指定文化財）の中には、弘法大師像が良弁僧正像と内供淳祐像にはさまれて須弥壇上の中心に安置されている（御影堂の内陣須弥壇などは室町時代初期の特色を示すという）。

南岳贈大僧正伝

（一行空キ）

(1)

日本國眞言祖師南岳贈大僧正傳
和上故大僧都、諱空海、灌頂号曰遍照金剛、俗姓佐伯直、讃岐國多度郡人也、其源出天尊、次祖昔從日本武尊征毛人有功、因給土地、便家之、國史譜諜明白、相續爲縣令、和上生而聰明、識人事、五六歳後、隣里間号神童、年始十五、随外舅二千石阿刀大足、受論語・孝經及史傳等、兼學文章、入京時遊大學、就直講味酒淨成、讀毛詩・尚書、問左氏春秋於罡田博士（牛養）、博覽經史、殊好佛經、常謂、我之所習、古人糟粕、目前尙無益、况身斃之後、此陰已朽、不如仰眞、因作三敎指歸三卷、成優婆塞、名山絶巘之處、石壁孤岸之奥、超然獨往、淹留苦練、或上阿波大瀧峯、修念虛空藏、大釼飛來標菩薩之靈應、或於土左（ママ）家生崎、閇目觀明星入口、現佛力之奇異、其苦節也、則嚴冬大雪、着葛納而顯露行道、炎夏極熱、絶却漿粒日夕懺悔、比及廿年、剃髮授沙弥戒、對

（2）

像誓曰、我入佛道、毎求知要、三乘五乘、十二別部、心裏有疑、未以爲決、仰願、諸佛示我至極、一心祈請、夢有人曰、大毗盧遮那經、是汝所求也、卽覺悟歡喜、求得一部、披帙遍覽、凡情有滯所質問、更爲發願、

入唐學習、天感至情、去延暦末年、銜命渡
海、卽遇上都長安青龍寺內供奉大德
惠果阿闍梨、沐五部灌頂、學胎藏・金剛
界兩部祕奥法、及賚毗盧遮那・金剛頂等
二百餘卷經、幷諸新譯經論、唐・梵兩得、以〔×入〕・
大同二年、歸我上國、自茲已降、帝經四朝、、
奉爲　國家建壇修法五十一度、息風降
雨靈驗其數、上自一人、下至四民、被授灌
頂者、蓋以數萬人也、灌頂風自我師始、
眞言敎此時而立、夫師々相授、嫡々傳來
者、高祖大毗盧遮那如來授金剛薩埵、金
剛薩埵傳于龍猛菩薩、龍猛菩薩下至
大唐玄宗・肅宗・代宗三朝灌頂國師特
進試鴻臚卿大興善寺三藏大廣智不
空阿闍梨六葉焉、慧果則其上足法化也、
凡計付法、至于和上、相傳八代也、和上記曰、

彼阿闍梨曰、我命向盡、待汝已久、今果

(3)

來、吾道東矣、故呉殷纂云、今有日本沙
門、來求聖教、皆所學如瀉瓶云々、又去
弘仁七年、表請紀國南山、殊爲入定處、作
一兩草菴、去高雄舊居、移入南山、其
峯絶遠、遙隔人煙、和上住時頻有明神
衞護、常語門人、吾性狎山水疎人事、亦是浮
雲之人、送年待終、必爲此窟東、(嵯峨)太上皇有
勅、請下安置中務、供養月餘還亦居高
雄、(淳和)天長皇帝卽位、任少僧都、再三辭
讓、不免在公、雖云世事無隙、春秋之間、必
一往看其山中、路邊有女神、名曰丹生津
媛、其社廻有十頃許澤、若人到突、卽時
傷害、和上登日、託宣曰、妾在神道、望威
福久矣、菩薩到此山、第子之幸也、冀

獻己私苑、表以信情、今見開田二三町
許、名常莊是也、惟有始必有終、故古來
賢智皆從零落、大師自天長九年十一月
十二日、深厭世味、常務坐禪、第子進曰、老
者唯飲食非此亦穩眠、今已不然、何事有
之、報曰、命也有涯、不可強留、唯待盡期、
若知時至在先入山、承和元年五月晦日、
召請第子等語、生期今不幾、汝等好住、

(4)

慎守佛法、吾永歸山、九月初、自定葬處、
二年正月以來、却絶水漿、或人諫之曰、
此身易腐、更可以臰爲養、天厨前列、
甘露日進、止乎止乎、不用人間味、至于
三月二十一日後夜、右脇唱滅、諸第子等一
者悟搖病、依遺教奉殮東岑、生年六
十二、夏臘四十一、其間勅使、手詔諸恠異、

第子、行左右相持、賦者書作事及遺記、

卽閒哀送、行狀更不一二、亡名僧述、

（四行空キ）

「以石山經藏之本、書交了」（追筆・別筆カ）

（七行空キ）

あとがき

『石山寺資料叢書』においては、先に「史料篇第一」として貴重歴史史料四編を収載し、影印、翻刻、解説を付した篇を平成八年九月に刊行したが、それに引き続き入唐僧に関わる僧伝等五編の影印、翻刻、解説を収め、同叢書「史料篇第二」として今回刊行するに至った。その編集の経緯についていささか記しておきたい。

石山寺はその地理的位置から延暦寺や園城寺との交流があったことは明らかで、その所蔵資料中には天台宗関係の聖教典籍類も含まれている。天台諸寺は幾多の災厄に見まわれ多くの典籍古文書が湮滅に帰したため、根本史料にもかかわらず伝存を欠くものが多い。それら天台関係の重要資料の中に石山寺に伝来するものがあり、その中でも最澄の伝記「叡山大師伝」、円珍の伝記「智証大師伝」、円珍の在唐巡礼記である「行歴抄」は特に天台宗の基本的史料として貴重である。しかもそれぞれ最古良質、あるいは唯一の写本として夙に知られ、個別に重要文化財に指定されているところである。

『石山寺資料叢書』刊行のことは平成四年から全体構想の素案が検討され、「史料篇第一」として主として古代史料を集成した篇の他に、前記の僧伝類等についても史伝類として叢書の一冊とすることが当初から計画された。平成七年七月には、ほぼ編成の骨格が固まりつつあったが、なお書目の取捨について検討が行われ、右記の三編が入唐求法僧に関するものであることから、それに類する書目をさらに加えることとした。その結果、入唐八家の略伝をまとめた本として古いものに属する「八家祖師入唐求法年紀」を追加することとし、その他にも加えるべき書目の選択が続けられた。「史料篇第一」の刊行を目前にした平成八年七月に、「史料篇第二」として収載書目についての最終的な検討の結果、空海伝の古写本の一つとして重要な「南岳贈大僧正伝」を加えた五編の書目が確定した。影印用写真撮影はこれ以前から進められており、古代・中世史専攻団員による執筆分担も決まり、平成九年七月から原本の詳細な観察調査を開始し、翻刻方針や凡例の協議をした上で、翌年からは本格的に釈文と解説原稿の作成に取りかかった。収載書の中には訂正補記が著しく施されている「叡山大師伝」のような複雑な組みを要するものもあり、原稿化や原本校正に多大の時間を要するなど、予想外の時日を費やすこととなったが、この度完成に至ったものである。

翻刻に際しては、各書の性格や記述形態が多様であり、統一基準による釈文作成はかえって利用に不都合を生じる恐れがあるので、それぞれの様態に適合した記載方式を採用した。各書目間で翻刻や注記の方式が必ずしも一致していないのはそのためである。

なお、影印版の写真は前篇同様故八幡扶桑氏の撮影になるものであり、同氏の卓越した技術により優れた図版を掲載できたことを銘記しておきたい。

「史料篇第二」編集担当　加藤　優

石山寺経蔵には、奈良時代以来、平安時代・鎌倉時代から江戸時代に至るまでの、厖大な量の典籍文書が収蔵されているが、内容、分量ともに、本邦古社寺の中でも最高の価値を誇る蔵書であって、明治以来、多数のものが国宝、重要文化財に指定されていることは世に広く知られている通りである。

昭和四十六年、故佐和隆研博士を団長として「石山寺文化財綜合調査団」が発足し、経蔵の典籍文書を含む本寺文化財の綜合調査が開始されたが、佐和博士逝去の後は、故田中稔教授がその後を承けて事業を推進され、典籍文書については『石山寺の研究』四冊と、『石山寺古経聚英』一冊とが刊行され、大部の目録と多数の研究論文とが公表された。これらの調査研究の中で、諸分野に亘って学術研究上、高い価値を有する典籍文書が極めて多数存することが、なお一層明らかになって来た。

偶々本山座主鷲尾隆輝猊下には、前座主鷲尾光遍猊下の御遺志を継承されて、当初から本調査団の活動を全面的に援助された。更に、これら貴重な典籍文書の内容を広く公開して学者の用に供し、学術研究の進展に寄与したいという強い御意向を示され、本調査団にその具体的方策を検討するよう御指示を頂いた。誠に時宜に適った御指摘であり、調査団としても全力を挙げてその実現に向けて努力することを誓ったのであった。その後、新出の知足庵文書や近世文書の整理調査と並行しつつ、多数の典籍文書の中から、特に学術的価値の高いものを精選して、「石山寺資料叢書」の編纂を企画立案したが、やがて機運が熟して、去る平成五年夏に一往の計画が纏められた。その後、近世文書の整理調査が進捗してその成果が纏められたので、更に慎重に検討を重ねた結果、「近世文書集成」（仮題）の一冊を含めて第一期全七冊とする計画の大綱が、平成九年までに固まった。そして、「史料篇第一」「文学篇第一」「聖教篇第一」「文学篇第二」「聖教篇第二」の五冊が、平成十二年八月までに上梓された。

茲に第六冊として、加藤優団員執筆による右の記事のような次第で、「史料篇第二」が完成し、世に送ることとなった。毎回のことながら、担当者以外の団員からも、種々の面で多くの協力が得られたことを付言して置きたい。

又、本冊は、座主猊下のお言葉にあるように、石山寺創建千二百五十年、本堂檜皮葺屋根修復落成、弘法大師像修復完成の記念として、刊行されるものである。又、従来から調査団に対して一方ならぬお世話を頂いて来た鷲尾龍妙師が入寺され、石山寺塔頭宝性院住職に補任された。調査団一同、心からお祝い申上げたい。

「石山寺資料叢書」も六冊の完成を迎えたが、これまで、公務の暇を割いて、炎暑、厳寒の候に石山寺に参集し、一致和合協力して調査研究を推進した団員の労苦も多大であったが、この出版を遂行することが出来たのは、偏に、永年に亘って、終始渝らぬ御指導御高配を忝うした、鷲尾隆輝猊下の御懇情の賜であって、貴重な研鑽の機会を恵まれた調査団員一同を代表して、心からの感謝の意を表し奉る次第である。更に又、副座主鷲尾遍隆師を始めとする石山寺御当局の各位の御配慮御厚情も、忘れることが出来ない。又、出版に当っては、法藏館社長西村七兵衛氏を始め、同社の上別府茂氏、上山靖子氏等各位の尽力があった。原本撮影については、故八幡扶桑氏の御協力を頂いた。又、調査の都度、行き届いた設営に努められた梶原照子氏の協力があった。この叢書は、これら多くの方々の御厚意の下に成ったものであることを、改めて明記し、深甚なる感謝の意を申し述べたい。

この一冊を、謹んで前座主鷲尾光遍猊下の御霊前に捧げ、又、先々代団長佐和隆研博士、先代団長田中稔教授のみたまに御報告申上げたい。そして、今後とも、関係各位の御誘掖御支援をお願いしつつ、本叢書刊行の順調な進展と完成を祈念してやまぬものである。

平成十二年八月

石山寺文化財綜合調査団　築島　裕

「石山寺資料叢書」編著者名簿

石山寺文化財綜合調査団

築島　裕　日本学士院会員・東京大学名誉教授
小林芳規　徳島文理大学文学部教授・広島大学名誉教授
大野瑞男　東洋大学文学部教授
三浦俊明　関西学院大学文学部教授
奥田　勲　聖心女子大学文学部教授
加藤　優　徳島文理大学文学部教授
沼本克明　広島大学教育学部教授
綾村　宏　奈良国立文化財研究所歴史研究室長
水本邦彦　京都府立大学文学部教授
高埜利彦　学習院大学文学部教授
舘野和己　奈良国立文化財研究所平城宮跡発掘調査部史料調査室長
佐藤　信　東京大学大学院人文社会系研究科教授
月本雅幸　東京大学大学院人文社会系研究科助教授
橋本義則　山口大学文学部教授
松本光隆　広島大学文学部教授
山本真吾　三重大学人文学部助教授
渡辺晃宏　奈良国立文化財研究所平城宮跡発掘調査部主任研究官

故八幡扶桑　写真撮影

石山寺資料叢書(いしやまでらしりょうそうしょ)　史料篇第二(しりょうへんだいに)

二〇〇〇年一一月一〇日　初版第一刷発行

編　者　石山寺文化財綜合調査団
代表者　築島　裕

発行者　西村七兵衛

発行所　株式会社法藏館
京都市下京区正面烏丸東入
郵便番号　六〇〇-八一五三
電話　〇七五-三四三-〇〇三〇(編集)
〇七五-三四三-五六五六(営業)

文字組　中村印刷株式会社
印　刷　ニューカラー写真印刷株式会社

ISBN 4-8318-7498-1 C3321